清乾隆年间郎世宁作品《乾隆皇帝大阅图轴》

道光皇帝画像

第一次鸦片战争复原图

1840—1842年英国和中国在乍浦战斗复原图

1841年虎门之战复原图

晚清欧洲在广州设立的工厂雕刻画

《南京条约》签约现场复原图

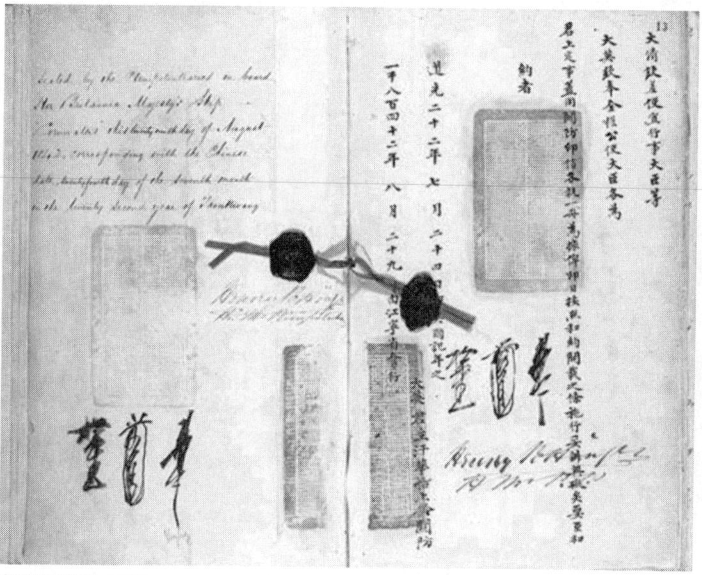

《南京条约》复制本

1902年，中外通商行船条约谈判代表合影

1902年1月，肃亲王善耆（前排右五）、恭亲王溥伟（前排右七）、皇贝勒载涛（前排右八）、皇贝勒载洵（前排右四）

京张铁路摄影，京张铁路为詹天佑主持修建并负责的中国第一条铁路

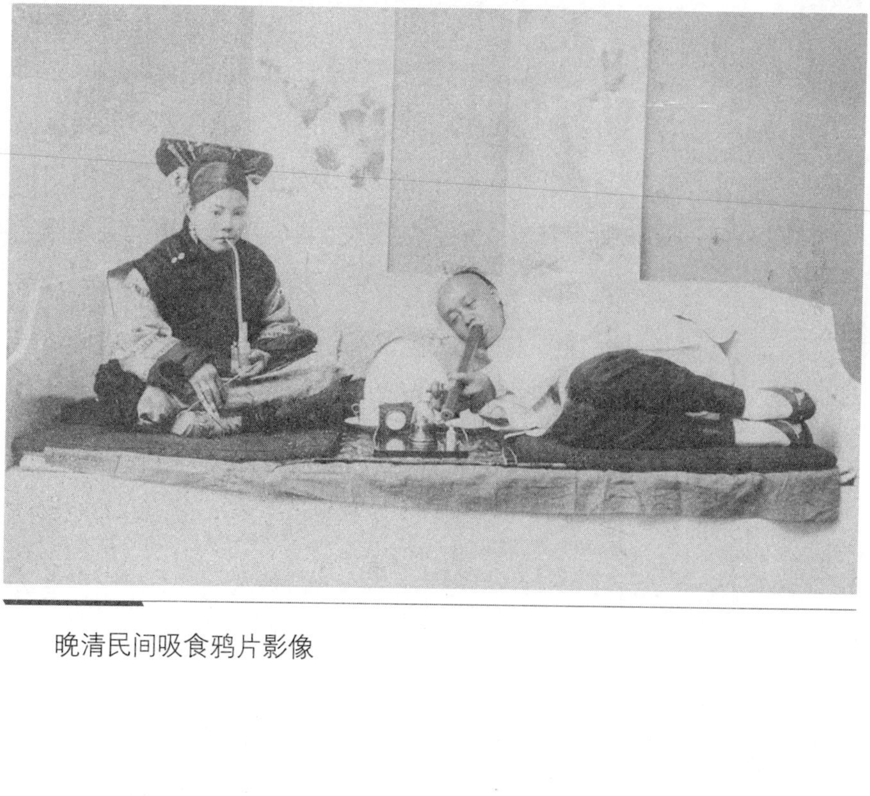

晚清民间吸食鸦片影像

1910年北京前门、颐和园、东直门全景照

李鸿章（1823年2月15日—1901年11月7日），晚清名臣，洋务运动的主要领导人之一

李鸿章与尤利西斯·辛普森·格兰特（第十八任美国总统，军事家、陆军上将）

康有为（1858—1927），晚清著名政治家、思想家、教育家，资产阶级改良主义的代表人物

20世纪40年代行驶在上海商业街上的有轨电车

1937年10月，太原会战期间，中国第一七九旅开赴前线

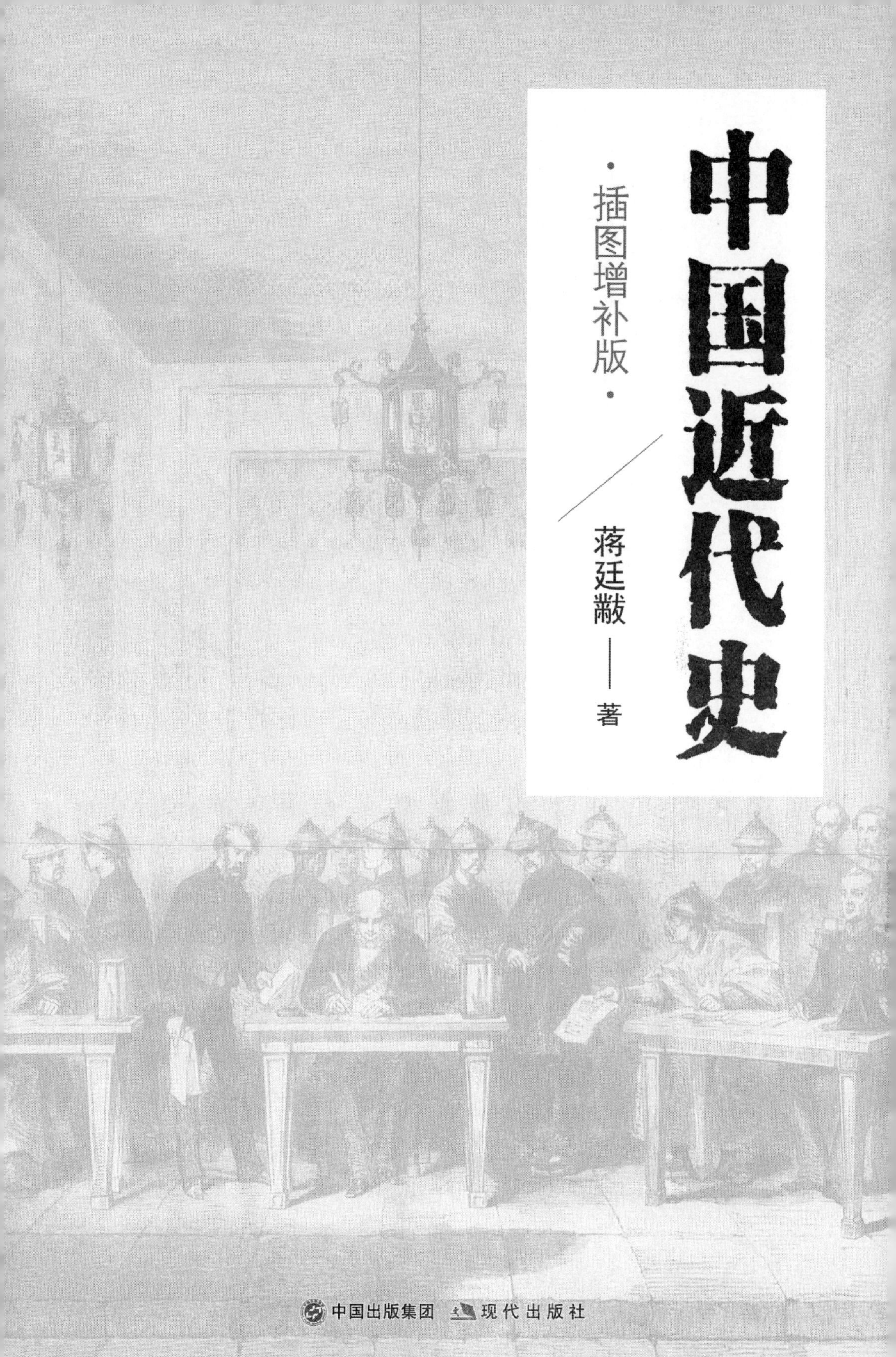

中国近代史

·插图增补版·

蒋廷黻 著

中国出版集团 现代出版社

图书在版编目（CIP）数据

中国近代史 / 蒋廷黻著. — 增订本. — 北京：现代出版社，2018.5（2021.5重印）

ISBN 978-7-5143-6845-1

Ⅰ. ①中… Ⅱ. ①蒋… Ⅲ. ①中国历史—近代史—通俗读物 Ⅳ. ① K250.9

中国版本图书馆 CIP 数据核字 (2018) 第 019259 号

中国近代史

作　　者：蒋廷黻
责任编辑：魏　巍　张　霆
出版发行：现代出版社
通信地址：北京市安定门外安华里 504 号
邮政编码：100011
电　　话：010-64267325　64245264（传真）
网　　址：www.1980xd.com
电子邮箱：xiandai@vip.sina.com
印　　刷：永清县晔盛亚胶印有限公司

开　　本：710mm×1000mm　1/16　　印　　张：20.25
版　　次：2018 年 5 月第 1 版　　印　　次：2021 年 5 月第 10 次印刷
书　　号：ISBN 978-7-5143-6845-1
定　　价：49.80 元

目　录

Contents

第四章　瓜分及民族之复兴

附录一　中国近代化的问题

附录二　中国与近代世界的大变局

总　论

中华民族到了19世纪就到了一个特殊时期。在此以前，华族虽与外族久已有了关系，但那些外族都是文化较低的民族。纵使他们入主中原，也只不过利用华族一时的内乱而把政权暂时夺过去。到了19世纪，这个局势就大不同了，因为在这个时候到东亚来的英、美、法诸国绝非匈奴、鲜卑、蒙古、倭寇、清人可比。原来人类的发展可分两个世界，一个是东方的亚洲，一个是西方的欧美。两个虽然在19世纪以前曾有过关系，但那种关系是时有时无的，而且是可有可无的。在东方这个世界里，中国是领袖，是老大哥，我们以大哥自居，他国连日本在内，也承认我们的优越地位。到了19世纪，来和我们找麻烦的不是我们东方世界里的小弟们，是那个素不相识而且文化根本互异的西方世界。

嘉庆、道光年间的中国人当然不认识那个西方世界，直到现在，我们还不敢说我们完全了解西洋的文明。不过有几点我们是可以断定的，第一，中华民族的本质可以与世界上最优秀的民族相比，中国人的聪明不在任何别的民族之下。第二，中国的物产虽不及俄、美两国丰厚，然总在一般国家水平线之上。第三，秦始皇的废封建为郡县及汉、唐两朝的伟大帝国，足证我民族是有政治天分的，是故论人论地，中国本可大有作为。

然而到了19世纪，我民族何以遇着空前的难关呢？第一，是因为我们的科学不及人。人与人的竞争，民族与民族的竞争，最足以决胜负的，莫过于知识的高低。科学的知识与非科学的知识比赛，就好像汽车与人力车的比赛。在嘉庆、道光年间，西洋的科学基础已经打好了，而我们的祖先还在那里做八股文，讲阴阳五行。第二，西洋已于18世纪中叶起始用机器生财打仗，而我们的工业、农业、运输、军事，仍保存唐、宋以来的模样。第三，西洋在中古的政治局面很像中国的春秋时代，文艺复兴以后的局面很像我们的战国时代。在列强争雄的生活中，西洋人养成了热烈的爱国心、深刻的民族观念，我们则死守着家族观念和家乡观念。所以在19世纪初年，西洋的国家虽小，然团结有如铁石之固；我们的国家虽大，然如一盘散沙，毫无力量。总而言之，到了19世纪，西方的世界已经具备了所谓近代文化，而东方的世界则仍滞留于中古，我们是落伍了！

近百年的中华民族根本只有一个问题，那就是：中国人能近代化吗？能赶上西洋人吗？能利用科学和机械吗？能废除我们家族和家乡观念而组织一个近代的民族国家吗？能的话，我们民族的前途就是光明的；不能的话，我们这个民族就是没有前途的。因为在世界上，一切的国家能接受近代文化者必致富强，不能者必遭惨败，毫无例外，并且接受得愈早愈速就愈好，日本就是一个例子。日本原有土地不过相当中国的一省，原有的文化几乎全是隋、唐以来自中国学去的。近40年以来，日本居然能在国际上做一个头等的国家，就是因为日本接受近代文化很快。

我们还可以把俄国做个例子。俄国在15世纪、16世纪、17世纪也是个落伍的国家，所以那时在西洋的大舞台上，几乎没有俄国的地位。可在17世纪末年，正当我们的康熙年间，俄国幸而出了一个大彼得，他以专制皇帝的至尊，变名改姓，微服到西欧去学造船，学炼钢。后来他又请了许多西欧的技术家到俄国去，帮助他维新。那时许多的俄国人反对他，尤其是首都莫斯科的国粹党。他不顾一切，奋斗到底，甚至迁都到一个偏僻的但是滨海的涅瓦河旁，因为他想靠海就容易与近代文化发源地的两欧往来。俄国的近代化基础是大彼得立的，他是俄罗斯民族大英雄之一，所以就连斯大林也很推崇他。

土耳其的命运也足以表示近代文化左右国家富强力量之大。在19世纪初年，土耳其帝国的土地跨欧、亚、非三洲，土耳其人也是英勇善战的。但在19世纪百年之内，别国的科学、机械和民族主义有一日千里的长进，土耳其则只知保守，因此土耳其遂受了欧洲列强的宰割。到了1878年以后，土耳其也有少数青年觉悟了非维新不可，但是他们遇着极大的阻力。第一，土耳其的国王，如中国的清朝一样，并无改革的诚意。第二，因为官场的腐败，创造新事业的经费都被官僚侵吞了、浪费了，国家没有受到新事业的益处，人民增加了许多的苛捐杂税，似乎国家愈改革就愈弱愈穷。关于这一点，土耳其的近代史也很像中国的近代史。第三，社会的守旧势力太大，以致有一个人提倡维新，就有十个人反对。总而言之，土耳其在19世纪末年的维新是三心二意的、不彻底的、无整个计划的，其结果是在上次世界大战中的惨败，国家几致于灭亡。土耳其人经过那次大国难以后一致团结起来，拥护民族领袖凯末尔，于是始得复兴。凯末尔一心一意为国家服务，不知有他。他认识了时代的潮流，知道要救国非彻底接受近代的文化不可。他不但提倡科学、工业，甚至改革了土耳其的文字，因为土耳其的旧文字太难，儿童费在文字上的时间和脑力太多，能费在实学上的必致减少，现在土耳其立国的基础算打稳了。

日本、俄国、土耳其的近代史大致是前面说的那个样子。这三国接受了近代的科学、机械及民族主义，于是复兴了，富强了，现在我们要研究我们的近代史。

我们要注意帝国主义如何压迫我们，我们要仔细研究每一个时期内的抵抗方案，我们尤其要分析每一个方案成败的程度和原因。如果能找出我国近代史的教训，我们对于抗战建国就更能有所贡献了。

中国近代史

第一章 剿夷与抚夷

01

一　英国请中国订立邦交

在19世纪以前，中西没有邦交。西洋没有派遣驻华的使节，我们也没有派大使公使到外国去，此中的缘故是很复杂的。第一，中西相隔很远，交通也不方便，西洋到中国来的船只都是帆船。那时没有苏伊士运河，中西的交通须绕非洲顶南的好望角，从伦敦到广州顶快需三个月，因此商业也不大。西洋人从中国买的货物不外丝、茶及别的奢侈品，我们的经济是自给自足的，用不着任何西洋的出品，所以那时我们的国际贸易总有很大的出超。在这种情形之下，邦交原来可以不必有的。

还有一个缘故，那就是中国不承认别国的平等。西洋人到中国来，我们总把他们当作琉球人、高丽人看待。他们不来，我们不勉强他们。他们如来，必尊中国为上国而以藩属自居。这个体统问题、仪式问题就成为邦交的大阻碍，"天朝"是绝不肯通融的。中国那时不感觉有联络外邦的必要，并且外夷岂不是蛮貊之邦，不知礼义廉耻，与他们往来有什么好处呢？他们贪利而来，"天朝"施恩给他们，许他们做买卖，借以羁縻与抚绥而已。假若他们不安分守己，天朝就要"剿夷"。那时中国不知道有外交，只知道"剿夷与抚夷"。政治家分派别，不过是因为有些主张剿，有些主张抚。

那时的通商制度也特别，西洋的商人都限于广州一口。在明末清初的时候，西洋人曾到过漳州、泉州、福州、厦门、宁波、定海各处。后来一则因为事实的不方便，二则因为清廷法令的禁止，就成立了所谓一口通商制度。在广州，外人也是不自由的，夏秋两季是买卖季，他们可以住在广州的十三行，买卖完了，他们必须到澳门去过冬。十三行是中国政府指定的十三家可以与外国人做买卖的，十三行的行总是十三行的领袖，也是政府的交涉员。所有广州官吏的命令都由行总传给外商，外商上给官吏的呈文也由行总转递。外商到广州照法令不能坐轿，事实上官吏很通融。他们在十三行住的时候，照法令不能随便出游，逢八（也就是初八、十八、二十八）可以由通事领导到河南的“花地”去游一次。他们不能带军器进广州，“夷妇”也不许进去，以防“盘踞之渐”。顶奇怪的禁令是外人不得买中国书，不得学中文。第一个耶稣教[①]传教士马礼逊博士的中文教师，每次去授课的时候，身旁必须随带一只鞋子和一瓶毒药，鞋子表示他是去买鞋子的，不是去教书的，毒药是预备万一官府查出，可以自尽。

那时中国的海关是自主的，朝廷所定的海关税则原来很轻，平均不过百分之四，清政府并不看重那笔海关收入，但是官吏所加的陋规极其繁重，大概连正税要收货价的百分之二十。中国法令规定税则应该公开，事实上，官吏绝守秘密，以便随意上下其手。外人每次纳税都经过一种讲价式的交涉，因此很不耐烦。

中国那时对于法权并不看重。在中国境内，外国人与外国人的民刑案件，我国官吏不愿过问，那就是说，自动地放弃境内的法权。譬如乾隆十九年（1754年），一个法国人在广州杀了一个英国人，广州的府县最初劝他们自己调解，后因英国坚决要求，官厅始理问。中国与外国人的民事案件总是由双方设法和解，因为双方都怕打官司之苦。倘若中国人杀了外国人，官厅绝不偏袒，总是杀人者抵死，所以外国人很满意。只有外国人杀中国人的案子麻烦，中国要求外人交凶抵死，在18世纪

---

①耶稣教，亦称基督新教，英文Protestantism的意译。

中叶以前，外人遵命者多，以后则拒绝交凶，拒绝接受中国官厅的审理，因为他们觉得中国刑罚太重，审判手续太不高明。

外国人最初对于我们的通商制度虽不满意，然而觉得既是中国的定章，只好容忍。到了 18 世纪末年（乾隆末年，嘉庆初年），外国人的态度就慢慢地变了。这时中国的海外贸易大部分在英国的东印度公司手里，在广州的外国人之中，英国已占领了领袖地位。英国此时的工业革命已经起始，昔日的手工业都慢慢地变为机械制造。海外市场在英国的国计民生上一天比一天紧要，中国对通商的限制，英国认为最不利于英国的商业发展。同时英国在印度已战胜了法国，印度半岛全入了英国的掌握，以后再往亚东发展也就更容易了，因为有了印度做发展的根据地。

当时欧洲人把乾隆皇帝作为一个模范的开明君主看，英国人以为在华通商所遇着的困难都是广州地方官吏做出来的。倘若有法能使乾隆知道，他必愿意改革。乾隆五十六年（1791 年）正是乾隆帝满八十岁的那年，如果英国趁机派使来贺寿，那就能得着一个交涉和促进中、英友谊的机会。广州官吏知道乾隆的虚荣心，竭力怂恿英国派使祝寿。于是英国乃派马戛尔尼（Lord Macartney）为全权特使于 1792 年来华。

马戛尔尼使节的预备是很费苦心的，特使乘坐头等兵船，并带卫队，送乾隆的礼物都是英国上等的出品，用意不外要中国知道英国是个富强而且文明的国家。英政府给马戛尔尼的训令要他竭力迁就中国的礼俗，唯必须表示中、英的平等。交涉的目的有好几个：第一，英国愿派全权大使常驻北京，如中国愿派大使到伦敦去，英廷必以最优之礼款待之。第二，英国希望中国加开通商口岸。第三，英国希望中国有固定的、公开的海关税则。第四，英国希望中国给他一个小岛，可以供英国商人居住及贮货，如同葡萄牙人在澳门一样。

在乾隆帝方面，他也十分高兴迎接英国的特使，但是乾隆把他当作一个藩属的贡使看待，要他行跪拜礼。马戛尔尼最初不答应，后来有条件地答应。他的条件是：将来中国派使到伦敦去的时候，也必须向英王行跪拜礼，或是中国派员向他所带来的英王的画像行跪拜答礼，他的目的不外要表示中、英的平等。中国不接受他的条件，也就拒绝行跪拜礼。乾隆帝很不快乐，接见以后，就要他离京回国。至于马戛尔尼所提出的要求，中国都拒绝了，那次英国和平的交涉要算完全失败了。

18 世纪末年和 19 世纪初年，欧洲正闹法兰西革命和拿破仑战争，英国无暇顾及远东商业的发展。等到战事完了，英国遂派第二次的使节来华，其目的大致与第一次同。但是嘉庆给英使的待遇远不及乾隆，所以英使不但外交失败，并且私人对中国的感情也不好。

英国有了这两次的失败，知道和平交涉的路走不通。

中西的关系是特别的，在鸦片战争以前，我们不肯给外国平等待遇；在以后，他们不肯给我们平等待遇。

到了 19 世纪，我们只能在国际生活中找出路，但是嘉庆、道光、咸丰年间的中国人，不分汉、满，仍图闭关自守，要维持历代在东方世界的光荣地位，根本否认那个日益强盛的西方世界。我们倘若大胆地踏进大世界的生活，就需要高度地改革，不然，我们就不能与列强竞争。但是我们有与外人并驾齐驱的人力物力，只要我们有此决心，我们可以在 19 世纪的大世界上得着更光荣的地位。我们研究中华民族的近代史，必须了解近代的邦交是我们的大困难，也是我们的大机会。

二　英国人做鸦片买卖

在 19 世纪以前，外国没有什么大宗货物是中国人要买的，外国商船带到中国来的东西只有少数是货物，大多数是现银。那时的经济学者，不分中外，都以为金银的输出是于国家有害的，各国都在那里想法子加增货物的出口和金银的进口。在中国的外商，经过多年的试验，发现鸦片是种上等的商品，于是英国东印度公司在印度奖励种植，统制运销。乾隆初年，鸦片输入每年约四百箱，每箱约百斤。乾隆禁止内地商人贩卖，但是没有效果，到了嘉庆初年，输入竟加了十倍，每年约四千箱。嘉庆下令禁止入口，但是因为官吏的腐败和查禁的困难，销路还是继续增加。

道光对于鸦片是最痛心的，对于禁烟是最有决心的，即位之初，他就严申禁令，可是在他的时代，鸦片的输入增加最快。道光元年（1821 年）输入尚只五千箱，道光十五年（1835 年），就加到了三万箱，值价约一千八百万元。中国的银子漏出，换这有害无益的鸦片，全国上下都认为是国计民生的大患。广东有一帮绅士觉得烟禁绝不能实行，因为“法令者，胥役之所借以为利也，立法愈峻，则索贿愈多”。他们主张一面加重关税，一面提倡种植，拿国货来抵外货，久而久之，外商无利可图，就不运鸦片进口了。道光十四五年（1834—1835）的时候，这一派的议论颇得势，但是，除许乃济一人外，没有一人敢冒天下之大不韪，公开提倡这个办法。道光十八年（1838 年），黄爵滋上了一封奏折，大声疾呼主张严禁。他的办法是严禁吸食，他说没有人吸，就没有人卖，所以吸者应治以死罪：

请皇上严降谕旨，自今年某月某日起，至明年某月某日止，准给一年限戒烟，倘若一年以后，仍然吸食，是不奉法之乱民，置之重刑，无不平允。查旧例，吸食鸦片者仅枷杖，其不指出兴贩者罪止杖一百，徒三年，然皆系活罪。断瘾之苦，甚于枷杖与徒杖，故甘犯明刑，不肯断绝。若罪以死论，是临刑之惨更苦于断瘾，臣知其情愿绝瘾而死于家，不愿受刑而死于市。惟皇上既慎用刑之意，诚恐立法稍严，互相告讦，必至波及无辜。然吸食鸦片是否有瘾无瘾，到官熬审，立刻可辨，如非吸食之人，无大深仇，不能诬枉良善，果系吸食者，究亦无从掩饰。故虽用刑，并无流弊。

这封奏折上了以后，道光令各省的督抚讨论。他们虽不彰明地反对黄爵滋，总觉得他的办法太激烈。他们说吸食者尚只害自己，贩卖者则害许多别人，所以贩卖之罪，重于吸食之罪。广州是鸦片烟的总进口，大贩子都在那里，要禁烟应从广州下手。唯独两湖总督林则徐完全赞成黄爵滋的主张，并建议各种实施办法。道光决定吸食与贩卖都要严加禁止，并派林则徐为钦差大臣，驰赴广州查办烟禁。林文忠公是当时政界声望最好、办事最认真的大员，士大夫尤其信任他，他的自信力也不小。他虽然以前没有办过“夷务”，他对外国人说：“本大臣家居闽海，于外夷一切伎俩，早皆深悉其详。”

实在当时的人对禁烟问题都带了几分客气，在他们的私函中，他们承认禁烟的困难，但在他们的奏章中，他们总是逢迎上峰的意旨，唱高调，这种不诚实的行为是我国士大夫阶级的大毛病之一。其实禁烟是个极复杂、极困难的问题，纵使没有外国的干涉，禁烟已极其困难，何况在道光间英国人绝不愿意我们实行禁烟呢！那时鸦片不但是通商的大利，而且是印度政府财政收入之大宗。英国对于我们独自尊大、闭关自守的态度已不满意，要想和我们算一次账，倘若我们因鸦片问题给予英国任何借口，英国绝不惜以武力对付我们。

那次的战争我们称为“鸦片战争”，英国人则称为“通商战争”，两方面都有理由。关于鸦片问题，我方力图禁绝，英方则希望维持原状：我攻彼守。关于通商问题，英方力图获得更大的机会和自由，我方则硬要维持原状：彼攻我守。就世界大势论，那次的战争是不能避免的。

三　东西对打

林则徐于道光十九年（1839 年）正月二十五日行抵广州，经一个星期的考虑和布置，他就动手了。他谕告外国人说："利己不可害人，何得将尔国不食之鸦片烟带来内地，骗人财而害人命乎？"他要外国人做两件事：第一，把已到中国而尚未出卖的鸦片"尽数缴官"；第二，出具甘结，声明以后不带鸦片来华，如有带来，一经查出，甘愿"货尽没官，人即正法"。外国人不知林则徐的品格，以为他不过是个普通官僚，到任之初，总要出个告示，大讲什么礼义廉耻，实质上还不是在要价？价钱讲好了，买卖就可以照常做了。因此他们就观望，就讲价。殊不知林则徐不是那类人："若鸦片一日未绝，本大臣一日不回，誓与此事相始终，断无中止之理。"到了二月初十，外人尚不肯交烟，林则徐就下命令，断绝广州出海的交通，派兵把十三行围起来，把行里的中国人都撤出，然后禁止一切的出入。换句话说，林则徐把十三行做了外国人的监牢，并且不许人卖粮食给他们。

当时在十三行里约有三百五十个外国人，连英国商业监督义律（Captain Charles Elliot）在内。他们在里面当然要受相当的苦，煮饭、洗碗、打扫都要自己动手。但粮食还是有的，外人预贮了不少，行商又秘密地接济。义律原想妥协，但是林则徐坚持他的两种要求。是时英国在中国洋面只有两只小兵船，船上的水兵且无法到广州，义律不能抵抗，只好屈服。他屈服的方法很值得我们注意，他不是命令英国商人把烟交给林则徐，他是叫英商把烟交给他，并且由他以商业监督的资格给各商收据，一转手之间，英商的鸦片变为大英帝国的鸦片。

义律共交出二万零二百八十箱，共计二百数十万斤，实一网打尽。这是林文忠的胜利，道光帝也高兴极了。他批林的奏折说："卿之忠君爱国皎然于域中化外矣。"外人尚不完全相信林真是要禁烟，他们想林这一次发大财了。林在虎门海滩挑成两个池子，"前设涵洞，后通水沟，先由沟道引水入池，撒盐其中，次投箱中烟土，再抛石灰煮之，烟灰汤沸，颗粒悉尽。其味之恶，鼻不可嗅。潮退，启放涵洞，随浪入海，然后刷涤池底，不留涓滴。共历二十三日，全数始尽销毁，逐日皆有文武官员监视"。外人之来观者，详记其事，深赞钦差大臣之坦然无私。

义律当时把缴烟的经过详细报告英国政府以后，静待政府的训令。林文忠的大功告成，似乎可以休手了，并且朝廷调他去做两江总督，可是他不去。他说，已到的鸦片，既已销毁，但是以后还可以来。他要彻底禁绝，方法就是要外商人人出具甘结，以后不做鸦片买卖。这个义律不答应，于是双方又起冲突了。林自觉极有把握，他说，英国的战斗力亦不过如此，英国人"腿足缠束紧密，屈伸皆所不便"。虎门的炮台都重修过，虎门口他又拿很大的铁链封锁起来。他又想外国人必须有茶叶、大黄，他禁止茶叶、大黄出口，就可以致外人的死命。那年秋冬之间，广东水师与英国两只小兵船有好几次的冲突，林报告朝廷，中国大胜，因此全国都是乐观的。

英国政府接到义律的信以后，就派全权代表懿律（Admiral George Elliot）率领海陆军队来华。这时英国的外相是巴麦尊（Lord Palmerston），有名的好大喜功的帝国主义者。他不但索鸦片赔款、军费赔款，并且要求一扫旧日所有的通商限制和邦交的不平等。懿律于道光二十年（1840 年）的夏天到广东洋面，倘若英国深知中国的国情，懿律应该在广州与林则徐决胜负，因为林是主战派的领袖。但英国人的策略并不在此，懿律在广东并不进攻，仅宣布封锁海口，中国人的解释是英国怕林则徐。封锁以后，懿律北上，派兵占领定海。定海并无军备，中国人觉得这是不武之胜，以后义律和懿律就率主力舰队到大沽口。

定海失守的消息传到北京以后，清廷愤懑极了。道光下令调陕、甘、云、贵、湘、川各省的兵到沿海各省，全国脚乱手忙。上面要调兵，下面就请饷。道光帝最怕花钱，于是对林则徐的信任就减少了。七月二十二日他的上谕骂林则徐道："不但终无实际，反生出许多波澜，思之曷胜愤懑，看汝以何词对朕也。"

是时在天津主持交涉者是直隶总督琦善，他下了一番知己知彼的功夫。他派人到英国船上假交涉之名去调查英国军备，觉得英人的船坚炮利远在中国之上。他国的汽船，"无风无潮，顺水逆水，皆能飞渡"。他们的炮位之下，"设有石磨盘，中具机轴，只须移转磨盘，炮即随其所向"。回想中国的设备，他觉得可笑极了。山海关的炮，尚是"前明之物，勉强蒸洗备用"，所谓大海及长江的天险已为外人所据，"任军事者，率皆文臣，笔下虽佳，武备未谙"，所以他决计抚夷。

英国外相致中国宰相书，很使琦善觉得他的抚夷政策是很有希望的。那封书的前半都是批评林则徐的话，说他如何残暴武断，后半提出英国的要求。琦善拿中国人的眼光来判断那封书，觉得它是个状纸。林则徐待英人太苛了，英人不平，所以要大皇帝替他们伸冤。他就将计就计，告诉英国人说："上年钦差大臣林等查禁烟土，未能体仰大皇帝大公至正之意，以致受人欺蒙，措置失当。必当逐细查明，重治其罪。惟其事全在广东，此间无凭办理。贵统帅等应即返棹南还，听候钦差大臣驰往广东，秉公查办，定能代申冤抑。"至于赔款一层，中国多少会给一点，使英代表可以有面子回国。至于变更通商制度，他告诉英国人，事情解决以后，英人可照旧通商，用不着变更。懿律和义律原不愿在北方打仗，所以就答应了琦善回到广州去交涉，并表示愿撤退在定海的军队。道光帝高兴极了，觉得琦善以三寸之舌竟能说退英国的海陆军，远胜林则徐的孟浪多事。于是下令教内地各省的军队概归原防，“以节靡费”。同时革林则徐的职，教琦善去代替他。

琦善到了广东以后，他发现自己把事情看得太容易了。英国人坚持赔款和割香港或加通商口岸，琦善以为与其割地，不如加开通商口岸，但是怕朝廷不答应，所以只好慢慢讲价，稽延时日。英人不耐烦，遂于十二月初开火了。大角、沙角失守以后，琦善遂和义律订立条约，赔款六百万元，割香港与英国，以后给予英国平等待遇。道光不答应，骂琦善是执迷不悟，革职锁拿，家产查抄入官，同时调大兵赴粤剿办。英国政府也不满意义律，另派代表及军队来华。

从这时起，中、英双方皆一意主战，彼此绝不交涉。英国的态度很简单：中国不答应他的要求，他就不停战。道光也是很倔强：一军败了，再调一军。中国兵士有未出战而先逃者，也有战败而宁死不降不逃者。将帅有战前妄自夸大而临战即后退者，也有鞠躬尽瘁死而后已者，如关天培、裕谦、海龄诸人。军器不如人，自不待说；纪律不如人，精神不如人，亦不可讳言。人民有些甘做汉奸，有些为饥寒所迫，投入英军做苦力。到了道光二十二年（1842年）的夏天，英军快要攻南京的时候，清廷知道没有办法，不能再抵抗，于是接受英国要求，订立《南京条约》。

四　民族丧失二十年的光阴

鸦片战争失败的根本理由是我们的落伍。我们的军器和军队是中古的军队，我们的政府是中古的政府，我们的人民，连士大夫阶级在内，是中古的人民。我们虽拼命抵抗终归失败，那是自然的，逃不脱的。从民族的历史看，鸦片战争的军事失败还不是民族致命伤，失败以后还不明了失败的理由力图改革，那才是民族的致命伤。倘使同治、光绪年间的改革移到道光、咸丰年间，我们的近代化就要比日本早二十年，远东的近代史就要完全变更面目。可惜道光、咸丰年间的人没有领受军事失败的教训，战后与战前完全一样，麻木不仁，妄自尊大。直到咸丰末年英、法联军攻进了北京，然后有少数人觉悟了，知道非学西洋不可，所以我们说，中华民族丧失了二十年的宝贵光阴。

为什么道光年间的中国人不在鸦片战争以后就开始维新呢？此中缘故虽极复杂，但是值得我们研究。第一，中国人的守旧性太重。中国文化有了这几千年的历史，根深蒂固，要国人承认有改革的必要，那是不容易的。第二，中国文化是士大夫阶级的生命线。文化的摇动，就是士大夫饭碗的摇动。我们一实行新政，科举出身的先生们就有失业的危险，难怪他们要反对。第三，中国士大夫阶级（知识阶级和官僚阶级）最缺乏独立的、大无畏的精神。无论在哪个时代，总有少数人看事较远较清，但是他们怕清议的指摘，默而不言，林则徐就是个好例子。

林则徐实在有两个，一个是士大夫心目中的林则徐，一个是真正的林则徐。前一个林则徐是主剿的，他是百战百胜的，他所用的方法都是中国的古法，可惜奸臣琦善受了英人的贿赂，把他驱逐了。英人未去林之前，不敢在广东战，既去林之后，当然就开战。所以士大夫想，中国的失败不是因为中国的古法不行，是因为奸臣误国。当时的士大夫得了这样的一种印象，也是很自然的，林的奏章充满了他的自信心，可惜自道光二十年夏天定海失守以后，林没有得着机会与英国比武，难怪中国人不服输。

真的林则徐是慢慢地觉悟了的。他到了广东以后，就知道中国军器不如西洋，所以他竭力买外国炮，买外国船，同时他派人翻译外国所办的刊物。他在广东所搜集的材料，给了魏默深（魏源），魏源后来把这些材料编入《海国图志》。这部书提倡以夷制夷，并且以夷器制夷。后来日本的文人把这部书译成日文，促进了日本的维新。林虽有这种觉悟，他怕清议的指摘，不敢公开地提倡。清廷把他谪戍伊犁，他在途中曾致书友人说：

> 彼之大炮远及十里内外，若我炮不能及彼，彼炮先已及我，是器不良也。彼之放炮如内地之放排枪，连声不断。我放一炮后，须辗转移时，再放一炮，是技不熟也。求其良且熟焉，亦无他深巧耳。不此之务，即远调百万貔貅，恐只供临敌之一哄。况逆船朝南暮北，惟水师始能尾追，岸兵能顷刻移动否？盖内地将弁兵丁虽不乏久历戎行之人，而皆睹面接仗，似此之相距十里八里，彼此不见面而接仗者，未之前闻。徐尝谓剿匪八字要言，器良技熟，胆壮心齐是已。第一要大炮得用，令此一物置之不讲，真令岳、韩束手，奈何奈何！

这是他的私函，道光二十二年（1842 年）九月写的，他请他的朋友不要给别人看。换句话说，真的林则徐，他不要别人知道。难怪他后来虽又做陕甘总督和云贵总督，他总不肯公开提倡改革。他让主持清议的士大夫睡在梦中，他让国家日趋衰弱，而不肯牺牲自己的名誉去与时人奋斗。林文忠无疑是中国旧文化最好的产品，他尚以为自己的名誉比国事重要，别人更不必说了。士大夫阶级既不服输，他们当然不主张改革。

主张抚夷的琦善、耆英诸人虽把中外强弱的悬殊看清楚了，而且公开地宣传了，但是士大夫阶级不信他们，而且他们无自信心，对民族亦无信心，只听其自然，不图振作，不图改革。我们不责备他们，因为他们是不足责的。

五　不平等条约开始

道光二十二年（1842 年）八月二十九日在南京所订的《中英条约》，不过是战后新邦交及新通商制度的大纲，次年的《虎门条约》才规定细则。我们知道，战后的整个局面应该把两个条约合并起来研究。我们应该注意的有下列几点：第一，赔款二千一百万两。第二，割香港。第三，开放广州、厦门、福州、宁波、上海为通商口岸。第四，海关税则详细载明于条约，非经两国同意不能修改，是即所谓协定关税。第五，英国人在中国者只受英国法律和英国法庭的约束，是即所谓治外法权。第六，中、英官吏平等往来。

当时的人对于这些条款最痛心的是五口通商，他们觉得外人在广州一口通商的时候已经不易防范，现在有五口通商，外人可以横行天下，防不胜防，直到前清末年，文人忧国者莫不以五口通商为后来的祸根。五口之中，他们又以福州为最重要，上海则是中、英双方所不重视的，割让土地当然是时人所反对的，也应该反对的，但是香港在割让以前毫无商业的或国防的重要。英人初提香港的时候，北京还不知道香港在哪里。时人反对割地，不是反对割香港。

协定关税和治外法权是我们近年所认为不平等条约的核心，可是当时的人并不这样看。治外法权，在道光时代的人的眼中，不过是让夷人管夷人，他们想那是最方便、最省事的办法。至于协定关税，他们觉得也是方便省事的办法。每种货物应该纳多少税都明白地载于条约，那就可以省除争执。负责交涉条约的人如伊里布、耆英、黄恩彤诸人，知道战前广东地方官吏的苛捐杂税是引起战争原因之一，现在把关税明文规定，岂不是一个釜底抽薪、一劳永逸的办法？而且新的税则平均到百分之五，比旧日的自主关税还要略微高一点。负交涉责任者计算以后海关的收入比以前还要多，所以他们洋洋得意，以为他们的外交成功，其实他们牺牲了国家的主权，遗害不少。总而言之，道光年间的中国人，完全不懂国际公法和国际形势，所以他们争所不当争，放弃所不应当放弃的。

我们与英国订了这种条约，实因为万不得已，如别的国家来要求同样的权利，我们又怎样对付呢？在鸦片战争的时候，国内分为两派：剿夷派和抚夷派。前者以林则徐为领袖，后者以琦善为领袖。战争失败以后，抚夷派当然得势了。这一派在朝者是军机大臣穆彰阿，在外的是伊里布和耆英。中、英订了条约以后，美、法两国就派代表来华，要求与我国订约。抚夷派的人当然不愿意与美国、法国又打仗，所以他们自始就决定给美、法的人平等的待遇。他们说，倘若中国不给，美、法的人大可以假冒英人来做买卖，我们也没有法子查出。这样做下去，美、法的人既靠英国人，势必与英国人团结一致，来对付我们；假使中国给美、法通商权利，那美国、法国必将感激中国，我们或者还可以联络美、法来对付英国。并且伊里布、耆英诸人以为中国的贸易是有限的，这有限的贸易不让英国独占，让美、法分去一部分，与中国并无妨碍，中国何不做个顺水人情？英国为避免别国的妒忌，早已声明他欢迎别国平等竞争，所以美国、法国竟能和平与中国订约。

不平等条约的根源，一部分由于我们的无知，一部分由于我们的法制未达到近代文明的水准。

六　剿夷派又抬头

在鸦片战争以前，广州与外人通商已经三百多年，好像广州人应该比较知道外国的情形，比别处的中国人应该更能与外人相安无事。其实不然，五口通商以后，唯独广州人与外人感情最坏，冲突最多。此中原因复杂，第一，英国在广州受了多年的压迫，无法出气，等到他们打胜了，他们觉得他们出气的日子到了，他们不能平心静气地原谅中国人因受了战争的痛苦而对他们自然不满意，自然带几分的仇视。第二，广东地方官商最感觉《南京条约》给他们私人利益的打击。在鸦片战争以前，因为中外通商集中于广州，地方官吏，不分大小，都有发大财的机会。《南京条约》以后，他们的意外财源都禁绝了，难怪他们要恨外国人。商人方面也是如此，在战前，江、浙的丝茶都由陆路经江西，过梅岭，而由广州的十三行卖给外国人。据外人的估计，伍家的怡和行在战前有财产八千多万，恐怕是当时世界上最富的资本家。《南京条约》以后，江、浙的丝茶，外人直接到江、浙去买，并不经过广州。五口之中，上海日盛一日，而广州则日形衰落。不但富商受其影响，就是劳工直接间接受影响的都不少，难怪民间也恨外国人。

仇外心理的表现之一就是杀外国人，他们到郊外去玩的时候，乡民出其不意，就把他们杀了。耆英知道这种仇杀一定要引起大祸，所以竭力防御，绝不宽容。他严厉地执行国法，杀人者处死，这样一来，士大夫骂他是洋奴。他们说，官民应该一致对外，哪可以压迫国民以顺夷情呢？因此耆英在广东的地位，一天困难一天。

在广东还有外人进广州城的问题。照常识来看，许外国人到广州城里去似乎是无关宏旨的，在外人方面，不到广州城里去似乎也没任何损失，可是这个入城问题竟成了和战问题。在上海，就全无这种纠纷。《南京条约》以后，外人初到上海的时候，他们在上海城内租借民房，后来他们感觉城内街道狭小，卫生情形也不好，于是请求在城外划一段地作为外人居留地区。上海道台也感觉华洋杂处，不便管理，乃划洋泾浜以北的小块地作为外人住宅区，这就是上海租界的起源。

广州十三行原在城外，鸦片战争以前，外人是不许入城的。广州人简直把城内作为神圣之地，外夷倘进去，就好像与尊严有损。外人也是争意气，他们以为不许他们入城，就是看不起他们。耆英费尽苦心调停于外人与广州人民之间，不料双方愈演愈起劲。道光二十七年（1847年），英人竟兵临城下，要求入城。耆英不得已，许于两年后准外人入城，希望在两年之内，或者中外感情可以改良，入城可以不成问题。但当时人民攻击耆英者多，于是道光调他入京，而升广东巡抚徐广缙为两广总督。道光给徐的上谕，很清楚地表示他的态度：

> 疆寄重在安民，民心不失，则外侮可弭。嗣后遇有民夷交涉事件，不可瞻徇迁就，有失民心。至于变通参酌，是在该署督临时加意权衡体察。总期以诚实结民情，以羁縻办夷务，方为不负委任。

徐广缙升任总督以后，就写信问林则徐驭夷之法。林回答说：“民心可用。”道光的上谕和林则徐的回答，都是士大夫阶级传统的高调和空谈，仅以民心对外人的炮火当然是自杀。民心固不可失，可是一般人民懂得什么国际关系！主政者应该负责指导舆论。如不指导，或指导不生效，这都是政治家的失败。徐广缙也是怕清议的指责，也是把自己的名誉看得重，国家事看得轻。当时广东巡抚叶名琛比徐广缙更顽固，他们继承了林则徐的衣钵，他们上台就是剿夷派的抬头。

道光二十九年（1849年），两年后许入城的约到了期。英人根据条约提出要求，广州的士大夫和民众一致反对。徐广缙最初犹疑，后亦无可奈何，只好顺从民意。叶名琛自始即坚决反对履行条约，他们的办法分两层：第一，不与英人交易。第二，组织民众。英人这时不愿为意气之争与中国决裂，所以除声明保存条约权利以外，没有别的举动。徐、叶认为这是他们的大胜利，事后他们报告北京说：

> 计自正月二十七日至三月二十日，居民则以工人，铺户则以伙计，均择其强壮可靠者充补。挨户注册，不得在外雇募。公开筹备经费，制造器械，添设栅栏，共团勇至十万余人。无事则各安工作，有事则立出捍卫。明处则不见荷戈持戟之人，暗中实皆折冲御侮之士。（朱批：朕初不料卿等有此妙用。）众志成城，坚逾金石，用能内戢土匪，外警猾夷。

为纪念胜利，道光帝赏了徐广缙子爵，世袭双眼花翎；叶名琛男爵，世袭花翎。道光又特降谕旨，嘉勉广州民众：

> 我粤东百姓素称骁勇。乃近年深明大义，有勇知方，固由化导之神，亦系天性之厚。朕念其翊戴之功，能无恻然有动于中乎！

道光三十年（1850年）年初道光死了，咸丰即位。在咸丰年间，国内有太平天国的内战，对外则剿夷派的势力更大。道光三十年五月，有个御史曹履泰上奏说：

> 查粤东夷务，林始之而徐终之，两臣皆为英夷所敬畏。去岁林则徐乞假回籍，今春取道江西养疾，使此日英夷顽梗不化，应请旨饬江西抚臣速令林则徐赶紧来京，候陛见后，令其协办夷务，庶几宋朝中国复相司马之意。若精神尚未复原，亦可养疴京中，勿遽回籍。臣知英夷必望风而靡，伎俩悉无可施，可永无宵旰之虑矣。

咸丰也很佩服林则徐，当即下令教林来京。林的运气真好：他病大重，以后不久就死了，他的名誉借此保存了。

七　剿夷派崩溃

林则徐死了，徐广缙离开广东打太平天国去了，在广东负外交重任的是叶名琛。他十分轻视外人，自然不肯退让。在外人方面，他们感觉已得的权利不够，他们希望加开通商口岸。旧有的五口只包括江、浙、闽、粤四省海岸，现在他们要深入长江，要到华北。其次，他们要派公使驻北京。此外，他们希望中国地方官吏不拒绝与外国公使领事往来。最后，他们要求减轻关税并废除厘金。这些要求除最后一项外，并没有什么严重的性质。但是咸丰年间的中国人反而觉得税收一项倒可通融，至于北京驻使、长江及华北通商及官吏与外人往来各项，简直有关国家的生死存亡，绝对不可妥协的。

咸丰四年（1854 年），英、美两国联合要求修改条约。当时中国没有外交部，所有的外交都由两广总督办。叶名琛的对付方法就是不交涉，外人要求见他，他也不肯接见。英、美两国的代表跑到江苏去找两江总督，他劝他们回广州去找叶名琛。他们后来到天津，地方当局只允奏请皇帝施恩稍为减免各种税收，其余一概拒绝。总而言之，外人简直无门可入。他们知道，要修改条约只有战争一条路。

咸丰六年（1856 年），叶名琛派兵登香港注册之亚罗船上去搜海盗，这一举动给了英国人开战的口实。不久，法国传教士马神父在广西西林被杀，叶名琛不好好处理，又得罪了法国，于是英、法联军来和我们算总账。

咸丰七年（1857 年）冬天，英法联军首先进攻广东，士大夫阶级所依赖的民心竟毫无力量。英、法不但打进广州，而且把总督巡抚都俘虏了。叶后来被押送印度，死在加尔各答。巡抚柏贵出来做英、法的傀儡，维持地方治安。民众不但不抵抗，且帮助英国人把藩台衙门的库银抬上英船。

咸丰八年（1858 年），英法联军到大沽口，交涉失败，于是进攻。我们迫不得已与之订《天津条约》，接受英、法的要求，于是英、法撤退军队。

清廷对于北京驻使及长江通商始终不甘心，总要想法挽回。清廷派桂良和花沙纳到上海，名为交涉海关细则，实则想取消《天津条约》。为达到这个目的，清廷准备出很大的代价。只要英法放弃北京驻使、长江开通商口岸，清廷愿意以后全不收海关税，幸而桂良及何桂清反对这个办法，所以《天津条约》未得挽回。清廷另一方面派科尔沁亲王僧格林沁在大沽布防，僧格林沁是当时著名勇将之一，办事极认真。

咸丰九年（1859 年），英、法各国代表又到大沽，预备进京去交换《天津条约》的批准证书。他们事先略闻中国要修改《天津条约》，并在大沽设防，所以他们北上的时候，随带相当海军。到了大沽口，看见海河已堵塞，他们啧啧不平，责中国失信，并派船拔取防御设备，僧格林沁就令两岸的炮台出其不意同时开炮，英法的船只竟无法抵抗。陆战队陷于海滩的深泥，亦不能登岸，他们只有宣告失败，等国内增派军队。

咸丰九年的冬季及十年（1860 年）的春季，正是清廷与太平天国内战最紧急的时候，苏州被太平军包围，危在旦夕。江、浙的官吏及上海、苏州一带的绅士听见北方又与英、法开战，简直惊慌极了，因为他们正竭力寻求英、法的援助来对付太平军。所以他们对北京再三请求抚夷，说明外人兵力之可畏及长江下游局势之险急。清廷虽不许他们求外人的援助，恐怕示弱于人，但外交政策并不因大沽口的胜利而转强硬，北京此时反愿意承认《天津条约》。关于大沽的战事，清廷的辩护亦极有理。倘使英、法各国代表的真意旨是在进京换约，何必随带重兵？海河既为中国领河，中国自有设防的权利，而这种防御或者是对太平军，并非对外仇视的表示。海河虽阻塞，外国代表尚可在北塘上岸，由陆路进北京。中国根据以上理论的宣传颇生效力，大沽之役以后，英、法并不坚持要报复，要雪耻，他们只要求赔偿损失及其他不关重要之条约解释与修改。这种《天津条约》以外的要求，遂成为咸丰十年（1860 年）英、法联军的起因。

咸丰十年，英、法的军队由侧面进攻大沽炮台，僧格林沁不能支持，连天津都不守了，清廷又派桂良等出面在天津交涉，格外的要求答应了。但到签字的时候，一则英、法代表要求率卫队进京，二则因为他们以为桂良的全权的证书不合格式，疑他的交涉不过是中国的缓兵之计，所以又决裂了，英、法的军队直向北京推进。清廷改派怡亲王载垣为钦差大臣，在通州交涉。条件又讲好了，但英使的代表巴夏礼在签字之前声明，英使到北京后，必须向中国皇帝面递国书。这是国际间应行的礼节，但那时中国人认为这是外夷的狂悖，其居心叵测，中国绝不能容忍，载垣乃令军队捕拿英、法代表到通州来的交涉人员。这一举激怒外人，军事又起了。

咸丰帝原想“亲统六师，直抵通州，以伸天讨，而张挞伐”，可是通州决裂以后，他就逃避热河，派恭亲王奕䜣留守北京。奕䜣是咸丰的亲弟，这时只二十八岁，他当然毫无新知识。咸丰八年（1858 年）天津交涉的时候，他竭力反对长江通商，捕拿外国交涉代表最初也是他提议的，所以他也是属于剿夷派的。但他是个有血性的人，且真心为国图谋，他是清朝后百年宗室中之贤者。在道、咸时代，一般士大夫不明天下大势是可原谅的，但是战败以后而仍旧虚骄，如附和林则徐的剿夷派，或是服输而不图振作、不图改革，如附和耆英的抚夷派，那就不可救药了。

恭亲王把握政权以后，天下大势为之一变。他虽缺乏魄力，他有文祥做他的助手。文祥虽是亲贵，但他的品格可说是中国文化的最优代表，他为人十分廉洁，最尽孝道。他可以做督抚，但因为有老母在堂，不愿远行，所以坚辞。他办事负责而认真，且不怕别人的批评。我们如细读《文文忠年谱》，我们觉得他真是一个“先天下之忧而忧，后天下之乐而乐”的大政治家。

奕䜣与文祥在元首逃难、京都将要失守的时候，接受大命。他们最初因无外交经验，不免举棋不定。后来把情势看清楚了，他们就毅然决然承认外人的要求，与英、法订立《北京条约》。条约签订以后，英、法退军，中国并没丧失一寸土地。

咸丰八年（1858 年）的《天津条约》和十年（1860 年）的《北京条约》，是三年的战争和交涉的结果。条款虽很多，主要的是北京驻使和长江通商，历史上的意义不外从此中国与西洋的关系更密切了。这种关系固可以为祸，亦可以为福，看我们振作与否。

奕䜣与文祥绝不转头回看，留恋那已去不复回的闭关时代。他们大着胆向前进，到国际生活中去找新出路。我们研究近代史的人所痛心的就是，这种新精神不能出现于鸦片战争以后，而出现于二十年后的咸末同初。一寸光阴一寸金，个人如此，民族更如此。

第二章 02

洪秀全与曾国藩

一　旧社会走循环套

第一章已经讨论了道光、咸丰年间自外来的祸患。我们说过那种祸患是不可避免的，因为我们无法阻止西洋科学和机械的势力，使其不到远东来。我们也说过，我们很可以转祸为福，只要我们大胆地接受西洋近代文化，以我们的人力物力，倘若接受了科学机械和民族精神，我们可以与别国并驾齐驱，在国际生活之中，取得极光荣的地位。可是道光时代的人不此之图。鸦片之役虽然败了，他们不承认是败了。主战的剿夷派及主和的抚夷派，在战争之后，正如在战争之前，均未图振作。直到受了第二次战败的教训，然后有人认识时代的不同而思改革。

在没有叙述同治、光绪年间的新建设以前，我们试再进一步地研究道、咸年间中国的内政。在近代史上，外交虽然要紧，内政究竟是决定国家强弱的根本要素。譬如第一次世界大战以前，德国的外交失败了，所以战争也失败了，然而因为德国内政健全，战后尚不出二十年，它又恢复它的地位了，这就是自力更生。

不幸到了19世纪，我们的社会、政治、经济都已到腐烂不堪的田地。据前清政府的估计，中国的人口在康熙四十年（1701年）约有二千万；到了嘉庆五年（1800年），增加到三万万，百年之内竟有十五倍的增加[①]！这

①这里的两千万指的是“人丁”（成年男子），而非人口，而三万万是人口数。十五倍的增加，作者计算有误。

种估计虽不可靠，然而我国人口在18世纪有很大的增加，这是毫无疑问的。17世纪是个大屠杀的世纪，开初有明朝末年的内乱，后又有明、清的交战及清人有计划地屠杀汉人，如扬州十日及嘉定屠城，我们也不要忘记张献忠在四川的屠杀。近年中央研究院发表了很多明、清史料，其中有一件是康熙初年四川某县知事的人口年报，那位县老爷说他那县的人口，在大乱之后，只有九百余人，而在一年之内，老虎又吃了一大半！康熙、雍正、乾隆三朝是大乱之后的大治，于是人口增加。这是中国几千年来的圈套，演来演去，就是圣贤也无法脱逃。

那时的人一方面不知利用科学节制生育，另一方面又不知利用科学增加生产。在大乱之后、大治之初，人口减少，有荒可垦，故人民安居乐业，生活程度略为提高，这是老百姓心目中的黄金时代。后来人口一天多过一天，荒地则一天减少一天，而且新垦的地不是土质不好，就是水源不足，于是每人耕地的面积减少，生活程度降低。老百姓莫名其妙，只好烧香拜佛，嗟叹自己的命运不好。士大夫和政府纵使有救世之心，亦无救世之力，只好听天灾人祸自然演化。等到土匪一起，人民更不能生产，于是小乱变为大乱。

中国历史还有一个循环套，每朝的开国君主及元勋大部分起自民间，自俸极薄，心目中的奢侈标准是很低的，而且比较能体恤民间的痛苦，办事亦比较认真，这是内政昌明、吏治澄清的时代。后来慢慢地统治阶级的欲望提高，奢侈标准随之提高，因之官吏的贪污亦大大地长进。

并且在旧社会里，政界是才子唯一的出路，不像在近代文化社会里，有志之士除做官以外，可以经营工商业，可以行医，可以做新闻记者、大学教授、科学家、发明家、探险家、音乐家、美术家、工程师，而都名利两全，其所得往往还在大官之上。有人说，中国旧日的社会很平等，因为官吏都是科举出身，而且旧日的教育是很不费钱的。这种看法，过于乐观。前清一代的翰林，哪一个在未得志以前，曾经下过苦力？我们可以进一步地问，前清一代的翰林，哪一个的父亲曾下过苦力？林则徐、曾国藩是前清有名的贫苦家庭的子弟，但是细考他们的家世，我们就知道他们的父亲是教书先生，不是劳力者。中国旧日的资本家有几个不是做官起家？中国旧日的大商业哪一种没有官吏做后盾，仗官势发财？总而言之，在中国旧日的社会里，有心事业者集中于政界，专心利禄者也都挤在官场里。结果是每个衙门的人员永在增加之中，而衙门的数目亦天天加多。所以每个朝代到了天下太平已久、人口增加很多、民生痛苦的时候，官吏加多，每个官吏的贪污更加厉害，人民所受的压榨也更加严重。

中国到了嘉庆年间，已到了循环套的最低点。嘉庆初年所革除的权臣和珅，据故宫博物院所保存的档案，积有私产到九万万两之多，当时官场的情形可想而知。历嘉庆、道光两朝，中国几无日无内乱。最初有湖北、四川、陕西三省白莲教徒的叛乱，后有西北回教徒之乱，西南苗、瑶之乱，同时东南沿海的海盗亦甚猖獗。这还是明目张胆与国家对抗者，至于潜伏于社会的匪徒几遍地皆是。道光十五年（1835 年），御史常大淳上奏说："直隶、山东、河南向有教匪，辗转传习，惑众敛钱。遇岁歉，白昼伙抢，名曰均粮。近来间或拿办，不断根株。湖南之永州、郴州、桂阳，江西之南安、赣州，与两广接壤，均有会匪结党成群，动成巨案。"

西洋势力侵略起始的时候，正是我们抵抗力量薄弱的时候。到了道光年间，我们的法制有名无实，官吏腐败，民生痛苦万分，道德已部分地失其维系力。我们一面须接受新的文化，一面又须设法振兴旧的政教，我民族在近代所遇着的难关是双层的。

二 洪秀全企图建新朝

洪秀全所领导的太平天国运动，就是上一节所讲的那个时代和那种环境的产物。洪秀全是广东花县人，生于嘉庆十八年，即公元 1813 年。传说他的父亲是个农民，家境穷苦，但他自幼就入村塾读书，到十六岁才辍学，做乡村教师。这样似乎他不是出身于中国社会的最下层，他自己并不是个劳力者。他两次到广州去考秀才，两次都失败了，于是心怀怨恨。这是旧社会常有的事，并不出奇。洪秀全经验的特别是他在广州应试的时候，得着耶稣教传教士的宣传品。后来大病四十多天，病中梦见各种幻象，自说与耶稣教义符合，于是信仰上帝，创立上帝会。最早的同志是冯云山，也是一位因考试失败而心怀不平者，他们因为在广东传教不顺利，所以迁移其活动于广西桂平县。

中国自古以来的民间运动都带点宗教性质，西洋中古的时候也是如此。可是洪秀全与基督教发生关系，不过是偶然的事。他的耶稣教也是个不伦不类的东西，他称耶和华为天父，耶稣为天兄，自为天弟，他奉天父、天兄之命来救世，他的命令就是天父、天兄的命令。崇拜耶和华上帝者，“无灾无难”；不崇拜者，“蛇虎伤人”。他的兵士，如死在战场，就是登仙。孔教、佛教、道教，都是妖术，孔庙及寺观都必须破坏。

洪秀全的上帝会吸收了许多三合会的分子，这个三合会是排清的秘密团体，大概是明末清初时代起始的。洪秀全或者早有了种族革命的思想。无论如何，他收了三合会的会员以后，他的运动以推倒清朝为第一目的。

他骂满人为妖人，满人之改变中国衣冠和淫乱中国女子（三千粉黛，皆为羯狗所污；百万红颜，竟与骚狐同寝）是洪秀全的宣传品斥责的最好的对象。

洪秀全除推行宗教革命及种族革命以外，他有社会革命的思想没有？他提倡男女平权，但他的宫庭充满了妃妾，太平天国的王侯将帅亦皆多蓄妻妾。他的诏书中有田亩制度，其根本思想类似共产主义："有田共耕，有饭同食，有衣同穿，有钱同使。"但是他的均田主义，虽有详细的规定，并未实行。是他不愿实行呢，还是感觉实行的困难而不愿试呢？就现在我们所有的史料判断，我们可以说洪秀全对于宗教革命及种族革命是十分积极的，对于社会革命则甚消极。

他的党徒除冯云山以外，尚有烧炭的杨秀清，后封东王；耕种山地的萧朝贵，后封西王；曾捐监生与衙门胥吏为伍的韦昌辉，后封北王；及富豪石达开，后称翼王。他的运动当然是个民间运动，反映当时的民间疾苦和迷信，以及潜伏于民间的种族观念。

道光三十年（1850年）夏天，洪秀全在广西金田村起兵。九月，占蒙山县（旧名永安），于是定国号为太平天国，自称天王。清兵进围永安。洪秀全于咸丰二年（1852年）春突围，进攻桂林，未得，改图湖南。他在长沙遇着很坚强的抵抗，乃向湘江下游进攻。他在岳州得着吴三桂留下来的军械，并抢夺了不少的帆船。实力补充了以后，他直逼武汉。他虽打下了汉阳、武昌，却不留兵防守、设官立治。他一直向长江下游进攻，沿途攻破了九江、安庆、芜湖，咸丰三年（1853年）春打进南京，就定都于此，名叫天京。在定都南京以前，洪秀全的行动，类似流寇，定都南京以后，他才开始他的建国工作。

从道光三十年（1850年）到咸丰三年（1853年），可说是太平天国的顺利时期。在这时期内，社会对洪秀全的运动是怎样应付的呢？一般安分守己的国民不分贫富，是守中立的。太平军到了，他们顺从太平军，贡献金钱；官军到了，他们又顺从官军，又贡献金钱。他们是顺民，其实他们是左右为难的。他们对清政府及其官吏绝无好感，因为他们平素所受的痛苦也够了，并且官军的纪律不好，在这段时期内，太平军的纪律还比较好一点。同时老百姓感觉太平军是造乱分子，使他们不能继续过他们的平安日子。太平军到处破坏庙宇、毁灭偶像，迷信的老百姓看不惯，心中不以为然。各地的土匪都趁火打劫，太平军所经过的地方，就是他们容易活动的地方。他们干他们的事，对于官军及太平军无所偏倚。有组织的秘密会社则附和太平军，如湖南的哥老会及上海的小刀会。

大多数士大夫阶级，积极反对洪秀全的宗教革命。至于排满一层，士大夫不是不知道汉人的耻辱，但是他们一则因为洪秀全虽为汉人，虽提倡种族革命，然竭力破坏几千年来的汉族文化，满人虽是外族，然自始即拥护汉族文化；二则他们觉得君臣之分既定，不好随便作乱，乱是容易的，拨乱反正则是极难的，所以士大夫阶级，这时对于种族革命并不热心。

太平军的军事何以在这时期内这样顺利呢？主要原因不是太平军本身的优点。论组织训练，太平军很平常；论军器，太平军尚不及官军；论将才，太平军始终没有出过大将。太平军在此时期内所以能得胜，全因为它是一种新兴的势力，富有朝气，能拼命，能牺牲。官军不但暮气很重，简直腐化不成军了。当时的官军有两种，即八旗和绿营。八旗的战斗力，随着满人的汉化、文弱化而丧失了，所以在乾隆、嘉庆年间，清朝用绿营的时候已逐渐加多，用八旗的时候已逐渐减少。到了道光、咸丰年间，绿营已经成了清廷的主力军队，其腐化程度正与一般政界相等。士兵的饷额甚低，又为官长剥削，所以自谋生计，把当兵作为一种副业而已。没有纪律，没有操练，害民有余，打仗则简直谈不到，并且将官之间猜忌甚深，彼此绝不合作。但是绿营在制度上也有一种好处，这种军队虽极端腐化，然是统一的国家的军队，不是个人的私有武力。在道、咸以前，地方大吏没有人敢拥兵自重，与朝廷对抗。私有的武力，是太平天国内乱的意外副产品，以后我们要深切地注意它的出世。

三　曾国藩刷新旧社会

曾国藩是我国旧文化的代表人物，甚至于理想人物。他生在嘉庆十六年（1811 年），比洪秀全大两岁。他是湖南湘乡人，家世业农。他虽没有下过苦力，他的教育是从艰难困苦中奋斗出来的。他成翰林的时候，正是鸦片战争将要开始的时候。他的日记虽提及鸦片战争，但似乎不大注意，不了解那次战争的历史意义。他仍埋首于古籍中，他是一个实践主义的理学家。无论我们是看他的字，读他的文章，或是研究他的为人办事，我们自然地想起我们乡下那个务正业的小农民。他和小农民一样，一生一世，不做苟且的事情。他知道文章学问道德功业都只有汗血才能换得来，正如小农民知道要得一粒一颗的稻麦都非出汗不可。

在咸丰初年，曾国藩官做到侍郎，等于现在的各部次长。他的知己固然承认他的文章道德是特出的，但是他的知己不多，而且少数知己也不知道他有大政治才能，恐怕连他自己也不知道。所以在他的事业起始的时候，他的声望并不高，他也没有政治势力做他的后盾，但是湖南地方上的士大夫阶级确承认他的领袖地位。他对洪秀全的态度就是当时一般士大夫的态度，不过比别人更加积极而已。

那时的官兵不但不能打仗，连乡下的土匪都不能对付，所以人民为自卫计，都办团练。这种团练就是民间的武力，是务正业的农民借以抵抗不务正业的游民土匪。这种武力，因为没有官场化，又因为与农民有切身利害的关系，保存了我国乡民固有的勇敢和诚实。曾国藩的事业就是利用这种乡勇，而加以组织训练，使它成为一支军队，这就是以后著名的湘军。团练是当时全国皆有的，并不是曾国藩独创的，但是为什么唯独湘军能成大事呢？缘故就在于曾国藩所加的那点组织和训练。

曾国藩治兵的第一个特点是精神教育的注重。他自己十二分相信孔、孟的遗教是我民族的至宝，洪秀全既然要废孔教，那洪秀全就是他的敌人，也就是全民族的敌人。他的“讨贼檄文”骂洪秀全最激烈的一点就在此：

> 举中国数千年礼义人伦，诗书典则，一旦扫地荡尽，此岂独我大清之变，乃开辟以来，名教之奇变，我孔子、孟子之所痛哭于九泉，凡读书识字者，又焉能袖手坐视，不思一为之所也？

他是孔孟的忠实信徒，他所选的官佐都是他的忠实同志，他是军队的主帅，同时也是兵士的导师，所以湘军是支有主义的军队。其实精神教育是曾国藩终身事业的基础，也是他在我国近代史上地位的特别。他的行政用人都首重主义，他觉得政治的改革必须先有精神的改革。前清末年的官吏，出自曾文正门下者，皆比较正派，足见其感化力之大。

曾国藩不但利用中国的旧礼教作为军队的精神基础，而且利用宗族观念和乡土观念来加强军队的团结力。他选的官佐几全是湖南人，而且大半是湘乡人。这些官佐都回本地去招兵，因此兵士都是同族或同里的人。这样他的部下的互助精神特别浓厚，这是湘军的第二特点。

历史上的精神领袖很少同时也是事业领袖，因为注重精神者往往忽略事业的具体条件。在西洋社会里，这两种领袖资格是完全分开的。管教者不必管事，管事者不必管教。在中国则不然：中国社会几千年来是政教不分、官师合一的，所以在中国，头等领袖必须兼双层资格。曾国藩虽注重为人，并不忽略做事，这是他的特别的第三点。

当时绿营之所以不能打仗，缘故虽多，其中之一是待遇太薄。曾氏在起始办团练的时候，就决定每月陆勇发饷四两二钱，水勇发三两六钱，比绿营的饷额加一倍，湘军在待遇上享有特殊权利。湘军作战区域是长江沿岸各省，在此区域内水上的优势很能决定陆上的优势，所以曾国藩自始就注重水师。关于军器，曾氏虽常说打仗在人不在器，然而他对军器的制造，尤其对于大炮的制造，是很费苦心的，他用尽心力去罗致当时的技术人才。他对于兵士的操练也十分认真，他自己常去督察检阅。他不宽纵他的军官，也不要军官宽纵他的部下。

曾国藩的事业，如同他的学问，也是从艰难困苦中奋斗出来的。他要救旧社会、旧文化，而那个旧社会、旧文化所产生的官僚反要和他捣乱。他要维持大清，但大清反而嫉妒他、排斥他。他在长沙练勇的时候，旧时的官兵恨他的新方法、新标准，几乎把他打死了，他逃到衡州去避乱。他最初的一战是个败仗，他投水自尽，幸而被部下救起来。他练兵打仗，同时他自己去筹饷。以后他成了大事，并不是因为清廷和官僚自动地把政权交给他，是因为他们的失败迫着他们求曾国藩出来任事，迫着他们给他一个做事的机会和权利。

四　洪秀全失败

洪秀全得了南京以后，我们更能看出他的真实心志不在建设新国家或新社会，而在建设新朝代。他深居宫中，务求享做皇帝的福，对于政事则不放在心上。宫廷的建筑，宫女的征选，金银的聚敛，官制宫制的规定，这些事情是太平天王所最注意的。他的宗教后来简直变为疯狂的迷信，杨秀清向他报告国事的困难，他回答说：

> 朕奉上帝圣旨、天兄耶稣圣旨，下凡做天下万国独一真主，何惧之有？不用尔奏，政事不用尔理，欲出外出，欲在京住，由于尔。朕铁桶江山，你不扶，有人扶。尔说无兵，朕之天兵多过于水，何惧曾妖（国藩）乎？

快要灭亡的时候，南京绝粮，洪秀全令人民饮露充饥，说露是天食。

这样的领袖不但不能复兴民族，且不能作为部下团结的中心。在咸丰六年（1856 年），洪秀全的左右起了很大的内讧。东王杨秀清个人独掌大权，其他各王都须受东王的节制。照太平天国的仪式，天王称万岁，东王称九千岁，西王八千岁，余递减。别的王都须到东王府请安议事，并须跪呼千岁。在上奏天王的时候，东王立在陛下，其余则跪在陛下，因此杨秀清就为其同辈所愤恨，同时天主也怕他要取而代之。咸丰六年九月，北王韦昌辉设计诱杀杨秀清和他的亲属党羽。翼王石达开心怀不平，北王又把翼王家属杀了。天王为联络翼王起见，下令杀北王，但翼王以后还是独树一帜，与天王脱离关系。经过此次的内讧，太平天国打倒清朝的希望完全消灭。以后洪秀全尚能抵抗八年，一则因为北方有大股捻匪做他的声援，二则因为他得了两个后起的良将，忠王李秀成和英王陈玉成。

在清朝方面，等到别人都失败了，然后重用曾国藩，任他为两江总督，节制江、浙、皖、赣四省军事。湖北巡抚胡林翼是与他志同道合的，竭力与他合作。他的亲弟曾国荃是个打硬仗的前线指挥，以后曾国藩举荐他的门生李鸿章做江苏巡抚，他的朋友左宗棠做浙江巡抚。长江的中游和下游都是他的势力范围，他于是得通盘筹划。他对于洪秀全采取大包围的战略，同时英、美、法三国也给了曾、左、李三人不少的帮助。同治三年（1864 年），湘军在曾国荃领导之下打进南京，洪秀全自杀，太平天国就此亡了。

洪秀全想打倒清政府，恢复汉族的自由，这当然是我们应该佩服的。他想平均地权，虽未实行，也足表现他有相当政治家的眼光。他的运动无疑是起自民间，连他的宗教也是迎合民众心理的。但是他的人格上及才能上的缺点很多而且很大，倘若他成了功，他也不能为中华民族造幸福。总而言之，太平天国的失败，证明中国旧式的民间运动是不能救国救民族的。

曾国藩所领导的士大夫式的运动又能救国救民族吗？他救了清政府，这是毫无疑问的，但是清政府不能救中国。倘若他客观、诚实地研究清朝在嘉庆、道光、咸丰三代的施政，他应该知道它是不可救药的。他未尝不知道此中实情，所以他平定太平天国以后，他的态度反趋于消极了。平心而论，曾国藩要救清朝是很自然的、可原谅的。第一，中国的旧礼教既是他的立场，而且士大夫阶级是他的凭依，他不能不忠君。第二，他想清廷经过大患难之后，必能有相当觉悟。事实上同治初年的北京，因为有恭亲王及文祥二人主政，似乎景象一新，颇能有为，所以嘉、道、咸三代虽是多难的时代，同治年间的清朝确有中兴的气象。第三，他怕清朝的灭亡要引起长期的内乱。他是深知中国历史的，中国几千年来，每次换过朝代，总要经过长期的割据和内乱，然后天下得统一和太平。在闭关自守、无外人干涉的时代，内战虽给人民无穷的痛苦，尚不至于亡国。到了 19 世纪，有帝国主义者绕环着，长期的内乱就能引起亡国之祸，曾国藩所以要维持清政府，最大的理由在此。

在维持清政府作为政治中心的大前提之下，曾国藩的工作分两方面进行。一方面他要革新，那就是说，他要接受西洋文化的一部分；另一方面他要守旧，那就是说，恢复中国固有的美德。革新守旧同时举行，这是曾国藩对中国近代史的大贡献。我们至今还佩服曾文正公，就是因为他有这种伟大的眼光。徒然恢复中国的旧礼教而不接受西洋文化，我们还不能打破中华民族的大难关，因为我们绝不能拿礼义廉耻来抵抗帝国主义者的机械军器和机械制造。何况旧礼教本身就有它的不健全的地方，不应完全恢复，也不能完全恢复呢！同时徒然接受西洋文化而不恢复中国固有的美德，我们也不能救国救民族，因为腐化的旧社会和旧官僚根本不能举办事业，无论这个事业是新的或是旧的。

曾国藩的革命事业，我们留在下一章讨论。他的守旧事业，我们在前一节里已经说过，现在我们要指出他的守旧事业的流弊。湘军初起的时候，精神纪律均好，战斗力也高。后来人数多了，事业大了，湘军就退化了。收复南京以后，曾自己就承认湘军暮气很深，所以他遣散了好多，足证我国治军的旧法根本是有毛病的。此外，湘军既充满了宗族观念和家乡观念，兵士只知道有直接上级长官，不知道有最高统帅，更不知道有国家。某回，曾国荃回家乡去招兵，把原有的部队交曾国藩暂时管带，这些部队就不守规矩。曾国藩没有法子，只好催曾国荃赶快回营，所以湘军是私有军队的开始。湘军的精神以后传给李鸿章所部的淮军，而淮军以后又传给袁世凯的北洋军。我们知道民国以来的北洋军阀利用私有的军队割据国家，阻碍统一。追究其祸根，我们不能不归咎于湘军，于此也可看出旧法子的毛病。

第三章 自强及其失败

03

一 内外合作以求自强

恭亲王及文祥从英法联军的经验，得了三种教训。第一，他们确切地认识到西洋的军器和练兵的方法远在我们之上。咸丰十年（1860年），担任京、津防御者的是僧格林沁和胜保，这两人在当时是有名的大将。他们惨败了以后，时人只好承认西洋军队的优胜。第二，恭亲王及文祥发现，西洋人不但愿意卖军器给我们，而且愿意把制造军器的秘密及训练军队的方法教给我们，这颇出于时人意料之外，他们认为这是我们自强的机会。第三，恭亲王及文祥发现，西洋人并不是他们以前所想象的那样“狼子野心，不守信义”。英、法的军队虽然占了北京，并且实力充足，能为所欲为，但《北京条约》订了以后，英、法居然依据条约撤退军队，交还首都。时人认为这是了不得的事情，足证西洋人也守信义，所以对付外人并不是全无办法的。

从这三种教训，恭亲王及文祥定了一个新的大政方针。第一，他们决定以夷器和夷法来对付夷人。换句话说，他们觉得中国应该接受西洋文化之军事部分。他们于是买外国军器，请外国教官。他们说，这是中国的自强之道。第二，他们知道自强不是短期内所能实现的，在自强没有达到预期的程度以前，中国应该谨守条约以免战争。恭亲王及文祥都是有血性的人，下了很大的决心要推行他们的新政。在国家危急的时候，他们胆敢出来与外人周旋，并且专靠外交的运用，他们居然收复了首都，时人认为这是他们的奇功。并且恭亲王是咸丰的亲弟，同治的亲叔，他们的地位是全朝最亲贵的。有了他们的决心和资望，他们在京内成了自强运动的中心。

同时，在京外的曾国藩、左宗棠、胡林翼、李鸿章诸人也得着同样的教训。最初使他们注意的是外人所用的轮船，在长江下游私运军火粮食卖给太平军。据说胡林翼在安庆曾有过这样的经验：

> 驰至江滨，忽见二洋船，鼓轮西上，迅如奔马，疾如飘风，文忠（胡）变色不语，勒马回营，中途呕血，几至堕马。阎丹初尚书向在文忠幕府，每与文忠论及洋务，文忠辄摇手闭目，神色不怡者久之，曰：此非吾辈所能知也。

可见轮船给胡文忠印象之深，曾、左、李大致相同。曾在安庆找了几位明数理的旧学者和铁匠木匠去试造轮船，造成了以后不能行动。左在杭州做了同样的试验，得同样的结果，足证这般人对于西洋机械的注重。

在长江下游作战的时候，太平军和湘军、淮军都竞买洋枪。李鸿章设大本营于上海，与外人往来最多，认识西洋文化亦比较深切，他的部下还有英国军官戈登（Gordon）统带的常胜军。他到了上海不满一年，就写信给曾国藩说：

> 鸿章尝往英、法提督兵船，见其大炮之精纯，子药之细巧，器械之鲜明，队伍之雄整，实非中国所能及……深以中国军器远逊外洋为耻，日戒谕将士虚心忍辱，学得西人一二秘法，期有增益……若驻上海久而不能资取洋人长技，咎悔多矣。

同治三年（1864年）他又写给恭亲王和文祥说：

> 鸿章窃以为，天下事穷则变，变则通。中国士大夫沉浸于章句小楷之积习，武夫悍卒又多粗蠢而不加细心，以致用非所学，学非所用。无事则斥外国之利器为奇技淫巧，以为不必学；有事则惊外国之利器为变怪神奇，以为不能学。不知洋人视火器为身心性命之学者已数百年，一旦豁然贯通，参阴阳而配造化，实有指挥如意、从心所欲之快……前者英、法各国，以日本为外府，肆意诛求。日本君臣发愤为雄，选宗室及大臣子弟之聪秀者，往西国制器厂师习各艺，又购制器之器，在本国制习，现在已能驾驶轮船，造放炸炮。去年英人虚声恫愒，以兵临之。然英人所恃而为攻战之利者，彼已分擅其长，用是凝然不动，而英人固无如之何也。夫今之日本即明之倭寇也，距西国远而距中国近。我有以自立，则将附丽于我，窥伺西人之短长；我无以自强，则并效尤于彼，分西人之利薮。日本以海外区区小国，尚能及时改辙，知所取法。然则我中国深维穷极而通之故，夫亦可以皇然变计矣……杜挚有言曰："利不百，不变法；功不十，不易器。"苏子瞻曰："言之于无事之时，足以为名，而恒苦于不信；言之于有事之时，足以见信，而已苦于无及。"鸿章以为，中国欲自强，则莫如学习外国利器。欲学习外国利器，则莫如觅制器之器，师其法而不必尽用其人。欲觅制器之器与制器之人，则我专设一科取士，士终身悬以为富贵功名之鹄，则业可成，业可精，而才亦可集。

这封信是中国19世纪最大的政治家最具历史价值的一篇文章，我们应该再三诵读。第一，李鸿章认定中国到了19世纪，唯有学西洋的科学机械然后能生存。第二，李鸿章在同治三年（1864年）已经看清中国与日本孰强孰弱，要看哪一国变得快。日本明治维新运动的世界的、历史的意义，他一下就看清了，并且大声疾呼要当时的人猛醒与努力，这一点尤足以表现李鸿章的伟大。第三，李鸿章认定改革要从培养人才下手，所以他要改革前清的科举制度。不但此也，他简直要改革士大夫的人生观。他要士大夫放弃章句小楷之积习，而把科学工程悬为终身富贵的鹄的。因为李鸿章认识时代之清楚，所以他成了同治、光绪年间自强运动的中心人物。

在我们这个社会里，做事极不容易。同治年间起始的自强运动，虽未达到目的，然而能有相当的成绩，已经费了九牛二虎之力。倘若当时没有恭亲王及文祥在京内主持，没有曾国藩、李鸿章、左宗棠在京外推动，那么，英法联军及太平天国以后的中国还要麻木不仁，好像鸦片战争以后的中国一样，所以我们要仔细研究这几位时代领袖人物究竟做了些什么事业。

二　步步向前进

自强的事业颇多，我先择其要者列表于下：

咸丰十一年（1861 年）恭亲王及文祥聘请外国军官训练新军于天津。

同年恭亲王和文祥设立同文馆于北京，是为中国新学的起始。

同年恭亲王和文祥托总税司赫德（Robert Hart）购买炮舰，聘请英国海军人员来华创设新水师。

同治二年（1863 年）李鸿章设外国语文学校于上海。

同治四年（1865 年）曾国藩、李鸿章设江南机器制造局于上海，附设译书局。

同治五年（1866 年）左宗棠设造船厂于福州，附设船政学校。

同治九年（1870 年）李鸿章设机器制造局于天津。

同治十一年（1872 年）曾国藩、李鸿章挑选学生赴美国留学。

同年李鸿章设轮船招商局。

光绪元年（1875 年）李鸿章筹办铁甲兵船。

光绪二年（1876 年）李鸿章派下级军官赴德学陆军，船政学生赴英、法学习造船和驾船。

光绪六年（1880 年）李鸿章设水师学堂于天津，设电报局，请修铁道。

光绪七年（1881 年）李鸿章设开平矿务局。

光绪八年（1882 年）李鸿章筑旅顺军港，创办上海机器制布厂。

光绪十一年（1885 年）李鸿章设天津武备学堂。

光绪十三年（1887 年）李鸿章开办黑龙江漠河金矿。

光绪十四年（1888 年）李鸿章成立北洋海军。

以上全盘建设事业的动机是国防，故军事建设最多。但我们如仔细研究就知道，国防的近代化牵连甚多。近代化的军队，第一，需要近代化的军器，所以有江南及天津两个机械制造厂的设立，那两个厂实际大部分是兵工厂。第二，新式军器必须有技术人才去驾使，所以设立武备学堂和派遣军官出洋留学。第三，近代化的军队必须有近代化的交通，所以有造船厂和电报局的设立，及铁路的建筑。第四，新式的国防比旧式的费用要高几倍。以中古的生产来负担近代的国防是绝对不可能的，所以李鸿章要办招商局，来经营沿江、沿海的运输，创立制布厂来挽回权利，开煤矿、金矿来增加收入。

自强运动的领袖们并不是事前预料到各种需要而订一个建设计划，他们起初只知道国防近代化的必要。但是他们在这条路上前进一步以后，就发现必须再进一步；再进一步以后，又必须更进一步。其实必须走到尽头然后能生效，近代化的国防不但需要近代化的交通、教育、经济，并且需要近代化的政治和国民，半新半旧是不中用的。换句话说，我国到了近代要图生存，非全盘接受西洋文化不可。曾国藩诸人虽向近代化方面走了好几步，但是他们不彻底，仍不能救国救民族。

三　前进遇着阻碍

曾国藩及其他自强运动的领袖虽走的路线不错，然而他们不能救国救民族，此其故何在？在于他们的不彻底。他们为什么不彻底呢？一部分因为他们自己不要彻底，大部分因为时代不容许他们彻底。我们试先研究领袖们的短处。

恭亲王奕䜣、文祥、曾国藩、李鸿章、左宗棠这五个大领袖都出身于旧社会，受的是旧教育。他们没有一个人能读外国书，除李鸿章以外，没有一个人到过外国。就是李鸿章的出洋尚在甲午战败以后，他的建设事业已经过去了。这种人能毅然决然推行新事业就了不得，他们不能完全了解西洋文化是自然的，很可原谅的。他们对于西洋的机械是十分佩服的，十分努力要接受的。他们对于西洋的科学也相当尊重，并且知道科学是机械的基础。但是他们自己毫无科学机械的常识，此外更不必说了。他们觉得中国的政治制度及立国精神是至善至美，无须学西洋的，事实上他们的建设事业就遭了旧的制度和旧的精神的阻碍。我们可以拿李鸿章的事业做例子。

李鸿章于同治九年（1870 年）起始做直隶总督兼北洋大臣。因为当时要人之中以他最能对付外人，又因为他比较勇于任事，而且他的淮军是全国最近代化最得力的军队，所以从同治九年（1870 年）到光绪二十年（1894 年）的中日战争，李鸿章是那个时代的中心人物，国防的建设全在他手里。他特别注重海军，因为他看清楚了如果中国能战胜日本海军，无论日本陆军如何强，不能进攻高丽，更不能为害中国。

那么，李鸿章办海军第一个困难是经费。经费所以困难就是因为中国当时的财政制度，如同一般的政治制度，是中古式的。中央政府没有办海军的经费，只好靠各省协济。各省都成见很深，不愿合作。在中央求各省协助的时候，各省务求其少；认定了以后，又不能按期十足拨款，总要延期打折扣。其次，当时皇室用钱，漫无限制，而且公私不分。同治死了以后，没有继嗣，于是西太后选了一个小孩子做皇帝，年号光绪，而实权还是在西太后手里。等到光绪快要成年亲政的时候，光绪和他的父亲醇亲王奕譞怕西太后不愿意把政权交出来，醇亲王定计重修颐和园，一则以表示光绪对西太后的孝敬，一则使西太后沉于游乐就不干政了。重修颐和园的经费很大，无法筹备，醇亲王乃请李鸿章设法。李氏不敢得罪醇亲王，更不敢得罪西太后，只好把建设海军的款子移作重修颐和园之用，所以在甲午之战以前的七年，中国海军没有添订过一只新船。在近代政治制度之下，这种事情是不能发生的。

在李鸿章所主持之机关中，并没有新式的文官制度和审计制度。就是在极廉洁、极严谨的领袖之下，没有良好的制度，贪污尚且无法杜绝，何况李氏本人就不廉洁呢？在海军办军需的人经手的款项既多，发财的机会就更大。到了甲午战争的时候，我们船上的炮虽比日本的大，但炮弹不够，并且子弹所装的不尽是火药。外商与官吏狼狈为奸，私人发了财，国事就败坏了。

李鸿章自己的科学知识的幼稚，也是他的事业失败的缘故之一。北洋海军初成立的时候，他请了英国海军有经验的军官做总教官和副司令。光绪十年（1884 年）左右，中国海军纪律很严，操练很勤，技术的进步很快，那时中国的海军是很有希望的。后来李鸿章误听人言，辞退英国海军的军官而聘请德国陆军骑兵的军官来做海军的总教官，以后中国的海军的技术反而退步。并且李鸿章所用的海军总司令是个全不知海军的丁汝昌，丁氏原是淮军带马队的，他做海军的领袖当然只能误事，不能成事。甲午战争的时候，中国海军占世界海军的第八位，日本的海军占第十一位。我们的失败不是因为船不如人、炮不如人，为战略战术不如人。

北洋海军的情形如此，其他的自强事业莫不如此。总之，同治、光绪年间的自强运动所以不能救国，不是因为路线错了，是因为领袖人物还不够新，所以不能彻底。

但是倘若当时的领袖人物更新，更要进一步地接受西洋文化，社会能容许他们吗？社会一定要给他们更大的阻碍。他们所行的那种不彻底的改革已遭一般人的反对，若再进一步，反对一定更大。譬如铁路：光绪六年（1880 年）李鸿章、刘铭传奏请建筑，到了光绪二十年（1894 年）还只修建天津附近的一小段。为什么呢？因为一般人相信修铁路会破坏风水。又譬如科学：同治五年（1866 年）恭亲王在同文馆添设科学班，请外国科学家做教授，招收翰林院的人员做学生。他的理由是很充足的，他说买外国轮船枪炮不过一时权宜之计，治本的办法在于自己制造。但是要自己制造，非有科学的人才不可，所以他想请外国人来教中国青年学习科学。他又说：

> 夫天下之耻，莫耻于不若人……日本蕞尔小国尚知发愤为雄，独中国狃于因循积习，不思振作，耻孰甚焉？今不以不如人为耻，而独以学其人为耻，将安于不如，而终不学，遂可雪其耻乎？

他虽说得名正言顺，但还有人反对，当时北京有位名高望重的大学士倭仁就大声疾呼地反对说：

> 窃闻立国之道，尚礼义不尚权谋；根本之图在人心，不在技艺。今求之一艺之末而又奉夷人为师，无论夷人诡谲，未必传其精巧，即使教者诚教，所成就者不过术数之士，古今来未闻有恃术数而能

起衰振弱者也。天下之大，不患无才。如以天文算学必须讲习，博采旁求必有精其术者，何必夷人？何必师事夷人？

恭亲王愤慨极了，他回答说：

该大学士既以此举为窒碍，自必别有良图。如果实有妙策，可以制外国而不为外国所制，臣等自当追随大学士之后，竭其梼昧，悉心商办。如别无良策，仅以忠信为甲胄、礼义为干橹等词，谓可折冲樽俎，足以制敌之命，臣等实未敢信。

倭仁不过是守旧的糊涂虫，但是当时的士大夫居然听了他的话，不去投考同文馆的科学班。

同治、光绪年间的社会如何反对新人新政，我们从郭嵩焘的命运可以更加看得清楚。郭氏的教育及出身和当时一般士大夫一样，并无特别，但是咸丰末年英法联军之役，他跟着僧格林沁在大沽口办交涉，有了那次经验，他根本觉悟，知道中国非彻底改革不可。他的觉悟还比恭亲王诸人的更深刻，据他的研究，我们在汉、唐极盛时代固常与外族平等往来，闭关自守而又独自尊大的哲学，是南宋势力衰弱时代的理学先生们提倡出来的，绝不足以为训。

同治初年，江西南昌的士大夫群起毁教堂，杀传教士。巡抚沈葆桢（林则徐的女婿）称赞士大夫的正气，郭嵩焘则斥责沈氏顽固。郭氏做广东巡抚的时候，汕头的人像以前的广州人，不许外国人进城。他不顾一切，强迫汕头人遵守条约，许外国人进城。光绪元年（1875 年）云贵总督岑毓英因为反对英国人进云南，秘密在云南缅甸边境上把英国使馆的翻译官杀了，郭嵩焘当即上奏弹劾岑毓英。第二年，政府派他出使英、法，中国有公使驻外从他起。他在西欧的时候，努力研究西洋的政治、经济、社会，他觉得不但西洋的轮船枪炮值得我们学习，就是西洋的政治制度和一般文化都值得学习。

他发表了他的日记，送给朋友们看。他常写信给李鸿章，报告日本派到西洋的留学生不限于机械一门，学政治、经济的都有，他劝李鸿章扩大留学范围。

他的这些超时代的议论，引起了全国士大夫的谩骂。他们说郭嵩焘是个汉奸，“有二心于英国”。湖南的大学者如王闿运之流撰了一副对子骂他：

出乎其类，拔乎其萃，不容于尧舜之世。未能事人，焉能事鬼，何必去父母之邦。

王闿运的日记还说：“湖南人至耻与为伍。”郭嵩焘出使两年就回国了。回国的时候，没有问题，他是全国最开明的一个人，他对西洋的认识远在李鸿章之上。但是时人反对他，他以后全无机会做事，只好隐居湖南从事著作，他所著的《养知书屋文集》至今尚有披阅的价值。

继郭嵩焘做驻英、法公使的是曾纪泽，他在外国五年多，略识英语，他的才能眼光与郭嵩焘等。因为他运用外交从俄国收回伊犁，他是国际有名的外交家。他回国的时候抱定志向要推进全民族的近代化，却是他也遭时人的反对，找不着机会做事，不久就气死了。

同、光时代的士大夫阶级的守旧既然如此，民众是否比较开通？其实民众和士大夫阶级是同鼻孔出气的。我们近六十年来的新政都是自上而下，并非由下而上。一切新的事业都是由少数先知先觉者提倡，费尽苦心，慢慢地奋斗出来的。甲午以前，这少数先知先觉者都是在朝的人。甲午以后，革新的领袖权慢慢地转到在野的人的手里，却是这些在野的领袖都是知识分子，不是民众。严格说来，民众的迷信是我民族近代接受西洋文化的大阻碍之一。

四　士大夫轻举妄动

在同治、光绪年间，民众的守旧虽在士大夫阶级之上，但是民众是被动的，领导权、统治权是在士大夫阶级手里。不幸，那个时代的士大夫阶级，除极少数外，完全不了解当时的世界大势。

同治共十三年，从 1862 年到 1874 年。在这个时期内，德意志统一了，意大利统一了，美国的中央政府也把南方的独立运动消灭，恢复而又加强美国的统一了。那个时期是民族主义在西洋大成功的时期，这些国家统一了以后，随着就是国内的大建设和经济的大发展。在同治以前，列强在国外行帝国主义的，仅英、俄、法三国。同治以后，加了美、德、意三国。竞争者多了，竞争就愈厉害。并且在同治以前，英国是世界上唯一的工业化国家，全世界都销售英国的制造品。同治以后，德、美、法也逐渐工业化、资本化了。国际上除了政治势力的竞争以外，又有了新起的热烈的经济竞争。中国在光绪年间处境的困难，远在道光、咸丰年间之上。

帝国主义是我们的大敌人，同治、光绪年间如此，现在还是如此。要救国的志士应该人人了解帝国主义的真实性质。帝国主义与资本主义是有关系的。关系可以说有三层：第一，资本主义的国家贪图在外国投资。国内的资本多了，利息就低。譬如，英、美两国资本很多，资本家能得百分之四的利息就算很好了。但是如果英、美的资本家能把资本投在中国或印度或南美洲，年利很容易达到百分之七或更高些，所以英、美资本家竞向未开发的国家投资。但是接受外国来的资本不一定有害，英、美的资本家也不一定有政治野心。美国在19世纪下半期的建设大部分是利用英国资本举办的，结果英国的资本家固然得了好处，但是美国开辟了富源，其人民所得的好处更多。我们的平汉铁路原是借比利时的资本修建的，后来我们按期还本付息，那条铁路就变为我们的了。比利时资本家得了好处，我们得了更大的好处。所以孙中山先生虽反对帝国主义，但他赞成中国利用外债来建设。

但是有些资本家要利用政治的压力去得投资的机会，还有政治野心家要用资本来扩充政治势力。凡是国际投资有政治作用的，就是侵略的、帝国主义的；凡是国际投资无政治作用的，就是纯洁的，投资者与受资者两方均能受益。所以我们对于外国的资本应采取的态度如同对水一样，有的时候、有的地方，在某种条件之下，我们应该掘井取水，或开河引水；在别的时候、地方和条件之下，我们则必须筑堤防水。

帝国主义与资本主义的第二层关系是商业的推销。资本主义的国家都利用机械制造，工厂规模愈大，出品愈多，得利就更厚，困难在市场。各国竞争市场，原可以专凭商品之精与价格之廉，不必靠武力的侵略或政治的压力。但在19世纪末年，国际贸易的自由一天少一天。各国不但提高本国的关税，并且提高属地的关税，这样一来，商业的发展随着政权的发展，争市场等于争属地。被压迫的国家，一旦丧失关税自主，就永无发展工业的可能。虽然，国际贸易大部分还是平等国家间之贸易，不是帝国与属地之间的贸易。英国与美、德、法、日诸国的贸易额，远大于英国与其属地的贸易额。英国的属地最多，尚且如此，别国更不必说了。

帝国主义与资本主义的第三层关系是原料的寻求。世界上没有一国完全不靠外来的原料，最富有原料的国家如英、美、俄尚且如此，别的国家所需的外来原料更多。日本及意大利是最穷的，棉、煤、铁、油四种根本的原料，日、意都缺乏。德国较好，但仍不出棉和石油。那么，一国的工厂虽多，倘若没有原料，就会完全没有办法。所以帝国主义者，因为要找工业的原料，就大肆侵略。虽然，资本主义不一定要行帝国主义而后始能得到原料，同时，出卖原料者不一定就是受压迫者。譬如，美国的出口货之中，石油和棉花是大宗。日本、德国、意大利从美国输入石油和棉花，不能也不必行帝国主义，因为美国不但不禁止石油和棉花的出口，且竭力推销。

总之，资本主义可变为帝国主义，也可以不变为帝国主义。未开发的国家容易受资本主义国家的压迫和侵略，也可以利用外国的资本来开发自己的富源，及利用国际的通商来提高人民的生活程度。资本主义如同水一样：水可以灌溉，可以便利交通，也可以成灾，要看人怎样对付。

同时，我们不要把帝国主义看得过于简单，以为世界上没有资本主义就没有帝国主义了。七百年以前的蒙古人还在游牧时代，无资本也无工业，但是他们对中国的侵略，还在近代资本主义国家之上，三百年以前的满洲人也是如此。在西洋方面，中古的亚拉伯人以武力推行伊斯兰教，大行其宗教的帝国主义。18 世纪末年，法国革命家以武力强迫外国接受他们的自由平等，大行其革命的帝国主义。据我们所知，历史上各种政体，君主也好，民主也好，各种社会经济制度，资本主义也好，封建主义也好，共产主义也好，都有行帝国主义的可能。

同、光时代的士大夫完全不了解时代的危险及国际关系的运用，他们只知道破坏李鸿章诸人所提倡的自强运动，同时他们又好多事。倘若政府听他们的话，中国几无年无日不与外国打仗。

长江流域有太平天国之乱的时候，北方有捻匪，陕、甘、新疆有回乱，清廷令左宗棠带湘军去收复西北。俄国趁中国回乱的机会就占领了伊犁，这是俄国趁火打劫的惯伎。在 19 世纪，俄国占领我们的土地最多。咸丰末年，俄国趁太平天国之乱及英法联军，强占中国黑龙江以北及乌苏里以东的地方，共三十万平方英里，现在俄国的阿穆尔省及滨海省包括海参崴在内，就是那次抢夺过去的。在同治末年，俄国占领新疆西部，清廷提出抗议的时候，俄国又假仁假义地说，他全无领土野心，他只代表我们保守伊犁，等到我们平定回乱的时候，他一定把土地退还给我们。其实俄国预料中国绝不能平定回乱，中国势力绝不能再伸到新疆，那么俄国不但可以并吞伊犁，还可以蚕食全新疆。中国一时没有办法，只好把伊犁作为中、俄间的悬案。

左宗棠军事的顺利不但出于俄国意料之外，还出于我们自己的意料之外，他次第把陕西、甘肃收复了。到了光绪元年（1875 年），他准备进攻新疆，军费就成了大问题。从道光三十年（1850 年）洪秀全起兵到光绪元年（1875 年），二十五年之间，中国无时不在内乱内战之中，实已兵疲力尽，何能再经营新疆呢？并且交通不便，新疆民族复杂，面积浩大，成败似乎毫无把握。

于是发生大辩论，左宗棠颇好大喜功，他一意主进攻。他说祖宗所遗留的土地，子孙没有放弃的道理。他又说倘若新疆不保，陕、甘就不能保；陕、甘不保，山西就不能保；山西不保，河北就不能保。他的理由似乎充足，言论十分激昂。李鸿章的看法正与左的相反，李说自从乾隆年间中国占领新疆以后，中国没有得着丝毫的好处，徒费驻防的兵费。这是实在的情形。他又说中国之大祸不在西北，而在东边沿海的各省，因为沿海的省份是中国的精华，而且帝国主义者的压迫在东方的过于在西方的。自从日本维新以后，李鸿章更加焦急，他觉得日本是中国的真敌，因为日本一心一意谋我，他无所图，而且相隔既近，动兵比较容易。至于西洋各国彼此互相牵制，向外发展不限于远东，相隔又远，用兵不能随便。李鸿章因此主张不进攻新疆，而集中全国人力物力于沿海的国防及腹地各省的开发。边省虽然要紧，但是腹地倘有损失，国家大势就去了。反过来说，倘若腹地强盛起来，边省及藩属自然就保存了。

左宗棠的言论比较动听，李的比较合理；左是高调，李是低调。士大夫阶级一贯的尚感情、唱高调，当然拥护左宗棠。于是借外债，移用各省的建设费，以供左宗棠进攻新疆之用。

左宗棠的运气真好，因为新疆发生了内讧，并没有遇着坚强的抵抗。光绪三年（1877 年）底，他把全疆克服了。中国乃派崇厚为特使，到俄国去交涉伊犁的退还。崇厚所订的条约虽收复了伊犁城，但城西的土地几全割让与俄国，南疆及北疆之交通险要区亦割让。此外，崇厚还许了很重要的通商权利，如新疆加设俄国领事馆，经甘肃、陕西到汉口的通商路线，及吉林松花江的航行权。士大夫阶级主张杀崇厚，废约，并备战。这正是青年言论家如张之洞、张佩纶、陈宝琛初露头角的时候。清廷竟为所动，于是脚慌手忙，调兵遣将。

等到实际备战的时候，政府就感觉困难了。第一，从伊犁到高丽东北角的图们江止，沿中、俄的交界线处处都要设防，哪里有这么多军队呢？首当其冲的左宗棠在新疆的部队，就太疲倦，不愿打仗。第二，俄国远东舰队故作声势，从海参崴开到日本洋面，中国因此又必须于沿海沿长江设防，清廷乃起用彭玉麟督长江水师来对付俄国的海军。彭玉麟想满载桐油木柴到日本洋面去施行火攻，两汉总督刘坤一和他开玩笑，说时代非三国，统帅非孔明，火攻之计，恐怕不行呢！

李鸿章看见书生误国，当然极为愤慨。可是抗战的情绪很高，他不敢公开讲和。他只好使用手段，把英国有名的军官戈登将军请来做军事顾向。戈登是个老实人，好说实话。当太平天国的末年，他曾带所谓常胜军立功不少，所以清廷及一般士大夫颇信任他。他的意见怎样呢？他说，中国如要对俄作战，必须做三件事：一、迁都于西安；二、长期抗战至少十年；三、满人预备放弃政权，因为在长期战争之中，清政府政权一定不能维持。清廷听了戈登的意见以后，乃决心求和，我国近代史的一幕滑稽剧才因此没有开演。

幸而俄国在光绪三四年（1877—1878）的时候，正与土耳其打仗，与英国的关系也很紧张，所以不愿多事。又幸而中国当时有青年外交家曾纪泽，以极冷静的头脑和极坚强的意志，去贯彻他的主张。原来崇厚所订的条约并没有奉政府的批准，尚未正式成立，曾纪泽运用外交得法，挽回了大部分的通商权利及土地，但偿价加倍，共九百万卢布。英国驻俄大使称赞曾纪泽说："凭外交从俄国取回他已占领的土地，曾侯要算第一人。"

中、俄关于伊犁的冲突告一段落的时候，中、法关于越南的冲突又起了。

中国原来自己是个帝国，我们的版图除本部以外，还包括缅甸、暹罗、越南、琉球、高丽、蒙古。这些地方可以分为两类：蒙古属于第一类，归理藩部管，中国派有大臣驻扎其地。第二类即高丽、越南等属国，实际中国与他们的关系很浅，他们不过按期朝贡，新王即位须受中国皇帝的策封，此外我们并不派代表常驻其国都，也不干涉他们的内政。在经济方面，我们也十分消极。我们不移民，也不鼓励通商，简直是得不偿失。但是我们的祖先何以费力去得这些属地呢？此中也有缘故。光绪七年（1881 年）翰林院学士周德润先生说得清楚：

> 臣闻天子守在四夷，此诚虑远忧深之计。古来敌国外患，伏之甚微，而蓄之甚早。不守四夷而守边境，则已无及矣；不守边境而守腹地，则更无及矣。我朝幅员广辟，龙沙雁海，尽列藩封。以琉球守东南，以高丽守东北，以蒙古守西北，以越南守西南：非所谓山河带砺，与国同休戚者哉？

换句话说，在历史上，属国是我们的国防外线，是代我守门户的。在古代，这种言论有相当的道理；到了近代，局势就大不同了。英国在道光年间直攻了广东、福建、浙江、江苏，英、法联军直打进了北京，所谓国防外线简直没有用处。倘使在这种时代我们还要保存外线，我们也应该变更方案。我们应该协助这些弱小国家独立，因为独立的高丽、琉球、越南、缅甸绝不能侵略我们。所怕的不是他们独立，是怕他们做帝国主义者的傀儡。无论如何，外人既直攻我们的腹地，我们无暇去顾外线了。协助这些弱小国家去独立是革命的外交，正如苏联革命的初年，外受列强的压迫，内有反革命的抗战，列宁（Lenin）于是毅然决然放弃帝俄的属国。

法国进攻越南的时候，士大夫阶级大半主张以武力援助越南，张佩纶、陈宝琛、张之洞诸人特别激昂。李鸿章则反对，他的理由又是要集中力量火速筹备腹地的国防事业。清廷一方面怕清议的批评，一方面又怕援助越南引起中、法战争，所以举棋不定。起初是暗中接济越南军费和军器，后来果然引起中、法战争。那个时候官吏不分文武，文人尤好谈兵。北京乃派主战派的激烈分子张佩纶去守福州船厂，陈宝琛去帮办两江的防务。用不着说，纸上谈兵的先生们是不济事的。法国海军进攻船厂的时候，张佩纶逃得顶快了。陈宝琛在两江不但无补实际，连议论也不发了。打了不久就讲和，和议刚成又打，再后还是接受法国的条件。越南没有保存，我们的国防力量反大受了损失，左宗棠苦心创办的福州船厂就在此时被法国毁了。

五　中日初次决战

李鸿章在日本明治维新的初年就看清楚了日本是中国的劲敌，他并且知道，中国的胜负要看哪一国的新军备进步得快。他特别注重海军，因为日本必须先在海上得胜，然后能进攻大陆，所以他反对左宗棠以武力收复新疆，反对为伊犁问题与俄国开战，反对为越南问题与法国打仗，他要把这些战费都省下来作为扩充海军之用。他的眼光远在一般人之上。

李鸿章既注重中、日关系，不能不特别注意高丽。在国防上高丽的地位极其重要，因为高丽可以做敌人陆军侵略我东北的根据地，也可以做敌人海军侵略我山东、河北的根据地。反过来看，高丽在日本的国防上的地位也很要紧。高丽在我们手里，日本尚感不安，一旦被俄国或英国所占，那时日本所感的威胁就更大了，所以高丽也是日本必争之地。

在光绪初年，高丽的国王李熙年幼，他的父亲大院君李昰应摄政。大院君是个十分守旧的人，他屡次杀传教士，坚决不与外人通商。在明治维新以前，日、韩关系，在日本方面，由幕府主持，由对马岛之诸侯执行；维新以后，大权归日皇，所以日、韩的交涉也改由日本中央政府主持。大院君厌恶日本的维新，因而拒绝与新的日本往来。日本国内的旧诸侯武士们提倡"征韩"，这种征韩运动，除了高丽不与日本往来外，还有三个动机：一、日本不向海外发展不能图强；二、日本不先下手，西洋各国，尤其是俄国，恐怕要下手；三、征韩能为一般不得志的武士谋出路。光绪元年（1875年，日本明治八年）发生高丽炮击日本船的案子，即所谓江华岛事件，主张征韩者更有所借口。

当时日本的政治领袖如岩仓、大久保、伊藤、井上诸人原反对征韩，他们以为维新事业未发展到相当程度以前，不应轻举妄动地贪图向外发展。但是在江华岛事件发生以后，他们觉得无法压制舆论，不能不有所主动。于是他们一面派黑田青隆及井上率舰队到高丽去交涉通商友好条约，一面派森有礼来北京试探中国的态度，并避免中国的阻抗。

森有礼与我们的外交当局大起辩论。我们始终坚持高丽是我们的属国：如日本侵略高丽，那就是对中国不友谊，中国不能坐视。森有礼则说中国在朝鲜的宗主权是有名无实的，因为中国在高丽不负任何责任，就没有权利。

黑田与井上在高丽的交涉成功，他们所订的条约承认高丽是独立自主的国家，这就是否认中国的宗主权。中国应该抗议，而且设法纠正。但是日本和高丽虽都把条文送给中国，北京没有向日本提出抗议，也没有责备高丽不守本分。中国实为传统观念所误，照中国传统观念，只要高丽承认中国为宗主，那就够了，第三国的承认与否是无关宏旨的。在光绪初年，中国在高丽的威信甚高，所以政府很放心，就不注意日、韩条约了。

高丽与日本订约的问题过了以后，中、日就发生琉球的冲突。琉球自明朝洪武十五年（1382 年）起隶属于中国，历五百余年，琉球按期进贡，从未中断。但在明万历三十年（1602 年），琉球又向日本萨摩诸侯称藩，成了两属，好像一个女子许嫁两个男人。幸而这两个男人从未遇面，所以这种奇怪现象竟安静无事地存在了二百七十多年。自日本维新，力行废藩以后，琉球在日本看来，既然是萨摩的藩属，也在应废之列。日本初则阻止琉球入贡中国，终则改琉球为日本一县。中国当然反对，也有人主张强硬对付日本，但日本实在时候选得好，因为这正是中、俄争伊犁的时候。中国无法，只好把琉球作为一个悬案。

可是琉球问题暴露了日本的野心，士大夫平素看不起日本的，到这时也知道应该戒备了。日本既能灭琉球，就能灭高丽。琉球或可不争，高丽则势在必争。所以他们专意筹划如何保存高丽。光绪五六年（1879—1880）的时候，中国可以说初次有个高丽政策。李鸿章认定日本对高丽有领土野心，西洋各国对高丽则只图通商和传教。在这种形势之下，英、美、法各国在高丽的权利愈多，他们就愈要反对日本的侵略。光绪五年（1879 年）李鸿章写给高丽要人李裕元的信说得很清楚：

> 为今之计，似宜用以毒攻毒、以敌制敌之策，乘机次第与泰西各国立约，借以牵制日本。彼日本恃其诈力，以鲸吞蚕食为谋，废灭琉球一事，显露端倪，贵国不可无以备之。然日本之所畏服者泰西也，以朝鲜之力制日本或虞其不足，以统与泰西通商制日本，则绰乎有余。

经过三年的劝勉与运动，高丽才接受这种新政。光绪八年（1882 年）春，由中国介绍，高丽与英、美、德、法订通商条约。

高丽不幸忽于此时发生内乱。国王的父亲大院君李昰应一面反对新政，一面忌王后闵氏家族当权。他于光绪八年（1882 年）六月忽然鼓动兵变，围攻日本使馆，诛戮闵族要人。李鸿章的谋士薛福成建议中国火速派兵进高丽，平定内乱，一则以表示中国的宗主权，一则以防日本。中国派吴长庆率所部淮军直入高丽京城，吴长庆的部下有两位青年：张謇和袁世凯。他们胆子很大，高丽的兵也没有抵抗的能力，于是他们把大院君首先执送天津，然后派兵占领汉城险要，几点钟的工夫，就把李昰应的军队打散了，吴长庆这时实际做高丽的主人翁了。后高丽许给日本赔款，并许日本使馆保留卫队。这样，中、日两国都有军队在高丽京都，形成对峙之势。

光绪八年（1882年）夏初之季，中国在汉城的胜利，使得许多人轻敌。张謇主张索性灭高丽，张佩纶和邓承修主张李鸿章在烟台设大本营，调集海陆军队，预备向日本宣战。张佩纶说：

日本自改法以来，民恶其上，始则欲复封建，继则欲改民政。萨、长二党争权相倾，国债山积，以纸为币。虽兵制步伍泰西，略得形似，然外无战将，内无谋臣。问其师船则以扶桑一舰为冠，固已铁蚀木窳，不耐风涛，余皆小炮小舟而已，去中国铁船定远、超勇、扬威远甚。问其兵数，则陆军四五万人，水军三四千人，犹且官多缺员，兵多缺额。近始杂募游惰，用充行伍，未经战阵，大半恇怯，又去中国淮、湘各军远甚。

邓承修也是这样说：

扶桑片土，不过内地两行省耳，总核内府现银不满五百万两。窘迫如此，何以为国？水师不满八千，船舰半皆朽败，陆军内分六镇，统计水陆不盈四万，而又举非精锐。然彼之敢于悍然不顾者，非不知中国之大也，非不知中国之富且强也，所恃者中国之畏事耳，中国之重发难端耳。

这两位自命为“日本通”者，未免看事太易，李鸿章看得比较清楚，他说：

彼自变法以来，一意媚事西人，无非欲窃其绪余，以为自雄之术。今年遣参议伊藤博文赴欧洲考察民政，复遣有栖川亲王赴俄，又分遣使聘意大利，驻奥匈帝国，冠盖联翩，相望于道，其注意在树交植党。西人亦乐其倾心亲附，每遇中、日交涉事件，往往意存袒护。该国洋债既多，设有危急，西人为自保财利起见，或且隐助而护持之。

夫未有谋人之具，而先露谋人之形者，兵家所忌。日本步趋西法，虽仅得形似，而所有船炮略足与我相敌。若必跨海数千里与角胜负，制其死命，臣未敢谓确有把握。

第东征之事不必有，东征之志不可无。中国添练水师，实不容一日稍缓。昔年户部指拨南北洋海防经费，每岁共四百万两。无如指拨之财，非尽有着之款。统计各省关所解南北洋防费，约仅及原拨四分之一。可否请旨敕下户部总理衙门，将南北洋每年所收防费，核明实数，务足原拨四百万两之数。如此则五年之后，南北洋水师两枝当可有成。

这次大辩论终了之后，越南问题又起来了。张佩纶、邓承修诸人忽然忘记了日本，大肆运动与法国开战。中、法战事一起，日本的机会就到了。这时高丽的党政军正成对垒之阵，一面有开化党，其领袖即洪英植、金玉均、朴泳孝诸人，其后盾即日本公使竹添进一郎。这一派是亲日的，想借日本之势力以图独立的。对面有事上党，领袖即金允植、闵泳翊、尹泰骏诸人，后盾是袁世凯。这一派是联华的，想托庇于中国的保护之下，以免日本及其他各国的压迫。汉城的军队有中国的驻防军和袁世凯代练的高丽军在一面，对面有日本使馆的卫队及日本军官所练的高丽军。在中、法战争未起以前，开化党不能抬头，既起以后，竹添就大活动起来，说中国自顾不暇，哪能顾高丽？于是洪英植诸人乃决计大举。

光绪十年（1884 年）十月十七夜，洪英植设宴请外交团及高丽要人。各国代表都到，唯独竹添称病不至。后忽报火警，在座的人就慌乱了。

闵泳翊出门，被预埋伏兵士所杀。洪英植跑进王宫，宣称中国兵变，强迫国王移居，并召竹添带日兵进宫保卫。竹添这时不但无病，且亲率队伍入宫。国王到了开化党手里以后，下诏召事上党领袖，他们一进宫就被杀了。于是宣布独立，派开化党的人组阁。

十月十九日，袁世凯带他所练的高丽兵及中国驻防汉城的军队进宫，中、日两方就在高丽王宫里开战了。竹添见不能抵抗，于是撤退，王宫及国王又都到袁世凯手里。洪英植、朴泳孝被乱兵所杀，金玉均随着竹添逃到仁川，后投日本。政权全归事上党及袁世凯，开化党完全打散了。袁世凯这时候尚不满三十，忽当大事，因电报不通无法请示，只好便宜行事。他敢大胆地负起责任，制止对方的阴谋。难怪李鸿章从此看重他，派他做驻高丽的总代表。

竹添是个浪人外交家，他如果没有违反日本政府的意旨，至少他超过了他政府所定的范围。事变以后，日本政府以和平交涉对高丽，亦以和平交涉对中国。光绪十一年（1885 年）春，伊藤与李鸿章订《天津协定》，双方皆撤退驻高丽的军队，但高丽以后如有内乱，中、日皆得调兵进高丽。

光绪十一年（1885 年），英、俄两国因为阿富汗的问题，几至开战，他们的冲突波及远东。英国为预防俄国海军从海参崴南下，忽然占领高丽南边之巨磨岛，俄国遂谋占领高丽东北的永兴湾。高丽人见日本不可靠，又与俄国暗通，求俄国保护者。在这种形势之下，英国感觉危险，日本更怕英、俄在高丽得势，于是日本、英国都怂恿中国在高丽行积极政策。英国觉得高丽在中国手里与英国全无损害，倘到俄国手里，则不利于英国甚大。日本亦觉得高丽在中国手里，他将来还有法子夺取，一旦到了俄国手里，简直是日本的致命之伤。所以这种形势极有利于中国，李鸿章与袁世凯遂大行其积极政策。

从光绪十一年（1886 年）到二十年（1894 年），中国对高丽的政策完全是李鸿章和袁世凯的政策。他们第一紧紧地把握高丽的财政，高丽想借外债，他们竭力阻止。高丽财政绝无办法的时候，他们令招商局出面借款给高丽。高丽的海关，是由中国海关派员代为管理，简直可说是中国海关的支部。高丽的电报局，是中国电报局的技术人员用中国的材料代为设立、代为管理的。高丽派公使到外国去，须先得中国的同意，到了外国以后，高丽的公使必须遵守三种条件：

一、韩使初至各国，应先赴中国使馆具报，请由中国钦差挈同赴外部，以后即不拘定。二、遇有朝会公宴酬酢交际，韩使应随中国钦差之后。三、交涉大事关系紧要者，韩使应先密商中国钦差核示。

这种政策虽提高了中国在高丽的地位，但与光绪五年（1879年）李鸿章最初所定的高丽政策绝对相反。最初李要高丽多与西洋各国往来，想借西洋的通商和传教的权利来抵制日本的领土野心。此时李、袁所行的政策是中国独占高丽。到了光绪十八九年（1892—1893），日本感觉中国在高丽的权利膨胀过甚，又想与中国对抗。中国既独占高丽的权利，到了危急的时候，当然只有中国独当其冲。

甲午战争直接的起因又是高丽的内乱。光绪二十年（甲午，1894年），高丽南部有所谓东学党，聚众数千作乱，中、日两国同时出兵，中国助平内乱，日本借口保卫侨民及使馆。但东学党造乱的地方距汉城尚远，该地并无日本侨民，且日本派兵甚多，远超保侨所需之数。李鸿章知道日本另有野心，所以竭力先平东学党之乱，使日本无所借口。但是内乱平定之后，日本仍不撤兵。日本声言高丽内乱之根在内政之不修明，要求中、日两国共同强迫高丽改革内政。李不答应，因为这就是中、日共管高丽。

这时日本舆论十分激烈，一意主战。中国舆论也激烈，要求李鸿章火速出兵，先发制人。士大夫觉得高丽绝不可失，因为失高丽就无法保东北。他们以为日本国力甚小："倭不度德量力，敢与上国抗衡，实以螳臂挡车，以中国临之，直如摧枯拉朽。"李鸿章则觉得一调大兵，则双方势成骑虎，终致欲罢不能，但他对于外交又不让步。他这种军事消极、外交积极的办法，是很奇怪的。他有他的理由，俄国公使喀西尼（Cassini）答应了他，俄国必劝日本撤兵，如日本不听，俄国必用压服的方法。李觉得既有俄国的援助，不必对日本让步。殊不知喀西尼虽愿意给中国援助，俄国政府不愿意。原来和战的大问题，不是一个公使所能负责决定的。等到李鸿章发现喀西尼的话不能兑现，中、日外交路线已经断了，战事已经起始了。

中、日两国同于七月初一宣战。八月十八（阳历九月十七），两国海军在高丽西北鸭绿江口相遇。那一次的海军战争，是中华民族在这次全面抗战以前最要紧的一个战争。如胜了，高丽可保，东北不致发生问题，而在远东，中国要居上日本居下了，所以甲午八月十八的海军之战是个划时代的战争，值得我们研究。

那时我国的海军力比日本海军大，我们的占世界海军第八位，日本占第十一位。我们的两个主力舰定远和镇远各七千吨，日本顶大的战舰不过四千吨。但日本的海军也有优点，日本的船比我们快，船上的炮比我们多，而且放得快。我们的船太参差不齐，日本的配合比较合用，所以从物质上说来，两国海军实相差不远。

那一次我们失败的缘故很多。首先，战略不如人。我方原定舰队排"人"字阵势，由定远、镇远两铁甲船居先，称战斗之主力。海军提督丁汝昌以定远为坐舰，舰长是刘步蟾。丁本是骑兵的军官，不懂海军。他为人忠厚，颇有气节，李鸿章靠他不过做精神上的领导而已。刘步蟾是英国海军学校毕业的学生，学科的成绩确是上等的，而且颇识莎士比亚的戏剧，颇有所谓儒将的风度。丁自认不如刘，所以实际是刘做总指挥。等到两军相望的时候，刘忽下令把“人”字阵完全倒置，定远、镇远两铁甲船居后，两翼的弱小船只反居先。刘实胆怯，倒置的缘故想图自全。这样一来阵线乱了，小船的人员都心慌了，而且日本得乘机先攻我们的弱点了。

其次，我们的战术也不及人。当时在定远船上的总炮手英人泰乐尔（Tyler）看见刘步蟾变更阵势，知道形势不好。他先吩咐炮手不要太远就放炮，不要乱放炮，因为船上炮弹不多，必命中而后放。吩咐好了以后，他上望台，站在丁提督旁边，预备帮丁提督指挥。但丁不懂英文，泰乐尔不懂中文，两人只好比手势交谈。不久炮手即开火，而第一炮就误中自己的望台，丁受重伤，全战不再指挥，泰乐尔亦受轻伤。日本炮弹的准确远在我们的之上，结果，我海军损失过重，不敢再在海上与日人交锋。日人把握海权，陆军输送得行动自由，我方必须绕道山海关。其实海军失败以后，大势就去了。陆军之败更甚于海军。

次年三月，李鸿章与伊藤订《马关条约》。中国承允高丽独立，割台湾及辽东半岛，赔款二万万两。近代的战争固不是儿戏，不战而求和当然要吃亏，这一次要吃亏的是高丽的共管。但战败以后而求和，吃亏之大远过于不战而和。同治、光绪年间的政治领袖如曾、左、李及恭亲王、文祥诸人原想一面避战，一面竭力以图自强。不幸，时人不许他们，对自强事业则多方掣肘，对邦交则好轻举妄动，结果就是误国。

第四章 瓜分及民族之复兴

04

一　李鸿章引狼入室

甲午战争未起以前及既起以后，李鸿章用各种外交方法，想得西洋各国的援助，但都失败了。国际的关系不比私人间的关系，是不讲理、不论情的。国家都是自私自利的，利害相同就结合为友，为联盟；利害冲突就成为对敌。各国的外交家都是精于打算盘的。

西洋各国原想在远东大大地发展，但在甲午以前，没有积极推动，一则因为他们忙于瓜分非洲；二则因为他们互相牵制，各不相下；三则因为在远东尚有中国与日本两个独立国家，具有相当的抵抗能力。在中、日战争进行的时候，李鸿章虽千方百计地请求他们的援助，他们总是抱隔岸观火的态度，严守中立。他们觉得中国愈败，愈需要他们的援助，而且愈愿意出代价。同时他们又觉得日本虽打胜仗，战争总要削减日本的力量。在西洋人的眼光里，中、日战争，无论谁败，实是两败俱伤的，他们反可坐收渔人之利，所以他们不援助我们于未败之前。

等到《马关条约》一签字，俄、德、法三国就联合起来，强迫日本退还辽东半岛，包括旅顺、大连在内。主动是俄国，德、法不过附和。当时俄国财政部长威特（Witte）正赶修西伯利亚铁路，他发现东边的一段，如绕黑龙江的北岸，路线太长，工程太困难；如横过我们的东三省，路线可缩短，工程也容易得多。同时海参崴太偏北，冬季结冰，不便航行，如果俄国能得大连、旅顺，俄国在远东就能有完善的军港和商港，完成西伯利亚铁路及得一个不冻冰的海口，这是威特想要乘机而达到的目的。法国当时联俄以对德，俄要法帮忙，法不敢拒绝，何况法国也有野心家想乘机向远东发展呢？德国的算盘打得更精，他想附和俄国，一则可以使俄国知道德国是俄国的朋友，俄国不必联络法国；二则俄国如向远东发展，在欧洲不会多事，德国正好顺风推舟；三则德国也可以向我们索取援助的代价，这是三国干涉《马关条约》实在的动机。

俄、德、法三国的做法是十分冠冕堂皇的。《马关条约》发表以后，他们就向我们表示同情，说条约太无理，他们愿助中国挽回失地的一部分。在我们那时痛恨日本的情绪之下，这种友谊的表示是求之不得的。我们希望三国能把台湾及辽东都替我们收回来，同时三国给予所谓友谊的劝告，说日本之占领辽东半岛不利于远东和平。战后之日本固不敢不依从三国的劝告，于是退还辽东，但加赔款三千万两。中国觉得辽东半岛不止值三千万两，所以我们觉得应感激三国的援助。

《马关条约》原定赔款二万万两，现在又加三千万两，中国当然不能负担，威特一口答应帮中国从法、俄银行借一万万两，年息四厘。数目之大，利率之低，诚使我们受宠若惊。俄国真可算是我们的好朋友！

光绪二十二年（1896 年），俄皇尼古拉二世（Nicholas Ⅱ）行加冕典礼。帝俄政府向我表示：当中、俄两国特别要好的时候，中国应该派头等大员去做代表，才算是给朋友面子。中国乃派李鸿章为庆贺加冕大使，这位东方的俾斯麦于是到欧洲去了。威特深知中国的心理，所以他与李鸿章交涉的时候，首言日本之可恶可怕，这是李鸿章愿意听的话，也是全国人士愿意听的话。这种心理的进攻既然顺利，威特乃进一步陈言俄国对我之援助是如何心有余而力不足。他说当中、日战争之际，俄国本想参战，但因交通不便，俄军未到而中、日战争就完了。以后中国如要俄国给予有力的援助，中国必须使俄国修条铁路横贯东三省。李鸿章并未驳辩威特的理论，但主张在中国境内之铁路段，应由中国自修。威特告以中国人力财力不足，倘自修，则十年尚不能成，将缓不济急。威特最后说，如中国坚拒俄国的好意，俄国就不再助中国了。这一句话把李鸿章吓服了，于是他与威特签订密约，俄许援助中国抵抗日本，中许俄国建筑中东铁路。

光绪二十二年（1896年）的《中俄密约》是李鸿章终身的大错。甲午战争以后，日本并无于短期内再进攻中国的企图，是时日本政府反转过来想联络中国。因为西洋倘在中国势力太大，是于日本不利的。威特的本意不是要援助中国，是要利用中东铁路来侵略中国的。以后瓜分之祸及日俄战争、“二十一条”、“九一八”这些国难，都是那个密约引出来的。

李鸿章离开俄国以后，路过德、法、比、英、美诸国。他在柏林的时候，德国政府试探向他要代索辽东的报酬，他没有答应。德国公使以后又在北京试探，北京也没有答应。光绪二十三年（1897年）秋，山东曹州杀了两个传教士，德国乘机一面派兵占领青岛，一面要想租借胶州湾及青岛及在山东修铁路和开矿的权。中国于光绪二十四年（1898年）春答应了，山东就算是德国的利益范围。

俄国看见德国占了便宜，于是调兵船占旅顺、大连。俄国说为维持华北的势力均衡，并为助我的方便，他不能不有旅顺、大连，并且还要修南满铁路，中国也只好答应。我们费三千万赎回来的辽东半岛，这时俄国又夺去了。俄国还说，他是中国唯一的朋友！俄国的外交最阴险：他以助我之名，行侵我之实。以后他在东北既有了中东铁路、南满铁路及大连、旅顺，东三省就成了俄国的势力范围。

于是英国要求租借威海卫和九龙及长江流域的优越权利，法国要求租广州湾及广东、广西、云南的优越权利，日本要求福建的优越权利，意大利要求租浙江的三门湾。除意大利的要求以外，中国都答应了，这就是所谓瓜分。唯独美国没有提出要求，但他运用外交，使各国不完全割据各国所划定的范围，使各国承认各国在中国境内都有平等的通商权利，这就是历史上有名的门户开放主义。

这种瓜分运动就是甲午的败仗引起来的，在近代的世界，败仗是千万不能打的。

二　康有为辅助光绪变法

假使我们是甲午到戊戌那个时代的人，眼看见我们的国家被小小的日本打败了，打败了以后又要割地赔款，我们还不激昂慷慨想要救国吗？又假使我们就是那个时代的人，新知识新技术都没有，所能做的仅八股文章，所读过的书仅中国的经史，我们的救国方案还不是离不开我们的经典，免不了做些空泛而动听的文章？假使正在这个时候，我们中间出了一个人提出一个伟大的方案，既合乎古训，又适宜时局，其文章是我们所佩服的，其论调正合乎我们的胃口，那我们还不拥护他吗？康有为就是这时代中的这样的人。

康有为是广东南海县人，生在咸丰五年（1855 年），比孙中山先生大十一岁，他家好几代都是读书人。他的家教和他的先生朱九江给他的教训，除预备他能应考试、取科名外，特别注重中国政治制度的沿革及一般所谓经世致用之学。他不懂任何外国文字，在戊戌以前，也没有到外国去过。但他到过香港、上海，看见西洋人地方行政的整齐，受了很大的刺激。他觉得这种优美的行政必有文化和思想的背景和源泉，可惜那个时候，国内还没有讨论西洋政治、经济的书籍，康有为所能得的，仅江南制造局及教会所译的初级天文、地理、格致、兵法、医药及耶稣教经典一类的书籍。但他是个绝顶聪明的人，“能举一反三，因小以知大，自是于其学力中别开一境界”。

我们已经说过，同、光时代李鸿章所领导的自强运动限于物质方面，是很不彻底的，后来梁启超批评他说：

> 知有兵事而不知有民政，知有外交而不知有内治，知有朝廷而不知有国民，知有洋务而不知有国务。以为吾中国之政教风俗，无一不优于他国，所不及者惟枪耳、炮耳、船耳、机器耳。吾但学此，而洋务之能事毕矣。

这种批评是很对的，可是李鸿章的物质改革已遭时人的反对，倘再进一步的改革政治态度，时人一定不容许他。甲午以后，康有为觉得时机到了。李鸿章所不敢提倡的政治改革，康有为要提倡，这就是所谓的变法运动。

我国自秦、汉以来，两千多年，只有两个人曾主张变法，一个是王莽，一个是王安石，两个都失败了，王莽尤其成为千古的罪人，所以没有人敢谈变法。士大夫阶级都以为法制是祖宗的法制、先圣先贤的法制，历代相传，绝不可变更的。康有为知道，非先打破这个思想的难关，变法就无从下手。所以在甲午以前，他写了一篇《孔子改制考》。他说孔子根本是个改革家，孔子作《春秋》的目的就是要改革法制。《春秋》的真义在《公羊传》里可以看出来，《公羊传》讲"通三统"，那就是说夏、商、周三代的法制并无沿袭，各代都因时制宜，造出各代的法制。《公羊传》又讲"张三世"，那就是说，以专制政体对乱世，立宪政体对升平之世，共和政体对太平之世。康有为这本书的作用无非是抓住孔子做他思想的傀儡，以便镇压反对变法的士大夫。

康有为在甲午年中了举人，乙未年成了进士，他是那个国难时期的新贵。他就趁机会组织学会，发行报纸来宣传，一时附和的人很不少。大多数并不了解他的学说，也不知道他的改革具体方案，只有极少数可以说是他的忠实同志，但是他的运动盛极一时，好像全国舆论是拥护他的。

孔子是旧中国的思想中心，抓住了孔子，思想之战就成功了。皇帝是旧中国的政治中心，所以康有为的实际政治工作是从抓住皇帝下手。他在严重的国难时期之中，一再上书给光绪皇帝，大讲救国之道。光绪也受了时局的刺激，很想努力救国。他先研究康有为的著作，后召见康有为。他很赏识他，因为种种的困难，只叫他在总理衙门行走。戊戌春季的瓜分，更刺激了变法派和光绪帝，于是他又派康有为的四位同志杨锐、刘光第、林旭、谭嗣同在军机处办事。从戊戌四月二十三日到八月初，康有为辅助光绪行了百日的维新。

在这百天之内，康有为及其同志推行了不少的新政，其中最要紧的有两件事。第一，以后政府的考试不用八股文，都用政治、经济的策论。换句话说，以后读书人要做官不能靠虚文，必须靠实学。第二，调整行政机构。康有为裁汰了许多无用的衙门和官职，如詹事府、通政司、光禄寺、鸿胪寺、太仆寺、大理寺，以及与总督同城的巡抚、不治河的河督、不运粮的粮道、不管盐的盐道。同时他添了一个农工商总局，好像我们现在的经济部，想要推行经济建设。

这两件大新政，在我们今日看起来，都是应该早办的。但在戊戌年间，虽然国难那样严重，反对的人居大多数。为什么呢？一句话，打破了他们的饭碗。人人都知道废八股、提倡实学，但数百翰林，数千进士，数万举人，数十万秀才，数百万童生，全国的读书人都觉得前功尽弃。他们费了多少的心血，想从之乎也者里面升官发财。一旦废八股，他们绝望了，难怪他们要骂康有为为洋奴汉奸。至于被裁的官员，更不要说，无不切齿痛恨。

康有为既然抓住皇帝来行新政，反对新政的人就包围西太后，求“太后保全，收回成命”。这时光绪虽做皇帝，实权仍在西太后手里，他们两人之间久不和睦。西太后此时想索性废光绪皇帝，新派的人于是求在天津练兵的袁世凯给他们武力的援助。袁世凯嫌他们孟浪，不肯合作，而且泄露他们的机密。西太后先发制人，把光绪囚禁起来，说皇帝有病，不能理事，复由太后临朝训政。康有为逃了，别人也有逃的，也有被西太后处死的，他们的新政完全打消了。

三　顽固势力总动员

在戊戌年的变法运动之中，外国人颇偏袒光绪帝及维新派，反对西太后及顽固党。因此，一个内政的问题就发生国际关系了。后康有为、梁启超逃难海外，又得着外国人的保护。他们在逃难之中发起保皇会，鼓动外国人和华侨拥护光绪。这样，西太后和顽固党就恨起洋人来了。西太后要废光绪，立端王载漪的儿子溥儁做皇帝。刚毅、崇绮、徐桐、启秀诸顽固分子想在新王之下操权，于是怂恿废立。但各国驻京公使表示不满意，他们的仇外的心理更进了一层。

顽固党仅靠废立问题还不能号召天下，他们领导的运动所以能扩大，这是因为他们也是爱国分子。自鸦片战争到庚子年，这六十年中所受的压迫，所堆积的愤慨，他们觉得中国应该火速抗战，不然国家就要亡了。我们不要以为顽固分子不爱国，从鸦片战争起，他们是一贯地反对屈服，坚强地主张抗战。在戊戌年，西太后复政以后，她硬不割让三门湾给意大利，她令浙江守土的官吏准备抗战。后意大利居然放弃了他们的要求，顽固党更加觉得强硬对付洋人是对的。

外国人在中国不但通商占地，还传教，这一层尤其招顽固分子的愤恨。他们觉得孔、孟的遗教是圣教，洋人的宗教是异端，是邪教。中国最无知的愚民，都知道孝敬父母、尊顺君师，洋人是无父无君的。几千年来，都是外夷学中国，没有中国学外夷的道理。这种看法在当时是很普遍的，譬如大学士徐桐是大理学家倭仁的门弟子，自己也是个有名的理学家，在当时的人物中，算是一个正派君子。他和他的同志是要保御中国文化而与外人战，他们觉得铲草要除根，排斥异端非尽驱逐洋人不可。

但是中国与日本战尚且打败了，怎能一时与全世界开战呢？顽固分子以为可以靠民众。利用民众或“民心”或“民气”去对外，是林则徐、徐广缙、叶名琛一直到西太后、载漪、刚毅、徐桐传统的法宝。凡是主张剿夷的，莫不觉得四万万同胞是有胜无败的。甲午以后，山东正有民间的义和团出现，顽固分子觉得这个义和团正是他们所需要的武力。

义和团（又名义和拳）最初是大刀会，其本质与中国流行民间的各种会匪并无区别。这时的大刀会专以洋人，尤其是传教士为对象，民众对洋人也有多年的积愤。外国传教士免不了偏袒教徒，而教徒有的时候免不了仗洋人的势力欺侮平民。民间许多带宗教性质的庙会敬神，信基督教的人不愿意合作，这也引起教徒与非教徒的冲突。民间尚有种种谣言，说教士来中国的目的，不外挖取中国人的心、眼以炼药丹，又一说教士窃取婴孩脑髓、室女红丸。民间生活是很痛苦的，于是把一切罪恶都归到洋人身上。洋人，附洋人的中国人，以及与洋人有关的事业如教堂、铁路、电线等，皆在被打倒之列。义和团的人自信有鬼神保佑，洋人的枪炮打不死他们。山东巡抚李秉衡及毓贤前后鼓励他们，因此他们就以“扶清灭洋”的口号在山东扰乱起来。

己亥年（光绪二十五年，1899 年）袁世凯做山东巡抚，他就不客气，把义和团当作乱民，派兵痛剿。团民在山东站不住，于己亥冬庚子春逃入河北。河北省当局反表示欢迎，所以义和团就在河北得势了。毓贤向载漪、刚毅等大替义和团宣传，说他们如何勇敢、可靠。载漪和刚毅介绍义和团给西太后，于是义和团在北京得势了。西太后及想实行废立的亲贵、顽固的士大夫及顽固爱国志士，都与义和团打成一片，精诚团结去灭洋，以为灭了洋人他们各派的公私目的都能达到。庚子年拳匪之乱是我国顽固势力的总动员。

经过四次的御前会议，西太后乃于五月二十五日向各国同时宣战。到七月二十日，董福祥的军队连同几万拳匪，拿着他们的引魂幡、混天大旗、雷火扇、阴阳瓶、九连环、如意钩、火牌、飞剑及其他法宝，仅杀了一个德国公使，连东交民巷的公使馆都攻不破。同时八国联军由大沽口进攻，占天津，慢慢地逼近北平。于是西太后同光绪帝逃到西安，李鸿章又出来收拾时局。

拳匪之乱的结束是《辛丑条约》，除惩办祸首及道歉外，《辛丑条约》有三个严重的条款。第一，赔款四万万五千万两，分三十九年还清，在未还清以前，按每年四厘加利，总计实九万万八千余万两。俄国的部分最多（那时中、俄尚是联盟国），占百分之二十九；德国次之，占百分之二十；法国占百分之十六弱，英国占百分之十一强，日本与美国各占百分之七强。第二，各国得自北京到山海关沿铁路线驻兵。近来日本增兵平、津，就借口《辛丑条约》。第三，划定并扩大北京的使馆区，且由各国留兵北京以保御使馆。

这种条款够严重了，但我们所受的损失最大的还不是《辛丑条约》的各款，此外还有东三省的问题。庚子年，俄国趁拳乱派兵占领全东北三省。《辛丑条约》订了以后，俄国不肯退出，反向我要求各种特殊权利。假使中国接受了俄国的要求，东北三省在那个时候就要名存实亡了。张之洞、袁世凯竭力反对接受俄国的条款，日本、英国、美国从旁赞助他们。李鸿章主张接受俄国的要求，但是幸而他在辛丑的冬天死了，不然东北三省就要在他手里送给俄国了。日本、英国看见形势不好，于壬寅（光绪二十八年，1902 年）年初，缔结同盟条约来对付俄国。美国虽未加入，但表示好感，中国当时的舆论亦赞助同盟。京师大学堂（以后的北京大学）的教授上书政府，建议中国加入同盟，变为中、日、英三国的集团来对付俄国。俄国看见国际情形不利于他，乃与中国订约，分三期撤退俄国在东三省的军队。条约虽签字了，俄国以后又中途变计，日本乃出来与俄国交涉。光绪三十年（1904 年）两国交涉失败，就在我们的国土上打起仗来了。

那一次的日俄战争，倘若是俄国全胜了，不但我们的东三省，连高丽都要变为俄国的势力范围；倘若日本彻底地打胜了俄国，那高丽和东北就要变成日本的范围，中国左右是得不了便宜的。幸而事实上日本只局部地打胜了，结果两国讲和的条约仍承认中国在东北的主权，不过划北满为俄国铁路及其他经济势力的范围，南满包括大连、旅顺在内，为日本的范围。这样，日、俄形成对峙之势，中国得以收些渔人之利。

四　孙总理提民族复兴方案

在未述孙中山先生的事业以前，我们试回溯中国近代史的过程。我们说过，我们到了19世纪遇着空前未有的变局。在19世纪以前，与中华民族竞争的都是文化不及中国、基本势力不及中国的外族。到了19世纪，与中国抗衡的是几个以科学、机械及民族主义立国的列强。我们在道光年间虽受了重大的打击，我们仍旧不觉悟，不承认国家及民族的危险，因此不图改革，枉费了民族二十年的光阴。直到受了英法联军及太平天国的痛苦，然后有同治初年由奕䜣、文祥、曾国藩、李鸿章、左宗棠领导的自强运动。这个运动就是中国近代史上第一个应付大变局的救国救民族的方案，简单地说，这个方案是要学习运用及制造西洋的军器来对付西洋人。这是一个不彻底的方案，后来又是不彻底地实行。为什么不彻底呢？一则因为提案者对于西洋文化的认识根本有限，二则因为同治、光绪年间的政治制度及时代精神不容许自强运动的领袖们前进。同时代的日本采取了同一路线，但是日本的方案比我们的更彻底，日本不但接受了西洋的科学和机械，而且接受了西洋的民族精神及政治制度之一部分。甲午之战是高度西洋化、近代化之日本，战胜了低度西洋化、近代化之中国。

甲午以后，康有为所领导的变法运动是中国近代史上救国救民第二个方案。这个方案的主旨是要变更政治制度，其最后目的是要改君主立宪，以期民族精神及维新事业得在立宪政体之下充分发挥和推进。变法运动无疑的是比自强运动更加西洋化、近代化。康有为虽托孔子之名及皇帝的威严去变法，他依旧失败，因为西太后甘心做顽固势力的中心。清政府皇室及士大夫阶级和民间的顽固势力本极雄厚，加上西太后的支助，遂成了一种不可抑遏的反潮。严格说来，拳匪运动可说是中国近代史上第三个救国救民的方案，不过这个方案是反对西洋化、近代化的，与第一、第二两个方案是背道而驰的。拳匪的惨败是极自然的，惨败代价之大足证中华民族要图生存，绝不可以开倒车。

等到自强、变法、反动都失败了，国人然后注意孙中山先生所提出的救国救民的方案，这个方案的伟大与中山先生的少年环境是极有关系的。

中山先生是广东香山县人，生于前清同治五年（1866 年）。他的家庭是中国乡下贫苦农夫的家庭，他小的时候，就在田庄上帮助父亲耕种。十三岁，他随长兄德彰先生到檀香山，在那里进了教会学校。十六岁的时候，他回到广州入博济医学校。次年，他转入香港英国人所设立的医学专科。他在这里读书共十年，于光绪十八年（1892 年）毕业，成医学博士。中法战争的时候，他正十九岁，所受刺激很大。他在学校所结纳的朋友，如郑士良、陈少白、陆皓东等，多与秘密反对清朝的会党有关，所以在这个时候，他已有了革命的思想。

中山先生的青年生活有几点值得特别注意。第一，他与外人接触最早，十三岁就出国了，他所入的学校全是外国人所设立的学校，他对西洋情形及近代文化的认识远在李鸿章、康有为诸人之上。这是我民族一种大幸事，因为我们既然只能从近代化找出路，我们的领袖人物应该对近代文化有正确深刻的认识。第二，中山先生的教育是科学的教育，而且是长期的。科学的思想方法是近代文化的至宝，但是这种方法不是一两个月的训练班或速成学校所能培养的。我们倘不了解这一点，就不能了解为什么中山先生所拟的救国方案能超越别人所提的方案。中山先生所提的一切方案是具体的、精密的、有步骤的、方方面面都顾到的，因为他的思想是受过长期科学训练的。

光绪十年（1884 年）的中法之战给了中山先生很大的刺激，光绪二十年（1894 年）的中日之战所给的刺激更大。此后，他完全放弃行医，专门从事政治。次年，他想袭取广州以为革命的根据地，不幸事泄失败，他逃到国外。在檀香山的时候，他组织了兴中会。当时风气未开，清廷监视很严，所以兴中会的宣言不提革命，只说政府腐败、国家危急，爱国志士应该联合起来以图国家的富强。宣言虽是这样的和平，海外侨胞加入兴中会的还是很少。中山先生从檀香山到美国、英国，一面鼓吹革命，一面考察英、美的政治。在英国的时候，使馆职员诱他入馆，秘密地把他拘禁起来，想运送回国，幸而得着他的学校教师的援助，终得出险，后又赴法。这是中山先生初次在海外逃难的时期，也是他的革命的三民主义初熟的时期。

庚子拳匪作乱的时候，郑士良及史坚如两同志奉中山先生的命令想在广东起事，不幸都失败了，但是庚子年的大悲剧摇动了许多人对清朝的信念，留学生到日本去的也大大地增加。从此中山先生的宣传容易得多，信徒增加也很快，日本朋友也有赞助的。到了甲辰年（光绪三十年，1904 年）他在日本组织同盟会，并创办《民报》，这是中华民族初次公开的革命团体。《同盟会宣言》及《民报发刊词》是中山先生初次公开地、正式地以革命领袖的资格，向全世界发表他的救国救民族的方案。甲辰以后，中山先生尚有二十年的革命工作，对他所拟的方案尚有不少的补充，但他终身所信奉的主义及方略的大纲，已在《同盟会宣言》和《民报发刊词》里面立定基础了。

《民报发刊词》说明了三民主义的历史必然性。欧洲罗马帝国灭亡以后，各民族割据其地，慢慢地各养成其各别的语言、文字、风俗、法制。到了近代，各民族遂成了民族国家。但在各国之内，王室专制，平民没有参政之权，以致民众受压迫的痛苦。18世纪末年、19世纪初年，欧人乃举行民权的革命。在19世纪，西洋人虽已实行民族主义和民权主义，但社会仍不安，这是因为欧美在十九世纪科学发达，工业进步，社会贫富不均。中国应在工业初起的时候，防患未然，利用科学和工业为全民谋幸福，这就是民生主义。中山先生很激昂地说：

> 夫欧美社会之祸，伏之数十年，及今而后发见之，又不能使之遽去。吾国治民生主义者，发达最先，睹其祸害于未萌。诚可举政治革命、社会革命，毕其功于一役，还视欧美，彼且瞠乎后也。

这是中山先生的爱国热忱和科学训练所创作的救国方案，其思想的伟大是古今无比的。

但是民族主义和民权主义在西洋尚且未实现，以落伍的中国，外受强邻的压迫，内部又满布封建的思想，何能同时推行三民主义呢，这岂不是偏于理想吗？有许多人直到现在还这样批评中山先生。三十三年以前，当同盟会初组织的时候，就是加盟者大部分也阳奉阴违，口信心不信。反对同盟会的人更加不必说了，他们并不否认三民主义的伟大，他们所犹豫的是三民主义实行的困难。其实中山先生充分地顾到了这层困难，他的革命方略就是他实行三民主义的步骤。同盟会的宣言的下半说明革命应分军法、约法、宪法三时期，就是以后所谓军政、训政、宪政三阶段。一般浅识的人承认军政、宪政之自然，但不了解训政阶段是必要的，万不能免的。中山先生说过：

> 由军政时期一蹴而至宪政时期，绝不予革命政府以训练人民之时期，又绝不予人民以养成自治能力之时间，于是第一流弊在旧污未由荡涤，新治未由进行；第二流弊在粉饰旧污以为新治；第三流

弊在发扬旧民，压抑新治。更端言之，即第一，民治不能实现；第二，为假民治之名行专制之实；第三，则并民治之名而去之矣。此所谓事有必至，理有固然者。

当时在日本与同盟会的《民报》抗争者，是君主立宪派的梁启超所主持的《新民丛报》。梁启超是康有为的门徒，爱国而博学。他反对打倒清政府，反对共和政体。他要维持清室而行君主立宪，所以他在《新民丛报》里再三发表文章，攻击中山先生的民族主义和民权主义。他说中国人民程度不够，不能行共和制，如行共和制必引起多年的内乱和军阀的割据。他常引中国历史为证：中国每换一次朝代必有长期的内乱。梁启超说，在闭关自守时代，长期的内乱尚不一定要亡国。现在列强虎视，一不小心，我们就可招亡国之祸。民国以来的事实似乎证明了梁启超的学说是对的，其实民国以来的困难，都是由于国人不明了因而不接受训政。

孙中山先生的三民主义和革命方略，无疑的是中华民族唯一复兴的路径，我们不可一误再误了。

五　民族扫除复兴的障碍

庚子拳匪之乱以后，全体人民感觉清政府是中华民族复兴的一种障碍，这种观察是很有根据的。甲午以前，因为西太后要重修颐和园，中国海军有八年[①]之久，不能添造新的军舰。甲午以后，一则因为西太后与光绪帝争权，二则因为清人的亲贵以为维新就是汉人得势、满人失权，西太后和亲贵就煽动全国的一切反动势力来打倒新政。我们固不能说满人都是守旧的，汉人都是维新的，因为汉人之中，思想腐旧的也大有人在。事实上，满人居领袖地位，他们一言一动的影响大，而他们中间守旧的成分实在居大多数。并且他们反对维新就是借以排汉。所以庚子以后，清政府虽逐渐推行新政，汉人始终不信服他们，不认为他们是有诚意的。

庚子年的冬天，西太后尚在西安的时候，她就下诏变法。以后在辛丑到甲辰那四年内，她裁汰了好几个无用的衙门，废科举，设学校，练新兵，派学生出洋，许满、汉通婚。戊戌年康有为要辅助光绪帝行的新政，这时西太后都行了，而且超过了。日本胜了俄国以后，时人都觉得君主立宪战胜了君主专制，于是在乙巳年（1905 年）的夏天，西太后派载泽等五大臣出洋考察各国宪法，表示要预备立宪。丙午、丁未、戊申三年，成了官制及法制的大调整时期。

---

①这里与前文说的“七年”不一致，经核查作者原文如此。

丙午（1906年）九月，厘定中央官制。前清中央主要的机关有内阁、军机处、六部、九卿，所谓九卿，多半是无用的衙门。六部采用委员制，每部有满、汉尚书各一，满、汉侍郎各二，共六人主政，责任不专，遇事推诿，并且自道、咸以后，各省督抚权大，六部成了审核机关，本身几全不举办事务。军机处是前清中央政府最得力的机关，原是内阁分出来的一个委员会，实际辅佐皇帝处理大政的。自军机处在雍正年间成立以后，内阁变成一种装饰品。丙午年的改革，保存了军机处，此外设立十一部，每部以一个尚书为最高长官。这种改革虽不圆满，比旧制实在是好多了。但十一名尚书发表以后，汉人只占五人，比以前六部满、汉各一的比例还差了，所以这种改革，不但未和缓汉人的不平，反加增了革命运动的力量。

丁未年（1907年）清廷决定设资政院于北京，作为中央的民意机关；设咨议局于各省，作为地方的民意机关。戊申年（1908年），清政府颁布宪法大纲，并规定九年为预备立宪时期。如果真要立宪，九年的预备实在还不够，但是因为当时国人对清政府全不信任，故反对九年的预备，说清政府不过借预备之名以搁置立宪。

清政府在这几年之内，不但借改革以收汉人的政权，并且铁良和良弼想尽了法子把袁世凯的北洋兵权也夺了。等到戊申的秋天，宣统继位，其父载沣做摄政王的时候，第一条命令是罢免袁世凯。此时汉人之中尚忠于清廷而又有政治手腕者，袁世凯要算是第一，载沣还要得罪他，这不是清政府自取灭亡吗！

同盟会和其他革命志士看清了满人的把戏，积极地图以武力推倒清政权。丙午年（1906年），同盟会的会员蔡绍南、刘道一联合湖南和江西交界的秘密会党，在浏阳和萍乡起事。他们的宣言明说他们的目的是要打倒清政府，建立民国，平均地权。这是同盟会成立以后第一次的革命，也是三民主义初次充当革命的目标，不幸失败了。同时还有许多革命党员秘密地在武昌及南京的新军之中运动革命，清廷简直是防不胜防。

这时日本政府应清政府的请求，强迫孙中山先生离开日本。中山先生乃领导胡汉民、汪精卫等到安南，在河内成立革命中心。他们在丁未年（1907 年）好几次在潮州、惠州、钦州、廉州及镇南关各处起事，戊申年（1908 年）又在河口起事，均归失败。同时江浙人所组织的光复会也积极活动，丁未年五月光复会首领徐锡麟杀安徽巡抚恩铭，此事牵连了他的同志秋瑾，两人终皆遇害。戊申年十月，熊成基带安徽新军一部分突破安庆，他虽失败了，他的行动表示长江一带的新军已受了革命思想的影响。

丁未、戊申两年既受了这许多的挫折，同盟会的多数领袖主张革命策略应该变更。胡汉民当时说过："此后非特暗杀之事不可行，即零星散碎不足制彼虏死命之革命军，亦断不可起。"汪精卫反对此说，他相信革命志士固应有恒德，"担负重任，积劳怨于一躬，百折不挠，以行其志"，但是有些应该有烈德，"猛向前进，一往不返，流血以溉同种"。他和黄复生秘密地进北京，谋刺摄政王载沣。后事不成，被捕下狱。这是庚戌宣统二年（1910 年）的事情。

汪精卫独行其烈德的时候，中山先生和胡汉民、黄兴、赵声正在南洋向华侨募捐，想大规模地、有计划地向清政府进攻。这是汪精卫所谓恒德。他们于庚戌年十一月在槟榔屿订计划，先占广州，然后北伐，"以黄兴统一军出湖南趋湖北，赵声统一军出江西趋南京"。订了计划以后，他们分途归国。次年，辛亥宣统三年（1911 年），三月二十九日的黄花岗七十二烈士之役是他们的计划的实现。军事上虽失败了，心理上则大成功，因为革命精神从此深入国民的脑际。

正在这个时候，清廷宣布铁路国有的计划，给了革命党人一个很好的宣传的机会。那时待修的铁路，以粤汉、川汉两路最为急迫，困难在资本的缺乏。四川、湖北、湖南诸省的人民乃组织民营铁路公司，想集民股筑路。其实民间的资本不够，公司的领袖人物也有借公济私的，所以成绩不好，进行很慢。邮传大臣盛宣怀乃奏请借外债修路，把粤汉、川汉两路都收归国有。借外债来建设，本来是一种开明的政策，铁路国有也是不可非议的。不过盛宣怀的官声不好，清廷已丧失人心，就是行好政策，人民都不信任，何况民营公司的股东又要损失大利源呢？因以上各种缘故，铁路国有的问题就引起多数人的反对，革命党又从中煽动，竟成了大革命的导火线。

同盟会的革命策略本注重广东，但自黄花岗失败以后，陈其美、宋教仁、谭人凤等就想利用长江流域为革命策源地。他们在上海设立同盟会中部总会，谭人凤特别注重长江中游之两湖。那时湖北新军中的蒋翊武组织文学社于武昌，借以推动革命。在湖南活动的焦达峰及在湖北活动的孙武和居正，另外组织共进会。这两个团体，虽有同盟会的会员参加，并不是同盟会的支部，而且最初彼此颇有摩擦。经谭人凤调和以后，共进会和文学社始合作。

同盟会的首领原来想，在长江一带应该有好几年的预备工作，然后可以起事。但四川、湖北、湖南争路的风潮扩大以后，他们就决定在辛亥年（宣统三年，1911 年）秋天起事。发难的日期原定旧历八月十五日，后因预备不足，改迟十天。却在八月十八日，革命党的机关被巡捕破获，党人名册也被搜去，于是仓促之间定八月十九即阳历十月十日起事。

辛亥武昌起义的领袖是新军的下级军官熊秉坤，他率队直入武昌，进攻总督衙门。总督瑞澂当即不抵抗出逃，新军统制张彪也跟他逃，于是武昌文武官吏均弃城逃走，武昌便为革命军所据，革命分子临时强迫官阶较高、声望较好的黎元洪做革命军的都督。

武昌起义以后，一个月之内，湖南、陕西、江西、山西、云南、安徽、江苏、贵州、浙江、广西、福建、广东、山东十三省相继宣布独立，并且没有一个地方发生激烈的战争。清朝的灭亡，不是革命军以军力打倒的，是清朝自己瓦解的。各独立省选派代表，制定临时约法，并公举孙中山先生为中华民国的临时总统。我们这个老古的帝国，忽然变为民国了。

清政府到了山穷水尽的时候，请袁世凯出来挽回大局，这种临时抱佛脚的办法是不会生效的。袁世凯替清室谋得的，不过是退位以后的优待条件；为自己，却得了中华民国第一任正式总统的地位。

辛亥革命打倒了清朝，这是革命唯一的成绩。清朝打倒了以后，我们固然扫除了一种民族复兴的障碍，但是等到我们要建设新国家的时候，我们又与民族内在的各种障碍面对面了。

六　军阀割据十五年

民国元年（1912 年）的民国有民国必须具备的条件吗？当然没有。在上了轨道的国家，政党的争权绝不使用武力，所以不致引起内战。军队是国家的，不是私人的。军队总服从政府，不问主政者是属于哪一党派。但在民国初年，在我们这里，军权就是政权。辛亥的秋天，清室请袁世凯出来主持大政，正因为当时全国最精的北洋军队是忠于袁世凯的，中山先生在民国元年所以把总统的位置让给袁世凯，也与这个缘故有关。我们说过，在太平天国以前，中国并没有私有的军队，有之从湘军起。湘军的组织和精神传给了淮军，淮军又传给北洋军，以致流毒于民国。不过湘军和淮军都随着他们的领袖尽忠于清朝，所以没有引起内乱。到了民国，没有皇帝了，北洋军就转而尽忠于袁世凯。

为什么民国初年的军队不尽忠于民国，不拥护民国的宪法呢？我们老百姓的国民程度是很低的，他们当兵原来不是要保御国家，是要解决个人生计问题的。如不加以训练，他们不知道大忠，那就是忠于国家和忠于主义，只知道小忠，忠于给他们衣食的官长，和忠于他们同乡或同族的领袖。野心家知道我国人民乡族观念之深，从而利用之以达到他们的割据企图。

工商界及学界的人何以不起来反对军阀呢？他们在专制政体下做了几千年的顺民，不知道什么是民权，忽然要他们起来做国家的主人翁，好像一个不会游水的人，要在海洋的大波涛之中去游泳，势非淹死不可。

知识阶级的人好像应该能做新国民的模范，其实也不尽然。第一，他们的知识都偏于文字方面，古书愈读得多，思想就愈腐旧，愈糊涂。留学生分散到各国各校各学派，回国以后，他们把万国的学说都带回来了，五花八门，彼此争辩，于是军阀的割据之上又加了思想的分裂。第二，中国的读书人，素以做官为唯一的出路。民国以来，他们中间有不少的人唯恐天下不乱，因为小朝廷愈多，他们做官的机会就愈多，所以知识阶级不但不能制止军阀，有的时候，反助桀为虐。

那么，我们在民国初年绝对没有方法引国家上轨道吗？有的，就是孙中山先生的建国方略和三民主义。中山先生早已知道清朝不是中国复兴唯一的障碍，其他如国民程度之低劣，国民经济之困难，军队之缺乏主义认识，这些他都顾虑到了。所以他把建国的程序分为军政、训政、宪政三个时期，但是时人不信他，因为他们不了解他的思想。他们以为清朝是我们唯一的障碍，清朝扫除了，中国就可以从几千年的专制一跃而达到宪政，这样，他们正替军阀开了方便之门，这就是古人所谓“欲速则不达”。在民国初年，不但一般人不了解中山先生的思想，即同盟会的会员，了解的也很少。中山先生并没有健全的革命党做他的后盾，至于革命军更谈不到。当时军队的政治认识仅限于排满一点，此外都是些封建思想和习惯，只够做反动者的工具。中山先生既然没有健全的革命党和健全的革命军帮他推动他的救国救民族的方案，他就毅然决然让位于袁世凯，一方面希望袁世凯能不为大恶，同时他自己以在野的资格，努力造党和建设。

假使中华民族不是遇着帝国主义压迫的空前大难关，以一个曹操、司马懿之流的袁世凯当国主，树立一个新朝代，那我们也可马虎下去了。但是我们在 20 世纪，所需要的，是一个认识新时代而又能领导我们向近代化那条路走的伟大领袖。袁世凯绝不是个这样的人，他不过是中国旧环境产生的一个超等的大政客。在他的任内，他借了一批大外债，用暗杀的手段除了他的大政敌宋教仁，扩充了北洋军队的势力，与日本订了民国四年（1915 年）的条约，最后听了一群小人的话，幻想称帝。等到他于民国五年（1916 年）六月六日死的时候，他没有做一件于国有益、于己有光的事情。

袁死了以后，靠利禄结合的北洋军队当然四分五裂了。大小军阀，遍地皆是，他们混打了十年，他们都是些小袁世凯。到了民国十五年（1926 年）的夏季，中国的政治地图分割到什么样子呢？第一，东北四省和河北、山东属于北洋军阀奉系的巨头张作霖，他在北京自称大元帅，算是中华民国的元首。第二，长江下游的江、浙、皖、闽、赣五省是北洋军阀直系孙传芳的势力范围，孙氏原来是吴佩孚的部下，不过到了民国十五年（1926 年），孙氏已羽翼丰满，不再居吴佩孚之下了。第三，湖北同河南仍属于直系巨头、曾拥戴曹琨为总统的吴佩孚。第四，山西仍属于北洋之附庸而保持独立而专事地方建设之阎锡山。第五，西北算是吴佩孚的旧部下而倾向革命之冯玉祥的势力范围。第六，西南的四川、云南、贵州，属于一群内不能统一、外不能左右大局的军阀。第七，广东、广西、湖南三省是革命军的策源地。从元年到十五年，我们这个国家的演化达到了这种田地。

七　贯彻总理的遗教

民国十五年（1926 年）七月九日，国民革命军誓师北伐，并下总动员令。这是中华民国历史上的大分水界，前此我们虽有革命志士，但没有健全的、有纪律的、笃信主义的政党；前此我们虽有军队参加革命，但没有革命军，此后就大不同了。我们如要了解民国十五年（1926 年）北伐誓师为什么是个划时代的史实，我们必须补述孙中山先生末年的奋斗。

我们已经说过，中山先生在辛亥革命以前宣布了他的革命方略，分革命的过程为军政、训政、宪政三个阶段。用不着说，军政是一个信服三民主义的革命军对封建势力的扫荡和肃清，训政是一个信服三民主义的革命党猛进地缔造宪政所必需的物质及精神条件。民国初年，这样的革命军和革命党都不存在，军阀得乘机而起，陷民国于长期的内乱，人民所受的痛苦，反过于在清朝专制之下所受的。中山先生于是更信他的革命方略是对的，民国三年（1914 年），他制定革命党党章的时候，他把一党专政及服从党魁的精神大大地加强。民国七年（1918 年），俄国革命，虽遇着国内国外反动势力的夹攻，终成功了。中山先生考察俄国革命党的组织，发现其根本纲领竟与他多年所提倡的大同小异。原来俄国也是个政治经济落后的国家，俄国的问题也是火速地近代化。在 19 世纪，俄国没有赶上时代的潮流，因此在第一次世界大战中，俄国以二十倍德国的领土、两倍德国的人口，尚不能对付德国二分之一的武力。俄国的革命方略，在这种状况之下当然可供我们的参考。难怪中山先生虽知道中山主义与列宁主义有大不同之点，早就承认列宁是他的同志。

在苏联革命的初年，为抵抗帝国主义起见，列宁亦乐与我们携手。民国十二年（1923 年）正月二十六日，中山先生与列宁的代表越飞（Joffe）共同发表宣言，声明两国在各行其主义的条件之下，共同合作。十二年夏，中山先生派蒋介石赴俄，考察红军和共产党的组织。是年冬，苏联派遣鲍罗廷来华做顾问。十三年（1924 年）初，中山先生召开全国代表大会于广州，彻底地改组国民党，并决定联俄容共。同时蒋介石从俄回国，中山先生就请他创办黄埔军官学校。中山先生对黄埔军校是抱无穷希望的，在开学的那一天，中山先生说过：

> 今天开这个学校的希望，就是要从今天起，把革命的事业，重新创造，要这学校的学生来做根本，成立革命军。诸位学生，就是将来革命军的骨干。

民国十四年（1925 年）是革命策源地的两广的大调整时期。陈炯明勾结杨希闵、刘震寰以图消灭新起的革命势力，于是有两次的东征，然后广东得以肃清，同时革命政府协助了李宗仁、黄绍竑肃清广西。

不幸在这年的春天，三月十二日，中山先生在北平逝世了。

从民国十五年（1926 年）七月九日起的北伐，到二十六年（1937 年）七月七日的抗日战争，是读者们所熟知的，我们可以不必细说，但是有两个重要方面我们不能不注意。

第一，抗战以来，国人不分党派、区域，均团结一致抗战。

第二，近年全国向近代化这条大路上迈进。铁路的加修，全国公路网的完成，航空线的设立，无线电网的布置，义务教育的提倡，科学及工程教育的奖进及国防的近代化，都是近几年的大成绩。抗战以前，全世界无不承认中华民族已踏上复兴之路。日本的军阀看清了这一点，所以决计向我们大举进攻。

目前的困难是一切民族在建国的过程中所不能避免的，只要我们能谨守中山先生的遗教，我们必能找到光明的出路。

05

附录一

中国近代化的问题

近代世界文化有两种重要的特别：一种是自然科学，一种是机械工业。这两种特别引起了许多政治经济社会的变迁，如大规模的民治、兼领数洲的大殖民帝国、资产阶级与劳动阶级的斗争、支配世界市场的大公司等。上次世界大战以前，全世界的文化发展似乎有共同的趋势：素不行政治的国家如中国、日本、土耳其、俄罗斯都向望着民治走，未曾使用机械的国家也步步地踏入工业革命的园地。却是大战以后，经苏联的革命，意大利、德意志、日本诸国的法西斯运动，世界的政治经济制度反而背道而驰了，至少是各向各方去了。现在世界没有共同的趋势，所谓近代文化究竟是什么，各国亦有各国的说法了。虽然，此中有一点我们必须注意：斯大林与希特勒在政治经济的立场上虽一个站在北极，一个站在南极，两人对于自然科学及机械工业都是维护的。世界的一切都可革命，谁都对于自然科学及机械工业尚未闻有革命之声。左派的，帝国主义者与反帝国主义者；男的、女的，白种、黄种，老年、幼年，没有一个肯树反自然科学和反机械工业的旗帜，所以我们如说中国必须科学化及机械化，并且科学化和机械化就是近代化，大概没有人反对的。

这种科学机械文化发源于欧洲西部，近代史就是这种文化的发展史，欧西以外的国家都被这种文化征服了。抵抗这种文化的国家不是被西欧占领了，化为殖民地了，就是因战争失败而觉悟，而自动地接受这种文化，胜利的抵抗是没有的，能利用这种文化来生产、来防守国土者就生存，不能者便灭亡，这是近代史中的规律，没有一个民族能违反的。

关于欧西以外的国家接受科学机械文化的过程，有几点值得我们的注意。第一，接受越早越便宜，越迟越吃亏。在同治光绪年间——19世纪的后四十年——远东历史的最重要事实是中日两国近代化竞争，在那个竞争之中得胜者一切都得胜了，失败者一切都失败了。18 及 19 世纪俄罗斯及土耳其的形势亦复如此，俄国能占领黑海以北的土地是因为大彼得在 18 世纪初年为俄国立了近代化的基础，近代化的迟早快慢和程度是决定近代国家命脉的要素。

第二，科学机械文化从西欧向外发展的区域有两种。一种是土著的人很少，西欧人移居其中，把这种文化带去了，美洲及澳洲之成为西欧文化区域是因为美洲及澳洲成了西欧人居住的区域。另一种是人口稠密，西欧人不能移殖的区域，如东欧、中国、日本、印度。西欧人的势力到这些地方去的目的是政治经济的，不是移民的，这些地方能否近代化须看地方人民自己的努力。第一种区域近代化的过程是简单的、自然的，其经验没有可资我们借镜的。第二种区域的近代化都是从艰难困苦内忧外患交迫中得来的，其过程之富有色彩和戏剧性是历史家和政治家不能也不应忽视的。

印度在近代史的前几幕就亡国了，我们可以置之不论，余有四国可资比较，即中国、日本、俄国、土耳其。这四国的经验有紧要的共同点，四国近代化都是自上而下的，俄国近代化的发起人是大权独揽的大彼得，日本近代化的发起人是少数贵族的政治家，中国近代化的发起人是同治年间的权贵，在内恭亲王奕䜣和大学士文祥，在外长江的督抚曾国藩李鸿章左宗棠。土耳其近代化的发起人是少数留学西欧的知识分子。在四国，群众都是反对近代化的。这不是说这四国的群众是比别国的群众特别顽固，无论在哪一国，群众是守旧的，创造是少数人的事业。在辛亥年，如果全国对国体问题有个总投票的机会，民众十之八九是要皇帝的，现在的民众如有全权决定要不要修汽车路，大多数会投票决定不要汽车路。数年之前，如苏联的民众能自由选择集耕或分耕，百分之九十是要维持分耕的。凯末尔假使遵从民意，土耳其妇女的解放就不会实现了。

我们在欧西文化区域内受过教育的人不知不觉地接受了那个区域内的民意哲学，忘记了我们所处的境遇完全不同。英法德美各国进步上的再进步是可迟可早的，至少不致成为国家存亡的问题。欧西文化区域以外的国家则不能不积极地推动各种反民意的改革。

在中、俄、日、土四国之中，近代化既是自上而下，并且常违反民意，改革的推动不能不赖政权的集中。从这四国近代化的过程，我们可以得着一个共同结论：政权愈集中的国家，其推行近代化的成绩愈好。所谓好，就是改革的程度愈彻底、愈快速，没有大彼得的横暴——不仅专制——旧莫斯科的守旧势力是不能被打倒的，俄国或要保存鞑靼的、东欧的文化直到拿破仑大战的狂风暴雨，18 世纪的宝贵光阴将整个地空费了。在民族的竞争之中，百年的落伍是不易补救的。大彼得虽于死前未得着俄国人的感激，他是俄罗斯民族的大恩人，这是无容疑问的。

日本明治的维新与我国所谓同治中兴有一个极大的差别。日本的维新是以政治革命为基础的，尊王派的政治目的达到了以后，政权才集中，维新家始得以天皇的尊严来号召全国。因为天皇的尊严到了绝顶，所以日本的维新家无须倡一党专政，无须用密探和恐怖。同光年间的中国名为统一，实不统一。曾李左诸人的事业不是国家通盘筹划的事业，李鸿章在北洋负创设新陆军和新海军的责任，但他的财源可靠的仅北洋一隅，其他各省的协饷要看李的势力和李与其他各省督抚的私人关系。京内的御史老爷们，甚至各衙门的胥吏及内廷的太监都能和他捣乱。到了甲午，尚有北洋舰队敢与日本一战，李鸿章已算大成功了。只有绝顶天才始能创造新事业，始能为民族百年大计。这些天才，因为没有集中的政权做后盾，不知道历史上有多少被庸人和群众反对而消没了。

土耳其在革命以前的维新很像中国在前清末年的维新，三心二意的维新，成绩很少，费用很多，整个国家几乎为这样的维新所灭亡。等到凯末尔用严密的组织统一了政权，又利用这政权来打倒一切步骤不齐的行动，然后土耳其始真正地复兴了。

民国以来，我们一面想要接受近代的科学和机械，一面又因内战把国家割裂了，政权分散了，所以国运反而在革命以后遭更严重的打击。自国府定都南京以后，我们才慢慢地从艰难困苦之中建设了近代化的最低限度的基础，那就是说，政权慢慢地统一了，我们不必讳言，这种统一还有不健全的地方，还有待我们努力和牺牲来完成的地方。但是近代化的问题关系民族的前途太大了，无论牺牲多大，我们不可顾惜。不近代化，我们这民族是不能继续生存的。不统一，我们的近代化就不能进行。统一而政权不集中，或集中而运用不大胆、不猛烈，则近代化虽进行而不能快，那么，我们落伍的途距就不能追上了。

所谓自然科学和机械工业不是少数学者和学校的事业，也不是几个都市的事业。我们有时因为近年理工两科的学生和设备加多，就心满意足，以为中国就近代化了。其实中国近代化的程度是很可怜的，说农业：中国的农民与近代的科学可说是不发生关系的。说行政：仅少数上层机关有几分近代化的皮毛，余则因循度日。说工业：就是大都市里面的大工厂尚且有用中古的管理方法来使用近代机器的。倘此后政府不加以督促和鞭打，我们的生产事业都会被国际竞争所淘汰。

我们近年在各方面确有相当的进步，但是我们的进步离应付国难的程度还远呢。我们的外交内政，大干、冒险地干、革命地干，或许干得通；小干、三心二意地干，就会干不通了。所以在纪念民国二十五年的时候，我愿全体同胞从大处着眼，为民族谋百年的大计，拿出我民族的伟大精神来。

附录二 中国与近代世界的大变局

06

> 历代备边，多在西北，其强弱形势，主客之形，皆适相埒，且犹有中外界限。今则东南海疆万余里，各国通商传教，来往自如，麇集京师及各省腹地，阳托和好之名，阴怀吞噬之计；一国生事，诸国构煽，实为数千年来未有之变局。轮船电报之速，瞬息千里；军器机事之精，工力百倍；炮弹所到无所不摧；水陆关隘不足限制：又为千年来未有之强敌……

这是同治十三年（1874 年）李鸿章对中国的国际地位之观察，时人多以为他言过其实，今人定觉得他的看法还不透彻。关于这一点，我们在下文里当再讨论。我们现在不过要指出：李鸿章的结论是不能否认或修改的，中国近代所处的局势确是“数千年来未有之变局”，中国近代所遇之敌人确是“数千年来未有之强敌”。

这个大变局的由来及其演化，中国对此变局的应付及其屡次的修改，这是本文所要讨论的。

一　中西方关系发生变化

葡萄牙人在15世纪末年发现了绕非洲经好望角的欧亚直接航路。这事在世界历史上开了一个新纪元，也就是上文所谓大变局的起始。在这事以前，中西固早已发生了关系，但以前的关系与以后的关系根本不相同。原来欧亚两洲虽境土相连，谓在乌拉尔山以南、里海以北，两洲之间并无自然的分界，但在16世纪以前，中国与欧洲之间，除蒙古帝国短期外，总有异族异教之人居中隔离。在这种环境之下，中西的关系不但要看双方的需要及意志如何，还要靠中欧之间的区域有适合的情形。在这个条件不能圆满的时候，中西的关系就完全断了。即在这个条件能圆满的时候，中西的关系大部分是间接的：货物的交换及彼此的认识都是由第三者转递与介绍。严格说来，历上古与中古，中西各自成一个世界、一个文化系统。自欧亚直接航路发现以后，第三者的阻碍成为不可能，其介绍亦成为不必要。自16世纪到现在，世界史的最重要方面之一是东西的融化，或者我们应该说，是全世界的欧化。

为什么欧亚的航路到15世纪末年始发现呢？这个问题不是一言两句所能解答的。就地理说，这个大发现之迟到很自然。中西的发展是背道而驰的，欧洲发展起始于东南而趋向西北，欧洲最早的文化及政治中心是希腊，其次是罗马，最后才是西欧，愈到后来愈离中国远了。等到大西洋沿岸的国家有了相当的成熟，欧洲的历史始入海洋时期。中国的发展方向正与欧洲相反：中国的发展是由北而南的。中国的史家虽大书特书汉唐在西域的伟业，其实这不是中华民族的正统。中国的政治势力、文化及人民渡长江而逐渐占领江南以及闽粤，这一路的发展才算得我民族事业的正统。等到闽粤成熟了，然后我们更进而向南洋发展。明永乐及宣德年间的海外盟事不是偶然的、无历史背景的，那时南洋，甚至印度洋，似乎是我们的势力范围。郑和的时代就是葡萄牙航海家亨利王的时代，无怪乎中国人与葡萄牙人初次的见面礼是在印度洋沿岸举行的。我们可以说，16世纪以后的中西关系是数千年来双方历史的积势所蓄养而成的，那么自然会愈演愈密切而愈重要了。

在欧洲历史未入海洋时期以前，西方没有一个国家把提倡海外发展当作政府的大事业。西人来中国者多半为个人的好奇心、利禄心或宗教热忱所驱使，他们的事业是私人的事业；他们没有国家或民族做他们的后盾，就是欧洲中古最著名的东方旅行家——马可·波罗，也并未得到任何欧洲政府的援助。他的事业，在当时，与欧洲任何国家或民族的国计民生都没有关系。到葡萄牙人发现好望角的时候，欧洲的局势就大不同了。至少在西欧，葡萄牙、西班牙、法兰西、英吉利已成立了民族国家。在16世纪末年，荷兰亦经革命而独立。这些国家的国王和权贵无不以提倡海外发展为政府及民族的大事业，那帮在海外掠财夺土的半海盗半官商居然成了民族的英雄。文学家又从而赞扬之。在16、17世纪的欧人眼光里，国家富强以及灵魂的得救，都靠海外事业的成败。个人冒险而到海外去奋斗的，不但可以发大财，且得为国王的忠臣、民族的志士和上帝的忠实信徒。这种人的运动是具有雄厚魄力的，他们在历史上发起了、推动了一个不能抑遏的潮流。

李鸿章所谓“数千年来未有之变局”就是这样开始的。

二　欧洲人的蚕食

葡萄牙大航海家迪亚士（Bartholomew Diaz）于1486年，明成化二十二年，发现了好望角。十二年以后，明弘治十一年（1498年），达·伽马（Vasco de Gama）率领小舰队直抵葡人百年努力的目的地印度。在印度西边的各海口，达·伽马采买了印度土产如珍珠、胡椒、细布，及香料群岛所产的香料，满载而归。这一次的贸易获利六十倍。弘治十五年（1502年），达·伽马又率领第二次远征队到印度，他带到东方的资本约值二百四十万佛郎；归国后，带回去的东方货物变价到一千二百万。但欧亚贸易，在此以前，是由阿拉伯人及意大利人垄断，他们自然不甘心坐视别人攘夺他们的利源。而葡人尝了滋味以后亦自不乐歇手，正德五年（1510年）的大战决定了最后的胜利属于新兴的葡萄牙。

彼时葡属印度总督阿伯克尔克（Albuqerque）具有绝大的野心，他想囊括印度洋及南洋各地，创立一个伟大的海洋帝国。正德五年（1510年），他占据印度西岸的大市镇果亚（Goa）且设总督府于此。次年，他的舰队又灭了南洋咽喉的满剌加（Malacca），此举开了中西冲突之端。原来满剌加自明成祖于永乐元年（1403年）派遣尹庆出使其地宣示威德以后，历年谨修职贡；加上郑和在南洋的活动，尤对中国顺服，葡人灭满剌加就是并吞中国的藩属。中国如何应付这种侵略？《明史·满剌加传》于无意中形容实在极了：

> 后佛郎机强举兵侵夺其地，王苏端妈末出奔……遣使告难。时世宗嗣位，敕责佛郎机，令还其故土。谕暹罗诸国王以救灾恤邻之义，迄无应者，满剌加竟为所灭。

换句谈说，明世宗仅发了几篇纸上文章以塞宗主的责任，难怪葡人要继续前进占摩鹿加（Moluccas）。《明史》说："地有香山，雨后香堕，沿流满地，居民拾取不竭，其酋委积充栋以待商舶之售。东洋不产丁香，独此地有之，可以辟邪，故华人多市易。"此段文字虽带浪漫风味，然离事实确亦不远。摩鹿加亦名"香料群岛（Spice Islands）"，所产物品为数百年来欧亚贸易的大宗，也就是葡人及荷兰人在亚洲最注重的。葡萄牙在摩鹿加的侵略，中国更置之不理了。

西班牙的海外发展与葡萄牙同时，最初目的也是要到印度。因为哥伦布不知美洲的存在，误信了从欧洲向西直航为达印度的捷径。后来西班牙人在16世纪初年发现了墨西哥及秘鲁的金银，才定美洲为他们海外发展的范围。所以麦哲伦（Magellan）虽于1521年（正德十六年）发现了菲律宾群岛，等到1563年（嘉靖四十二年）西班牙人始复来经营此地；再等七年，始占吕宋。中国与吕宋的关系比与满剌加或摩鹿加更密切，《明史》说："先是闽以其地近且饶富，商贩者至数万人，往往久居不返，至长子孙。"西班牙人对于中国人实在是去留两难：留之则恐华人势力太大，致不能制，去之则岛上经济受损失。且中国人也去不尽，因为"华商嗜利，趋死不顾，久之复成聚"。西班牙人采取了一个折中办法：华人太多的时候驱逐些或屠杀些，平时则收重的人丁税。万历二十一年（1593年），驱逐过一次。万历三十一年（1603年）年屠杀过一次：中外记载皆说死难者约二万五千人，崇祯十二年（1639年），又屠杀过一次；彼时华侨共三万人，死者占三分之二。万历三十二年（1604年），中国尚移檄吕宋："数以擅杀罪，令送死者妻子归。"到崇祯年间，连一篇纸上文章都无暇发了。这样，我民族又丧失了在菲律宾的发展范围。

荷兰在爪哇也是这样对付华侨的。

这三国及后来的英国的侵略也是南洋的大变局。在欧洲人未到南洋之前，华侨是那些地方的社会及经济的最高层，甚至有执当地政府柄者。倘这种趋势能继续推演，则群岛未尝不可成为海外的新闽粤。可惜西人势力到达南洋的时候，我国无以应付，侨胞遂永远寄人篱下了。

有明一代，一方面闽粤的人民自动地冒万险到南洋各地去谋生，一方面政府至少在永乐及宣德年间，似乎又极端重视中国在南洋的势力。海外发展的条件岂不是齐备了？何以在16世纪又这样的拱手让人呢？西人的船坚炮利及16世纪的明廷之无远略当然是要紧的缘故，比这样缘故还根本的是当时中国的特殊国情。

明代政府及人民的海外事业各有其动机，且彼此不相关。历有明一代，广州市舶司提举——即海关监督的肥缺全是太监的专利。政府所派到南洋去的代表，如郑和、尹庆，又都是太监。他们的使命虽说得冠冕堂皇，什么为国家扬威宣德，其实他们的目的岂不是为太监们去招徕？近人谈唯物史观者，好以地主阶级或资本阶级私利解释中国的历史。如要勉强用阶级争斗来解释历史，我们以为在中国应特别注重官吏阶级。这个阶级有其特殊的立场与主观，虽出身是从地主或资本阶级，官吏只为官吏而施治，并不代表任何人，唯其如此，明朝政府始能一面派使出洋扬威宣德，一面禁止人民出洋及坐视外人压迫在外的侨民。实际在政府方面，明朝海外事业的动机就是太监们的私利，这个动机哪能促进民族运动呢？拿这种动机来与西人的动机比较，岂不足有霄壤之别吗？

三　葡萄牙设法通商

从满剌加，葡萄牙人更进而到中国东南的洋面，初次在武宗正德十一年（1516 年）。此举中国又如何应付呢？当时中国并不守闭关主义。在葡人未来之先，中国沿海的通商已有相当的发展，暹罗、占城、苏禄、悖泥、爪哇、真腊、锡兰山、苏门答腊、甘榜格兰等国常有船只往来中国。但同时我们没有所谓国际贸易或通商条约，因为中国的政治观念，尤其自南宋以后，总以天朝自居，"一统无外，万邦来朝"。否认有所谓"国际"者存在，所谓通商，就是进贡，市舶是随贡舶来的。我的朋友张君德昌直称明正德以前通商为贡舶贸易时期，凡来通商的无不尊中国为上国，而以藩属自居。在藩属方面，他们进贡以表示他们的恭顺；在上国方面，我们许其贸易，并不因为我们利其货品或税收，"不过因而羁縻之而已"，这是双方条件的交换。因此，倘蕃邦偶不恭顺，我们就"停市"，这是当时中国国际关系的理论。在此理论之上，我们设了各种法规，其中最紧要的是贡有定期，舶有定数。但是久而久之，这个理论及法规都成具文，其结果是贡舶其名，通商其实，甚至外人不到贡期或全不进贡的也来做买卖了。

此中原因复杂，容待下文讨论。葡人初次来广州的是从满剌加坐中国商船来的，贸易未发生困难。第二次，正德十二年（1517 年），西人的记载说：华人初见其船只之大及葡人容貌奇异，要拒绝通商；后见其行为和平，巡海水师又得重贿，就许了葡人在上川岛停船贸易。从第三次起，正德十三年（1518 年），中葡发生许多冲突，由冲突到妥协经过四十年，最后的妥协方案就是中国近代世界的大变局之第二步。

冲突的发生，第一由于葡人行为的凶暴，“剽劫行旅”、“掠买良民”、“恃强凌弱诸国”等形容词屡见于当时的奏章，并且这些形容词不是虚诬的，西人的记载可作参证。其实在16世纪，欧人到海外去的可以做商客，也可以做海盗，当时的道德观念并未明定这两种人的善恶，不独葡萄牙人如此。至于给事中王希文所说的“烹食婴儿，犬羊之势莫当，虎狼之心叵测”，及庞尚鹏所认的“喜则人而怒则兽，其素性然也”，虽不免历代言官的夸大，亦可表示当时一部分人的印象。葡人这种凶暴，不但危害了中葡关系，且影响了全盘中西关系，因为时人当然把葡人当作西人的代表看待，而他们的行动容易使中国人以看待历代夷狄的眼光看待他们，初次的印象是不容易消抹的。

葡萄牙人大概从满剌加的华侨及广州沿海的商人探知了中国的贡舶贸易制度，所以他们初次到中国的时候，亦借口进贡，但是进贡须朝廷许可，得列藩封以后始可执行。葡萄牙之灭满剌加是他进贡资格的大障碍。正德十五年（1520年）年底，御史丘道隆曾说过：

> 满剌加乃敕封之国，而佛郎机敢并之，且啖我以利，邀求封贡，决不可许。宜却其使臣，明示顺逆，令还满剌加疆土，方许朝贡。倘执迷不悟，必檄告诸藩，声罪致讨。

葡萄牙的使者虽到了南京及北京，因满剌加的缘故及使团人员的失礼，于世宗嗣位之初（1521年），惨败而归；其舌人亚三伏法，正使汤姆·皮雷斯（Thome Pires）死于广东监牢。

但是正德、嘉靖年间的中国人的心理也不是这样简单。经过几次的交战，尤其是嘉靖二年（1523年）新会西草湾，二十六年（1547年）漳州及二十八年（1549年）诏安等役，我们知道了葡人火炮的厉害，“御史何鳌言佛郎机最凶狡，兵械较诸藩独精。前岁驾大舶突入广东新会城，炮声殷地”。西草湾之役，中国得了几尊火炮，海道副使汪鋐送至北京，说其大者能击五六里。《明史》加了一句：“火炮之有佛郎机自此始。”于是“佛郎机”又成了利炮的别名了。我们虽与葡人打了好几次的仗，且是得胜了的，他们仍继续前来。《明史》说：“吏兹土者（在广东做官的人）皆畏惧，莫敢诘。”

除威胁外，葡人尚可利诱。利有好几种：有通商自然之利、法内之利，亦有法外之利。嘉靖八年（1529年）左右：

> 巡抚林富言互市有四利。祖宗朝诸藩朝贡外，原有抽分之法，稍取有余足供御用：利一。两粤比年用兵，库藏耗竭，借以充兵饷，备不虞：利二。粤西素仰给粤东，小有征发即措办不前，若藩船流通，则上下交济：利三。小民懋迁为生，持一钱之货，即得辗转贸易，衣食其中：利四。

林富所奏的是国计民生，法内之利，此外尚有官吏从互市所得的陋规，此种法外之利之大又非吾人所能想象者。因此地方官吏，在林富以前（及以后），“甚有利其宝货，佯禁而阴许之者”。

林富论民生的一节也不透彻。据西人的记载，中国沿海的居民无不乐与外人交易，只要交易是和平的，朝廷尽管要闭关，士大夫尽管倡攘夷，平民能做买卖必定要做。久而久之，统治阶级亦无可奈何，即清高者不过骂一句“奸商”或“汉奸”以了之。现代如此，16世纪早已如此。在中外商业的开辟之过程中，中外的商人有许多时候是利害相同因而互助的。正人君子，往往把这种互助当作狼狈为奸看，其实君子反自然，商民顺自然。中国士大夫对“商”没有正确观念，所以我民族在应付近代世界的大变局之中有时不免自作孽了。

我们的传统观念既把正路堵塞了，中外的商人就不得不走邪路。天启年间，荷兰人想在广州通商，遭拒绝以后用了一个新方法。《明史·荷兰传》有这一段：

> 海澄人李锦及奸商潘秀、郭震久居大泥，与荷兰人习。语及中国事，锦曰："若欲通贡市，无若漳州。漳南有澎湖屿，去海远。诚夺而守之，贡市不难成也。"其酋麻韦郎曰："守臣不许奈何？"曰："税使高寀嗜金银甚，若厚贿之，彼特疏上闻，天子必报可，守臣敢抗旨哉？"酋曰："善。"

潘秀及郭震诸人于是负命回福建去运动，高寀不但甘愿，且努力促成其事。他派了"心腹周之范诣酋，说以三万金馈寀，即许贡市。酋许与之，盟已就矣"。但别的官吏或因分赃不均，或因不敢违旨开禁，不承认这个私约，事就作罢。

此种记载，倘无旁证，似难可信，幸而英国东印度公司亦有同类记录。这时英商企图在华通商，苦无门可入，东印度公司日本经理柯克司（Richard Cocks）于是联络长崎华商会的会长替他运动。天启元年（1621年）一月，柯克司报告公司说："中国老皇帝已传位于其子，新皇帝已许我国每年派两只船去通商，地点定在福州，现在所缺的只是当地督抚的许可。"几个月后，他又写信给公司说："中国商会会长负责交涉通商权利者已返平户。他说特许状已得到了，他又说他费了一万二千两的运动费。如公司的经理现在不理他，他必致破产。"这个商会的会长似乎是个买空卖空的投机者，因为这种活动没有先疏通北京而后再来对付地方官吏的。

我们近代对付西洋的方法不外采用西洋枪炮及雇用西洋的军人。西人近代对付我们不外学我们疏通衙门的秘诀，且雇用汉奸替他们跑衙门。双方均在那里仿效对方的长处。

现在我们应能了解16世纪中西互市问题的上层理论及法规和下层的事实，毕竟促成互市的动机大于禁止互市的动机。因这种基本的趋势，当时虽有许多人反对，皇帝终发明诏许葡人在广东通商。

最初明令特许的通商地点是浪白滘，葡人最初在此岛旁就船为市，后来移居岛上。嘉靖十四年（1535 年），都指挥黄庆“纳贿请于上官，移舶口于濠镜”，由葡人“岁输课二万金”。“濠镜”就是澳门的别名，葡萄牙与澳门的关系就是这样发生的。黄庆为什么要替葡人出力，他“纳贿”的钱从哪里来，中籍无明文的记载。西籍则说葡人善于运用金钱与中国官吏周旋，嘉靖十四年（1535 年）中国还只许葡人在澳门停船：

> 三十二年（1553 年）蕃舶托言舟触风涛愿借濠镜地暴诸水渍贡物，海道副使汪柏许之。初仅茇舍，商人牟奸利者渐运瓴甓榱栋为屋，佛郎机遂得混入。高栋飞甍，栉比相望，久之遂专为所据。

当时的官吏既然一面畏惧“佛郎机”，一面又利其互市，还是让葡人在澳门居住为最方便。况且官吏很能自圆其说：如果在岛上，则“巨海茫茫，奸宄安诘，制御安施”；一旦移居澳门，则“彼日所需咸仰给于我，一怀异志，我则制其死命”。原来澳门面积甚小，与内地的交通仅靠莲花茎一路：倘有冲突，中国只须抽退工人，断其接济，就“制其死命”了，这是我国官吏在 16 世纪从经验得来的一个极省事而又极灵效的“驭夷”秘诀，葡人移居澳门等于把生命财产搬进一个葫芦里而让中国看守葫芦口。为守口严密起见，万历二年（1574 年）中国筑了一道闸墙横断莲花茎，墙中留门，启闭由中国驻防军队主持。中国在澳门又立税关，置县丞，葡人纳地租五百两，此外中葡并没有别的关系。葡人好几次派代表到北京，中国看同琉球、暹罗的贡使，葡人亦未抗议。这样，中国保存了“天朝”的尊严，而地方人民和官吏以及葡萄牙人都做了他们的好买卖。这个妥协方案既顾到了上层的理论和法规，又适合于下层的事实及欲望，这是我们应付近代世界的大变局之第二步。《明史》说：“……终明之世，此番固未尝为变也。”

四　国外殖民势力更替

终明之世，葡人所以未为大患，不仅因为中国有了“驭夷”的秘诀，此外有别的缘故在。葡人在澳门虽受中国种种限制，但中国货物除由华商运到南洋及日本，再由荷商或英商运到欧洲外，余概须经过葡人之手始能到欧洲，这种中国与欧洲贸易的垄断每年给葡人百余万两的净利，果亚总督给葡人商船来澳门的特许状价值高达七十余万两。所以葡人自得澳门后，不但不想进取，反竭力地联络中国来避免第三者的分润。且葡萄牙帝国政策最注重的香料群岛及印度，并不是中国。其国内经济政策不好，在海外所得的财富不经过葡人之手，终流到英荷法诸国。万历八年（1580 年），其本国且为西班牙所兼并。因此荷兰及英国与西班牙为敌者亦与葡萄牙为敌。葡属殖民地一部分被英荷瓜分了。葡萄牙海上称雄仅在 16 世纪，到了 16 世纪末年，它已自顾不暇，更谈不到进取。

西班牙也是 16 世纪的大海权国，但是天主教皇在分派海外区域的时候，把中国划归葡萄牙去发展，所以中国与西班牙没有要紧的关系。

荷兰与英国的海外事业的起始同在 16 世纪末年，最初两国合作以抗西班牙。两国在亚洲都设有专利的东印度公司，这两个公司初到中国来通商的时候，葡萄牙人竭力怂恿广东官吏反对，因此英荷两国初来通商所遇着的困难反比葡萄牙更多。荷兰东印度公司在广州及澳门失败以后，就于天启二年（1622 年）向东北去占澎湖，以图与福建通商，“守臣惧祸，说以毁城远徙即许互市，番人从之。天启三年，果毁其城移舟去。巡抚商周祚以遵谕远徙上闻……已而互市不成，番人怨，复筑城澎湖”。后任福建巡抚南居益与荷人屡战，并严断接济，荷人遂弃澎湖而专意经营台湾。

彼时台湾虽未入中国版图，国人在那里垦荒的已经不少[①]。嘉靖末年，海盗林道乾曾据其地。天启初年，海盗颜思齐和郑芝龙也在此地住过。崇祯中年，芝龙降于福建巡抚熊文灿，并受了明朝的官职。适福建大旱，芝龙就提倡移民于台湾。“鸿荒甫避，士膏愤盈，一岁三熟，厥田唯上上。漳泉之人赴之如归市”。荷兰人不过在安平、鸡笼、淡水建立货栈和保垒，“荷兰专治市航，不敛田赋，与流民耦俱无猜”。明亡，芝龙降于清政府，其子成功不从，据厦门一带的地方与清对抗。顺治十七年（1660 年）成功进攻南京失败以后，遂率领部队去占台湾，也可说去收复祖业。荷兰人死抗，但在爪哇的公司接济不上，台湾遂于顺治十八年（1661 年）完全变为中国人的土地。从此荷兰人与郑氏为仇而偏袒清政府，想趁机得与中国通商。康熙二年（1663 年）施琅夺取厦门的时候，荷兰东印度公司曾派船来协助，康熙帝还赏了“荷兰王”缎匹银两，从此公司得在厦门通商。

荷兰东印度公司除以武力协助清政府消灭明朝余党，借以得通商权利外，又屡次派使进京以资联络。中国当然以“请贡”待之。顺治十二年（1655 年）“请贡”的时候，世祖曾以“特降敕谕赐其国王”，其中有一段极有趣的话：

至所请朝贡出入，贸易有无，虽灌输货贝，利益商民，但念道

---

①此处作者的观点是错误的，台湾自古以来就是中国的领土。春秋战国时期称为“岛夷”；秦朝称“瀛州”；三国时期称“夷洲”；隋朝至元朝称“流求”。明朝中期以后民间对台湾的称呼很多，如“鸡笼”（指台湾北部）、“北港”（台湾西部沿海的通称）、“大员”、“台员”、“台窝湾”（指今台南安平地区附近），官方称为“东番”。郑成功改称“东都”，后郑经改为“东宁”。清朝更名为“台湾”，并设置台湾府，隶属于福建省，这是台湾的正式定名。因尊重作者原著，特此保留。

里悠长，风波险阻，舟车跋涉，阅历星霜，劳勚可悯。若朝贡频数，猥烦多人，朕皆不忍。着八年一次来朝，员役不过百人，止令二十人到京。所携货物，在馆交易，不得于广东海上私自货卖。尔其体朕怀保之仁，恪恭藩服，慎乃常赋，祗承宠命。

荷兰人尽管恭顺，他们与中国的贸易仍不能脱贡舶色彩。在17世纪的前半，荷兰虽曾称雄海上，但其所注重地点是南洋群岛和印度。所以荷兰反明助清的行动虽饶有历史兴趣，中西全盘的关系并没有受荷兰的影响。

英国东印度公司在17世纪前半对中国的态度更加消极。荷兰在澳门失败了，英人就觉得无试验的必要。驻日的经理虽曾联络长崎华侨商会的会长，但以后怕上当，遂未前进。所需中国货物，英人在南洋或日本从华侨商购置以了事。

东印度公司对中国的消极颇引起英人的批评，崇祯八年（1635年），国王查理一世偕同少数资本家另外组织一个团体，来专营中英之间的贸易。次年，这个团体派了威得尔上尉（Captain John Weddell）率领四大船二小船来华；崇祯十年（1637年）六月驶抵澳门。葡人既不愿英人来分其利，心中又怕威得尔以武力对付，只好虚与委蛇。威得尔急了，就直向虎门驶进。中国官吏的反对，他全置之不理，双方于是备战。八月十二日，武山炮台——虎门炮台之一——开始射击，威氏竭力反攻。交战仅半小时，台上兵丁尽逃了。英兵于是上岸占了炮台，悬上英国的国旗并把台上的炮位搬到船上。所谓虎门的天险，在17世纪已不能限制西人。九月十日中国放了许多火箭喷筒以图焚毁英国船只，这种火攻之法也没有发生效力，威氏说："谢谢上帝，我们没有一人受伤。"以后他大肆报复：烧了好几只中国水师船，毁了一个村庄，并从村里"拿走了三十头猪"。经过这些硬仗之后，官吏和葡人都知道总须想个收场的办法，终究威氏做了点买卖，但他也担保不再来中国。

不久英国发生革命。革命以后，东印度公司于康熙三年（1664 年）派船一只来华。那时适经大乱之后，澳门景象十分萧条。葡人口口声声地诉苦，说“鞑靼”人如何蛮横，船一进口便不许出。这般白纳了二千两的船钞，原货皆装回去。与中国直接通商既然这样困难，公司改在台湾设法。康熙九年（1670 年），公司居然与“国姓爷”郑经订了通商的协定：公司得在台湾及厦门通商，但须输进若干火药及炮位。五年以后，公司在厦门设立总栈，在台湾设分栈。除供给军火外，尚派人教练郑氏的炮兵。虽然，买卖仍旧不能发达，因为郑氏在大陆上所辖土地有限，并且年年缩小。到了康熙二十年（1681 年）郑氏失厦门，大陆上就无寸土了。康熙二十二年（1683 年），郑克塽薙发投降，台湾也入了清朝的版图，东印度公司驻华经理之失望可想而知。最奇怪的是，英人并未因协助郑氏而以后吃亏，正如荷兰人之未因协助清政府而占特殊便宜。

其实在 17 世纪，英、荷海权膨胀的时候，中国与西欧的关系并无新发展。在明末清初的时俟，英、荷两国虽同为通商对中国的内战有所偏袒，但并没有影响以后的关系。在这百年之内，近代世界大变局，在东南方面，进入了一个凝滞时期。

近年因为纪念徐文定公，国人对于明末清初的传教事业特别注意。当然，在 17 世纪，外国传教士能在中国居官受爵，著书立说，中国高层内士大夫竟有信奉天主教者，这都是饶有兴趣的事实。但是在朝廷方面——无论是明是清，外国传教士的地位是一种技术专家的地位。朝廷所以用他们，不过因为他们能改良历法及制造佛郎机炮及红衣炮。士大夫与传教士接近者究竟不多，信教者更少，且这少数信教者岂不是因为那时的天主教加了浓厚的儒教的色彩？我们从乾嘉道咸时代的艺术著作里能找出多少西洋科学方法及科学知识的痕迹呢？ 17 世纪的传教事业虽然带了不少英雄的风味，终究未在我国引起一种精神运动，我国的文化依然保留了旧观。倘若没有近百年的发展，这事业在我国历史上不过如景教一样而已。

五　康熙帝的外交

17 世纪的大变动，不在传教或沿海的通商，而在全亚洲北部之更换主人翁。俄国人于万历七年（1579 年）越乌拉尔山而进西伯利亚，此后勇往直前，直到太平洋为止。崇祯十一年（1638 年），其先锋队遂在鄂霍次克（Okhotsk）海滨建设鄂霍次克城。六十年内，全亚洲北部入了俄国的版图，其面积有四百万平方英里，比欧洲俄罗斯还大一倍。

中俄在黑龙江流域的战争和交涉，我已撰有专文（《最近三百年东北外患史》，原载《清华学报》，中央日报社近有影印本）讨论此事，这里我仅须指出有关于中国国际地位者。

第一，俄国未占西伯利亚以前，中西的接触仅在东南沿海一带；占领以后，中西的接触加添了北疆的长线。从欧亚关系史看，我们可以说，自 17 世纪起，欧人分两路侵略亚洲。一路自海洋而来，由南而北，其侵略者是西洋海权国；一路自陆地而来，由北而南，其侵略者是俄罗斯。两路的侵略，合起来，形成剪刀式的割裂。全亚洲，连中国在内，都在这把剪刀口内。这是亚洲近代的基本形势，诚数千年来未有的变局。

第二，当时人虽不知道这个变局的重要，但在应付上，他们的成功是中国近代外交上空前绝后的。根据康熙二十八年（1689 年）的《尼布楚条约》，不但黑龙江、吉林及辽宁三省完全是中国的领土，即现今俄属阿穆尔省及滨海省也是我国内领土。《尼布楚条约》的东北是大东北，因其总面积几达到二百万平方公里，比现在的东北大一倍有余，也可称为全东北，因其东北南到海，都有海口，其他有外兴安岭的自然界线——在交通上及国防上，那时的东北是完全的。

我们在17世纪能得这种成绩，一面是因为机会好，一面是因康熙皇帝处置得当。彼时西伯利亚的交通极不方便，俄国在远东的国力极其薄弱，俄人对远东的地理知识亦极缺乏，俄国最大的希望是与中国通商，因此，我们的外交困难并不甚大。同时康熙皇帝在军备上不遗余力，在外交上则不为过甚。尼布楚的交涉方式最值得我们注意。事前，代表团得着皇帝批准的确切的训令，所以交涉的目的是固定的。在交涉的时候，我方代表全未以上国的使者自居，中俄双方概以平等相待。《尼布楚条约》是中西最早的条约，也是中西仅有的平等条约。彼时三藩之乱已经平定，清朝的江山已经稳固。何以康熙帝独于此时放弃“一统无外，万邦来朝”的态度呢？若说满人在那时尚未完全接受汉人的传统，所以能平等待外人，那么在顺治年间，满人的汉化程度更低，应该更能以平等待人。顺治年间给荷兰人的“敕谕”，我们在上文里已经引过：其态度的高傲也就够了。并且顺治十三年（1656年），俄国特使巴伊科夫（Baikoft）到北京的时候，因“行其国礼，立而授表，不跪拜。于是部议来使不谙朝礼，不宜令朝见，却其贡物，遣之还”。十七年（1660年），俄国使者又因“表文矜夸不逊，不令陛见”。在顺治年间，俄国已期意与中国和平交涉，无奈这些体制问题把交涉的路堵塞了。康熙的态度诚难解释，但此态度是外交顺利的一个成因，这是毫无问题的。

《尼布楚条约》的第六条也表示康熙时代朝廷态度的特别。这一条说：“两国之间既已成立本和好友谊条约，一切人民均可完全自由地从一国到对方国，唯必须携带护照，证明他们是得允许而来的。他们并可完全自由交易。”平等对待及自由贸易可解释尼布楚外交成绩的大部分，中国外交史上的大成绩是由平等对待及自由贸易中得到的，不是从独自尊大、闭关自守的传统中得来的：这件事值得吾人的深思。

六　外交政策不进反退

康熙二十二年（1683 年），三藩之乱平定了，台湾也收复了，从此自清朝统一了中国。于是清圣祖不但下决心来解决黑龙江一带的中俄问题，且在沿海通商制度上开辟了一个新局面。此前在军事时期，清廷曾禁人民下海，甚至强迫沿海居民迁居内地，以免他们接济“叛逆”。康熙二十三年（1684 年），圣祖下明诏开海禁。这个谕旨虽准许了国人下海，并没有明文许外人进口，但是事实上无论哪国人要到广州、厦门、福州、宁波来通商，中国一视同仁。所以在 17 世纪末年及 18 世纪来中国通商的，如奥国（双鹰国）、普鲁斯（单鹰国）、丹麦（黄旗国）、美国（花旗国）、比利时、法兰西均没有遇着葡萄牙在 16 世纪及英荷在 17 世纪初年所遇着的困难。

同时清廷正式设海关监督，规定粤海关由内务府派，闽海关由福州将军兼，浙海关及江海关的由各省巡抚兼。按法律，中国的旧海关制度完备极了、公道极了。圣祖的训谕说“各省关钞之设，原期通商利民以资国用”；“国家设关榷税，必征输无弊，出入有经，庶百物流通，民生饶裕”。世宗的旨趣相同：“国家之设关税，所以通商而非累商，所以便民而非病民也。”高宗也说过：“朕思商民皆为赤子，轻徭薄赋，俾人民实沾惠泽，乃朕爱养黎庶之本怀。”户部颁有税则，其平均率不到百分之五，比《南京条约》以后的协定税则还要低廉。防弊的法令也极森严：

一、各关征税科则，责令该管官详列本榜，竖立关口街市，并责令地方官将税则刊刷小本，每本作价二分，听行户颁发遵照。倘该管官将应刊本榜不行设立，或书写小字悬于僻处，掩以他纸，希图高下其手者，该督抚查参治罪。地方官将应刊税则下行详校，致有舛漏，或更扶同徇隐者，并予严参。

二、各关应征货税，均令当堂设柜听本商亲自填簿，输银投柜验明放行。其有不令商亲填者，将该管官严加议处。

很明显的，中国自17世纪末年起，已有了法定的、公开的海关税则。

实际上，中国海关收税的情形不但离高尚道德甚远，且与法律绝不相符。直到鸦片战争，外商不知中国的税则的模样。历康雍乾嘉四朝，外人索看海关税则多次，每次概被衙门拒绝。关税分两种：船钞与货税。照户部的章程，船钞应丈量船的大小而定：大船约纳一千二百两，中船约九百六十两，小船约五百四十两。实际除船钞外，还须“官礼”。在17世纪末年，官礼的多少，每次须讲价。到康熙末年、18世纪初年，官礼渐成固定：不问船的大小，概须送一千九百五十两，比正钞还多。货税也有正税及“陋规”，陋规最初也是由收税者及纳税者临时去商议，到康熙末年，大约已达货价百分之六，比正税亦大。雍正初年，杨文乾以巡抚兼关监督的时候，官礼报部归公，于是官吏在货税上加了百分之十的陋规，名曰“缴送”。正税及各种陋规总起来约当百分之二十，这是中国实行的税则。

这种税则虽重，但在18世纪尚未发生困难。彼时进口货少，出口货多，中国的税收百分之八十来自出口货。这种货物，因中外市价的悬殊，能纳重税。英国东印度公司在广州出银二十两买茶一担，纳出口税不过三两八钱（其中正税仅二钱），到伦敦即能批发到四十两以上，且同时英国茶叶的进口税比中国的出口税还重。

通商的地点的选择，在法律上虽自由，实际无自由。浙、闽、粤三省的官吏虽都欢迎外商，但各处都有特殊权力的华商垄断市场，即所谓“皇商”“总督商”“将军商”“巡抚商”等。这班人是商人想借用政治势力以图操纵市场呢，还是官吏利用走狗来剥夺商利呢，还是官商狼狈为奸呢？在厦门，康熙四十三年（1704 年），“皇商”组织公行，行外之人概不许与外人交易。从此厦门的市价全由公行操纵，外商苦极了。宁波（实际交易在珠山）不但有特殊的权利商人，有时官吏简直自定价格，强迫外人交易。在 17 世纪末及 18 世纪初年，外商只能从各口彼此竞争占点便宜。最初他们侧重厦门，后来侧重宁波，最后侧重广州。康熙十五年（1676 年）以后，中外通商实际只有广州一口，因为广州市面较大，官利的贪索亦比较有分寸。

广州尝了专利的滋味以后，绝对不肯放手。所以乾隆二十年（1755 年），英商复想到厦门及宁波的时候，广州的官吏及商人联合起来，在北京运动。他们达到了目的，从乾隆二十一年起（1756 年）广州成了法定的唯一通商地点。

从 18 世纪中叶起，外人的通商不但限于广州，且限于广州的十三行。十三行的专利实由于环境的凑迫，第一，与外商交易者总是资本比较大的华商，此中有一种自然的专利。第二，外人嫌中国海关衙门纳税的手续过于麻烦，所以常把纳税的事务委托中国商人去办，官吏于是指定少数更殷实的商家担保外人不漏税走私。这个责任甚大，保商没有团结不足以当之，倘团结而没有专利亦是得不偿失。得了专利以后，官吏又觉得保商应负更大的责任，于是保商不但要担保外人不漏税走私，且要担保外人安份守己。换言之，管理外人的责任也到了十三行身上去了。在 18 世纪的下半期，广州外商及外船的水手逐渐增多而杂，中国官吏所定的禁令也就多而且严了。

这些禁令的烦琐简直是现在的人所不能想像或理解的。“番妇”不得来广州，“夷船”开去以后，“夷商”不得在广州逗留，他们必须回到澳门或随船回国。“夷商”出外游散只能到河南花地，每月只许三次，每次不得过十人，并须有“通事”随行。“外夷”不得坐轿，“外夷”不许学习中文、购买中国书籍。“外夷”移文到衙文必须由十三行转，必须用“禀”，只许用“夷”字，不许用汉字。“外夷”只许租用十三行，仆役有限数，且须由十三行代雇。每年开市之初（秋末），官吏把这些禁令宣布一次，并训令十三行好好地开导那帮不知礼义廉耻的“外夷”。禁令的实在用意不外三种：（一）防止外人开盘踞之渐；（二）防止外人通悉中国政情以俾官吏的奸弊无从告发；（三）防止外人熟悉中国的商情，以便行商得上下物价。行商执行这种禁令的方法不外劝免疏通：倘不行，则宣布停止贸易；再不行，则撤退外人的仆役，断绝接济。因这种利器用了多次，每次都见了效，官吏遂以为“驭夷”易如反掌。

我们在 18 世纪末年应付近代世界的大变局，又放弃了 17 世纪末年康熙皇帝的比较开明态度而回到明末的模样。

七　马戛尔尼来华

幸而在18世纪与中国的通商的最重要的对手是英国东印度公司，公司的政策由股东决定，股东的目的在红利。东印度公司在中国的买卖既大赚钱，其他一切也就将就过去了。又幸而在18世纪，中国很像一个强大的帝国，而印度适于是时瓦解。英国的注视是在印度与法国的对抗，所以英国只想用外交的方法来修改中国的通商制度。

是时在广州的外商觉得他们所受的限制和压迫多半出自地方官吏，非皇帝所知道，更非皇帝所许可。倘若在地方交涉，通商的制度是不能更改的；倘若由政府派公使到北京去交涉，或有一线的希望。乾隆五十三年（1788年）英国外交部遂采纳这个办法，不幸英国这次所派来的公使在中途死了，使团也就折回去了。次年，两广总督福康安授意东印度公司的经理们，希望公司派代表到北京去贺高宗的八旬万寿。经理们一则恐怕此中有奸谋，代表或将被扣留为质；二则怕见皇帝的时候，必须行三跪九叩礼，遂未接受福康安的意思。后来公司的董事以为经理们失了一个绝好的机会，于是决计假补行祝寿为名再派公使来华。

在筹备这使团的时候，英国人费尽心力，要使团在可能范围内迎合中国人的心理，同时做西洋文明——尤其是英吉利文明的活广告，使中国人知道英国人也是礼仪之邦，且是世界大帝国之一。英国外交部给马戛尔尼（Lord Macartney）的训令不过讲交涉大纲，其细则由马氏临行斟酌。大使所行的礼仪应表示中英的平等，不卑不亢，但不可拘泥形式。交涉的目的在扩充通商的机会和联络邦交：第一，英国想在中国沿海得一小区域如澳门一样，俾英商可以屯货在家，主权可以仍归中国，但警察权及对英侨的法权应归英国；在租借区域内，英国可不设军备。第二，中国不愿租地，就加开通商口岸及减少广州的限制。第三，英国可以遵守中国的鸦片禁令。第四，希望英国可派公使驻北京，或间来北京；如中国愿派公使到伦敦，英政府十分欢迎。这是18世纪末年英国对华外交的方法及目的。

马戛尔尼的使节，在中国方面，自始就另作一回事看待。东印度公司的董事长百灵（Francis Baring）在乾隆五十七年（1792年）的夏季，先发一信给两广总督，报告英廷派使的意思：这封信由十三行的通事译成中文，送呈署督郭世勋，郭氏随奏折送到北京。这信原文第一句是：The Honorable the President and Chairman of the Honorable the Court of Directors under whose orders and authority the Commerce of Great Britain is carried on with the Chinese Nation at Canton to the High and mighty Lord the Tsontock or Viceroy of the Provinces of Quantong and Kuangsi Greeting.

译文变为：

> 英吉利总头目官管理贸易事百灵，谨禀请天朝大人钧安，敬禀者。

原文第二句是：These are with our hearty commendations to acquaint you that our most Gracious Sovereign His Most Excellent Majesty George the Third King of Great Britain，France and Ireland，etc.Whose fame extends to all parts of the world having heard that it had been expected his subjects settled at Canton inthe Chinese Empire should have sent a Deputation to the Court of Pekin in order to congratulate the Emperor on his entering into the Eightieth year of his age, and that such Deputation had not been immediately dispatched His Majesty expressed great displeasure thereat.

译文变为：

> 我国王兼管三处地方，向有夷商来广贸易，素沐皇仁。今闻天朝大皇帝八旬万寿，未能遣使进京叩祝，我国王心中惶恐不安。

英人费尽了心力要表现平等者的相敬，通事反把琉球安南的口气加在这信上。当时的通事不能也不敢实译，而当时的官吏之所以禁止外人学习中文及用中文移书往来，一部分就占这个纸上的便宜，这种外交是幼稚而又滑稽的。

清高宗度量颇大，虚荣心亦大。马戛尔尼快要到天津的时候，高宗吩咐直隶总督梁肯堂及长芦盐政徵瑞如何招待：

> ……应付外夷事宜，必须丰俭适中，以符体制。外省习气，非失之太过，即失之不及。此次英吉利贡使到后，一切款待固不可踵事增华，但该贡使航海往来，初次观光上国，非缅甸安南等处频年入贡者可比。

高宗对招待虽愿从优，对礼节则极重视。他教徵瑞预为布置：

> ……当于无意闲谈时，婉词告知，以各处藩封到天朝进贡观光者，不特陪臣俱行三跪九叩首之礼，即国王亲自来朝者亦同此礼。今尔国王遣尔等前来祝嘏，自应遵天朝法度。虽尔国俗俱用布扎缚，不能拜跪，但尔等叩见时，何妨暂时松解，俟行礼后，再行扎缚，亦属甚便。若尔等拘泥国俗，不行此礼，转失尔国王遣尔航海远来

祝寿纳赀之诚，且贻各藩部使臣讥笑，恐在朝引礼大臣亦不容也。

马戛尔尼深知中国人重视礼节，也知三跪九叩首必成问题，所以对征瑞的劝和要求早有准备。马氏并不拒绝行三跪九叩首的礼，但他有一个条件：中国须派与他同等级的大臣在英国国王的像前做三跪九叩的答礼。他说他所争的不是他自己的身份，他对中国皇帝愿行最敬的礼节；他所争的是中英的平等，是英国国王的尊严，是要表示英国不是中国的藩属。他把他的办法和苦衷函达当时的首揆和珅，中国拒绝了他的条件，他就决定以见英王最敬的礼来见中国皇帝。

马戛尔尼于乾隆五十八年（1793 年）八月十日及八月十三日在热河行宫两次见了高宗，两次都未跪拜。高宗虽敷衍了，赏了他及他的随员不少的东西，心中实在不满意，要官吏暗中设法讽令英人早回国。他所提出的要求，高宗以一道敕谕拒绝一切。

马氏的外交失败是由于中西的邦交观念不相容，我们抱定“天朝统驭万国”的观念，不承认有所“国际”者存在，西方在近代则步步地推演出来国际生活及其所须的惯例和公法，马氏的失败证明中国绝不愿意自动或和平地放弃这种传统观念。因此中国外交史有一大特别：除康熙亲政初年外，中外曾无平等邦交的日子。在鸦片战争以前，中国居上，外国居下，鸦片战争以后则反是。

由现代中国人看来，马氏出使中国毫无直接的成绩可言，这已经够奇了，但连间接的影响也没有，这更奇了。马氏在中国境内逗留几及半年，在这时期内，中国官吏与他往来的也不少。有意反对他的如徵瑞、前任粤海关监督穆腾额、前任两广总督福康安，我们不必说。据马氏的日记，和他感情甚好的大使也不少。直隶总督梁肯堂与他一会于天津，再会于热河。军机大臣松筠陪他游万树园，以后又陪送他到杭州。松筠曾办过中俄的交涉，马氏亦曾出使俄国，所以他们甚相得。浙江巡抚升任两广总督的长龄陪他由杭州经江西到广东，就是当时主持朝政的和珅也与他见面好几次。这些人——其他官阶更卑的如天津道及天津镇不论——马氏均说对他个人有相当的好感，尤其是松筠和长龄。何以这些人没有因为认识马氏而对外人的态度稍有变更呢？马氏所坐的兵船——比中国的水师船大五倍——及所送高宗的炮位和模型军舰，当时也有许多中国人看过，何以他们对西洋军备无丝毫惊醒呢？英国这次所送的浑天仪实属 18 世纪西洋科学及工艺的最精品，何以国人（满汉均在内）没有发生一点觉悟呢？马氏文化使命的失败，足证中国绝不会自动地接受西洋的科学和工艺。

马戛尔尼在中国的那一年，正是法国革命国会对英国宣战的一年。从乾隆五十三年（1788 年）到嘉庆二十年（1815 年），大英帝国的精力都集中于对法的作战，远东通商制度的改良只好暂时搁置。同时中国这方也是变故多端。嘉庆元年（1796 年），湖北教匪起事，蔓延四川、河南、陕西、甘肃，至嘉庆八年（1803 年）始告平定。闽粤海盗蜂起，聚众八九万人、船三百多只，西人被海盗架去而以重价赎回者有好几次。官吏如何虚报胜仗、如何“招抚”，在广州的外人知道得很清楚。内乱多，军费就多，十三行的捐款也就多了。外人觉得通商的困难日渐增多，等到拿破仑战争一终止，英国政府遂决计再派使来华，以求通商情形的改良。

嘉庆二十一年（1816 年），罗尔美都（Lord Amherst，阿美士德勋爵）的使节简直是个大惨败。因跪拜问题，仁宗竟下逐客之令。由北京返广州的时候，沿途的官吏多以白眼相待。西洋人从此知道，要变更中国的通商制度和与中国建立平等的邦交，和平交涉这条路走不通。

八　英国输入鸦片

到了道光年间，中西都有大变动，使旧的中西关系不能继续存在。第一，英在 18 世纪的下半期有所谓工业革命。在手工业时期，英国出品运至外国者不多，适宜于中国市场者更少。到了拿破仑战争以后，在海外辟市场成了英国新工业的急迫需要。

第二，自由贸易的学说随着工业革命起来了。以往各种贸易的限制和阻碍，英人视为家常便饭者，到了 19 世纪，英人看为野蛮黑暗，非打倒不可，中国的通商制度亦在内。

第三，经过 18 及 19 世纪初年的战争，大英帝国毫无问题的是世界上最强的帝国，英人往年在广州所能忍受者现在觉得万不能忍了。并且这个帝国以印度为中心，要侵略亚洲别部，英国有印度为大本营、出发地。为维持及发展印度的利益，英国觉得有进一步地经营亚洲别部的必要。

第四，在 19 世纪以前，欧人到海外传教全是天主教徒。在 19 世纪初年，耶稣教徒也发现他们有传布福音给全世界的神圣使命。在广州的传教士，对于中国各种禁令的愤慨尚在商人之上。

我们试看道光元年（1821 年）至道光二十（1840 年）年，外人在澳门所发表的刊物，及他们写给政府的请愿书或给亲戚朋友的信，我们发现一个共同的要求：解放！他们，不分商人及传教士，都觉得解放的日子应该到了，已经到了。

在东印度公司的末年，驻华经理中之后辈就主张与中国算总账。以往公司的经理只求大事化小，小事化无，现在这帮商人尚唯恐天下无事。在道光十二三年（1832—1833）的时候，外商已自动地不顾中国的禁令，到福建、江苏、山东，甚至奉天及高丽去卖鸦片和新的机制纺织品；传教士也跟着他去传教、去施医药。实际上，沿海官吏就无可奈何。林则徐在江苏巡抚任内，遇着一只这样的犯禁的船，也无法对付。

道光十三年（1833年），东印度公司在中国的通商专利取消了。这种专利也是贸易不自由时代的产物，它的取消就是时潮的表现，取消以后，新来的商人多而且杂。他们对于中国的旧制度无经验，也无了解，只觉得这种制度之无理。同时，公司取消以后，保护商业的责任由英国政府负责。以前买卖是公司做的，要办交涉和打仗，费用也是公司出的；以后买卖是商人做的，交涉及打仗都是政府的事情了，所以大决裂的机会就多多了。且责任既由英国政府直接负担，英国必须派代表常川驻华，这个代表要执行他的职权必须得中国的承认——承认他是外国政府的代表。那时，中国只知道有贡使，不知道有公使、领事，这种承认等于承认中英的平等。我们知道，在乾隆末年及嘉庆末年，中国绝无放弃传统观念的倾向。在道光年间，中国还是旧中国。事实上，在东印度公司取消以后，中英必须发生平等的近代的邦交；而中国的体制绝不容许这种邦交的发生。道光十四年（1834年），中英因此就以炮火相见。那次英国代表不久因病去世，这问题就成为一个大悬案。

换句话说，在道光年间，我们的通商制度及邦交观念，是19世纪的世界所不能容许的。

同时，英国人的鸦片买卖也是我们觉得不应该容许的。

这个鸦片买卖的发展有其商业的自然性。历17及18世纪，中国的国际贸易总是有很大的出超，因之白银源源地从欧洲、南北美及印度输进来，西商所苦的是找不着可以销售的进口货。在嘉庆年间，他们始发现鸦片推销之易，但是这种买卖的大发展尚在道光年间。在道光元年（1821 年），鸦片进口尚不满六千箱，每箱百斤；到了道光十五年（1835 年），已过了三万箱；道光十九年（1839 年）——林文忠到广州去禁烟的那一年——过四万箱。中国在道光六年（1826 年）初次有入超，从此白银起始出口：西商的困难也从此解决了。倘若英国的工业革命提早百年，倘若英国的工业在 18 世纪就能大量地输入中国，那么英商无须鸦片来均衡他们与中国的买卖。那么，中英可以不致有鸦片战争，只有通商战争。那么，我民族可以不受鸦片之毒至如此之深，但我们的农民家庭附属手工业的崩溃又要提早百年。换言之，无论如何，我们是不能逃避外来的压迫的，除非我们的现代化也提早百年。

鸦片买卖的发展，除了有其商业的自然性外，还有一个很重要的政治理由，那就是印度财政的需要。英国自 18 世纪中叶战胜法国以后，就成了印度的主人翁，就着手整理印度的行政。整理的方法不外多用英国人为官吏，其结果有两个：一个是行政效率的提高，一个是行政费及军费的提高。印度因此发生财政问题。鼓励鸦片之输入中国是英属印度解除财政困难方法之一，即所谓开源者也。其用心之苦——如中国吸鸦片者的嗜好的探讨、价钱的适合、装包箱之图便宜等——不亚于任何现代的公司推销任何其他货品。

宣宗可说是个清教徒，他不但要禁烟，且禁唱戏。他的俭朴是有名的，连朝服尚不愿换新，只肯补缀。无疑地，宣宗的禁烟是出于至诚的、下了决心的。可是当时官吏的腐败，不是一个皇帝——虽有生杀之权——所能挽回的，所以愈禁烟而烟之输入愈多。我们若参看美国近年禁酒的经验，道光年间禁烟之失败似很自然了。

宣宗及少数的同志为什么要禁烟呢？他们一则觉得鸦片伤害身体，二则因烟瘾妨害平民职业，三则因烟瘾减降军队的战斗力。我们若以道光年间的谕旨及奏章为凭，他们禁烟最大的理由还是因为鸦片进口，白银就出口。那时国家没有统计（鸦片按法不能进口，故更不能有进口的统计），他们又怎能知道鸦片进口及白银出口的数目呢？他们的知识一部分得自传闻，因为鸦片买卖已成了公开的秘密，一部分得自推测。他们知道在嘉庆年间，每两银子可换制钱一千文，在道光中年，可换至一千六百文。他们的结论是：银价的提高是因为银子流出外洋。这个结论不尽可靠，因为在道光年间，中国各省铸钱太多，且钱质也太坏，他们所得的传闻往往亦言过其实。正因为他们的运动没有科学的基础，他们的热忱反而加高。

当时在广州有少数留心时务的士大夫共同探讨鸦片问题。顺德人何太青曾主张这个办法："纹银易烟出洋者不可数计。必先罢例禁，听民间自种罂粟。内产既盛，食者转利值廉，销流自广。夷至者无所得利，招亦不来，来者则竟弛关禁而厚征其税。责商必与易货，严银禁罪名。不出二十年，将不禁自绝，实中国利病枢机。"监课书院教官吴兰修很赞成这个主张，自己作了一篇《弭害论》以资宣传，并请了学海堂同事们出来提倡。这些人都是粤东道台许乃济的朋友，他也相信这个主张是唯一可能的办法。在道光十六年（1836 年）他做太常寺少卿的时候，他就奏请禁白银出口，不禁鸦片进口但加税，且许人民种烟，希望拿国货来抵制外货。许乃济及他的同志都知道这个办法是下策，但是他们认清禁烟虽是上策，可惜是不能行的上策。御史们如许球、朱樽、袁玉麟都反对开禁，以为事系天下风化，万不可为，且如能禁白银出口，就能禁鸦片进口，许乃济的办法就打消了。

道光十八年（1838 年），黄爵滋奏请治吸烟者以死罪，这是烟禁加严的大呼声。宣宗令各省将军督抚讨论，大多数的人都以为死罪太重，因为太重，地方官吏反不执行了，他们以为贩卖者的罪宜大于吸食者，唯独湖广总督林则徐完全赞成。宣宗于是决定吸食与贩卖同时都禁，并派林则徐为钦差大臣，到鸦片贸易大本营的广东去禁烟。

九　鸦片战争前后

林文忠于道光十九年（1839 年）春天到广州。

广东的中外烟商对于朝廷及官吏的禁烟实是司空见惯，毫不在乎。他们以为文忠一定是和别的官吏一样，初到任时，排个架子，大讲禁烟；架子摆得愈大，不过表示要钱愈多，他们想拿对付别的官吏的法子来对付文忠。不幸文忠是中国官场的怪物，那就是说，他居然办事认真，说到哪里，就做到哪里。他下令要烟商完全把鸦片交出来，烟商不听令，他就撤退十三行的仆役，断绝接济，派兵封围十三行。这个办法不是文忠独创的，广东几百年来“驭夷”的方法就是这样。他为什么不派兵船到海上去拿烟船呢？因为他知道中国兵船的力量不够。他为什么不分好坏把外商封锁起来呢？一则因为好坏难分，二则因为三百多个外商之中，只有几个人从来没有做过鸦片买卖。他为什么把英国商业监督义律（Charles Elliot）也封锁起来呢？因为中国与英国没有邦交，不承认有所谓商业监督存在。林文忠全用传统的方法，因为他不知道有别的方法，他是中国纯粹旧文化的产物。他的特别是他忠实地要行孔孟程朱之学，不只口讲而已。

义律知道了没有法子可以对付这个横蛮的钦差，于是以英国政府的名义令英商把所有的鸦片交给他，由他发收据。英商喜出望外，因为以后他们可以向政府追索财产或其赔偿。这一举是林文忠的大幸，也是他的大不幸。有此一举，他得了两万多箱的鸦片烟，简直一网打尽。他的报告到了北京的时候，宣宗皇帝批谕说：“朕心深为感动，卿之忠君爱国，皎然于域中化外矣。”同时因为义律玩了这套把戏，他交出的鸦片已不是英商的私产，是英国政府的公产，因此这问题更加严重。

鸦片收了毁了，朝廷升他为两江总督了，普通官吏大可就此收场。林文忠则不然，他要办到底。他令外商具一甘结以后不再做鸦片买卖，如做而被发觉，货则入官，人则处死。不具甘结者，他要他们回国不再来。义律率领英商既不具甘结，也不同国，他的实在理由是要等英国政府的训令然后再做处置。林文忠则以为义律与烟商狼狈为奸，从中取利，所以他就下令禁止沿海人民接济淡水食物，因此在这年秋季中英就兵火相见了。

在义律方面，他这年秋季及次年春季所有的武力仅两只小兵船，其余都是商船临时应战。他与林文忠两次的冲突，他不叫战争（War），只称报复（Reprisal）。文忠的军事报告不免言过其实，这不是水师提督关天培蒙蔽他，就是他有意欺君。不幸关天培颇负时誉，林文忠的官声素好，所以时人就信他们是百战百胜的。文忠于军备的努力亦言过其实，他买了一只外国的旧商船，改作水师练船。他又买了些外国小炮，在虎门口，他安了一根大铁链子，以防英船的驶进。他令沿海居民办团练，他是相信可以利用“民气”以御外海的。他自信很有把握，最可惜的是，时人也相信他有把握。到道光二十年（1840年）的夏季，英国水路军队到了中国洋面的时候，他们不攻广州，反攻珠山①，文忠及时人的解释是英人怕他的军备！

英国的目的有两个：一个是要得鸦片赔款，一个是要大修改通商制度。英国以为打仗应在北边，交涉更应近北京，不然，不能收速效。所以占了珠山以后，英国交涉员就率领舰队到天津去。在天津负责交涉者

①珠山：即舟山，位于浙江省东北部。

是琦善，他对英国武备加以研究以后，就认定中国绝不能与英国战，于是不能不和。适英国政府致中国宰相书为琦善开了讲和之路，该书要求条款甚多，没有一条是当时中国所能接受的，但要求的理由就是林文忠禁烟方法的横暴。琦善把这个交涉当作一场官司办：英人既说林钦差欺负了他们，那么查办林则徐岂不可以了事？以中国皇帝的命令去查办中国的疆吏不但无损国体，反足以表示中国的宽大。义律以琦善的态度开明，交涉不能失败，就答应率舰队回广州再议。林则徐闯出大祸，致定海县失守；琦善凭三寸之舌把英军说退了，宣宗就罢免林则徐，派琦善去查办。

琦善到了广州，义律又旧话重提。琦善仍主和，英国政府给代表的训令要他们要求中国割一岛，如中国不愿割地，则加开通商口岸，这点选择是中国外交唯一的机会。琦善看到了这个机会，主张不割地，只加开通商口岸。清廷不许割地，也不加开通商口岸，义律则一心要香港，于是主和者的琦善也与英人决裂了。军事失败，以后就订《穿鼻条约》，割香港与英国。清廷得信以后，就把琦善革职拿问，宣宗从此一意主战。

既然主战，宣宗就应该复用林则徐。文忠自告奋勇，愿到浙江去收复失地。在浙江督师的裕靖节亦竭力保他能胜任，于是宣宗令文忠到浙江去戴罪立功。不料道光二十一年（1841 年）夏季，英国新军将到浙江的时候，宣宗临时又把文忠遣戍伊犁。是以这位自信能“剿夷”、时人也信他能“剿夷”的林则徐，终于没有机会可以一现他的本领。

因此，我们的鸦片战争虽败了，大败了，时人绝无丝毫的觉悟。他们不认输，他们以为致败之理由，不在中国军备之不及外人，是在奸臣误国，使林文忠不得行其志。好像两个球队比赛，甲队的导师临时不许其健将某人出场，以后败了，其咎当然在导师，不在球队。在道光年间，中西文化如要比赛的话，无疑的，中国队员的队长自然是林则徐。则徐未得出场，国人当然有以自慰。因此中有这个大波折，国人又酣睡了二十年。

十　“抚夷”的难题

负责办理战事善后者是伊里布及耆英。伊里布秉承琦善的衣钵，而耆英又秉承伊里布的衣钵，他们是“抚夷”派。他们抚夷的方法见于他们所订的《中英南京条约》和《虎门条约》、《中美望厦条约》及《中法黄埔条约》。

中国战争的目的没有达到，因为英国虽不反对禁烟，但反对中国再用林则徐用过的方法。这样一来，禁等于不禁，因为以中国的国力及国情，用文忠的方法尚有一线之望，不用则全无禁烟的希望。

英国战争的目的完全达到了，通商制度大加修改了。我们现在把南京、虎门、望厦及黄埔诸条约当作最早的不平等条约看，因为这些条约里有领事裁判权、协定关税，及片面的最惠国待遇。虽然，我们不可就下结论这些不平等条款是帝国主义压迫我们的工具。道光时代的人的看法完全与我们两样：他们不反对领事裁判权，因为他们想以夷官按夷法来治夷人是极方便省事的。他们不反对协定关税，因为他们想把税则一五一十地订在条约里可以免许多的争执，并且耆英所接受的协定税则比中国以往国定的税则还要高。他们不反对片面的最惠国待遇，因为他们想不到中国人要到外国去，其实当时的法令禁止人民出洋。至于租界制度并不是根据任何条约起始的，最早的租界是上海英人居留地（Settlement），由上海道与英国领事订的。原来外人初到上海的时候，他们在城内租借民房，后来中国地方官吏感觉华洋杂居，管理不易；外人亦感觉城内卫生不好，交通不便。为外人划出一特别区域为其居留地，是出于双方乐意的，时人并不反对。他们，不论抚夷派或剿夷派，不知道，亦无从知道这些条款之主权的及经济的损失。剿夷派所痛恨的是赔款和五口通商，他们认赔款是输金以养夷，使夷力坐大。他们以为有了五口，那就防不胜防了。其实这五口，上海除外，都是康熙年间曾经有过通商的地点。

最奇怪的是，英人认为《南京条约》是中英平等的承认及保障，因为条约中规定中英官吏可以平等往来，这一条是剿夷派所不甘心的。

《南京条约》以后，中国以两广总督（最初是广州将军）兼钦差大臣负责处理夷务，而以两江总督副之。我们可以说，在道咸年间粤督是中国的外交总长，江督是次长，此外北京并没有专办外交的衙门。

第一任总长是伊里布，不满一年他就死了，继任的是耆英。鸦片战争以后的通商制度几全成于耆英之手，他抚夷的技术很值得我们注意："……其所以抚绥羁縻之法，亦不得不移步换形。固在格之以诚，尤须驭之以术。有可使由不可使知者，有示以不疑，方可消其反侧者；有加以款接，方可生其欣感者；并有付之包荒，不必深与计较，方能于事有济者……夷人会食，名曰大餐……奴才偶至夷楼夷船，渠等亦环列侍坐，争进饮食，不得不与共杯勺，以结其心。且夷俗重女，每有尊客，必以妇女出见……奴才于赴夷楼议事之际，该番妇忽出拜见。奴才踧踖不安，而彼乃深为荣幸。此实西洋各国风俗，不能律以中国之礼。倘骤加呵斥，无从破其愚蒙，适以启其猜嫌……"耆英所谓"驭之以术"，就是肯与外人交际，这没有什么了不得。但清议骂他"媚外"，因为清议要死守"人臣无私交"的古训。换句话说，鸦片战争以后，时论乃不许中国有外交。

耆英最感困难的是广东民情与夷情之调济。鸦片战争以后，广东人特别仇恨外人，而外人的气焰自然亦比战前亦高，于是发生许多私斗暗杀事件。耆英不惜以严刑处置暗杀者，御史们骂他"抑民奉夷"。在这种空气之下，发生广州入城问题。广州人坚执不许外人入城，好像城内是神圣之地，不容外夷沾染。英人把这种态度看作侮辱，坚持要入城，以不许入城为违约。耆英左右为难，对人民则竭力开导，对英人则劝其不着急。到了道光二十七年（1847 年），英人太不能忍了，于是以武力要挟。耆英不得已与之定约，许两年后进城。《清史稿》说“耆英知终必有衅，二十八年请入觐，留京供职”。这个解释颇近情，因为耆英离开广州以后，官运尚好：“管理礼部兵部，兼都统，寻拜文渊阁大学士”。这样耆英的脱离外交，似乎不是宣宗的不信任他了，是因为他自己畏难而退。

十一 “剿夷外交”的代价

虽然，这个解释也有困难。宣宗训令他的继任者说：“唯疆寄重在安民：民心不失，则外侮可弭。嗣后遇有民夷交涉事件，不可瞻徇迁就，有失民心……总期以诚实结民情，以羁縻办夷务，方为不负委任。”这就是批评耆英的政策。并且继任者是徐广缙，广缙也是佩服林文忠者之一。他继任之初，就请教文忠驭夷之法，文忠答以“民心可用”。其实耆英的下台及徐广缙的上台不是寻常官吏的调动，是抚夷派的下野和剿夷派的登朝执政。徐广缙秉承林文忠的衣钵，而叶名琛以后又秉承徐广缙的衣钵。可惜徐广缙是个小林则徐，而叶名琛又是个小徐广缙，英法联军祸根就种于此。

徐广缙继任一年以后，耆英两年后入城的条约到期，英人根据此约要求进城。广缙与名琛于是联络地方绅士大办团练，“共团勇至十万余人，无事则各安工作，有事则立出悍卫，明处则不见荷戈持戟之人，暗中实皆折冲御侮之士”。广州官民同心以武力抵抗。英人终觉因入城问题而作战，未免小题大做，于是声明保留权利，以待他日。广缙遂以英人怕百姓，放弃入城之举报告北京，宣宗高兴极了，赏了广缙子爵，名琛男爵，并赐广州人民御书“众志成城”四字，剿夷派外交的起始总算是顺利。

文宗即位（道光三十年正月，1850 年）以后，剿夷派的势力更大。大学士潘士恩及给事中曹履泰等均谓应该起用林则徐，“庶几宋朝中国复相司马之意”。文宗亦有此意。三十年（1850 年）十月，他手笔下诏宣布抚夷派的罪状，咸丰朝的对外态度于此毕露了。

这时适有太平天国的革命，清政府的江山几乎不保，但京内外的驭夷政策并不因此修改。在广东叶名琛自以为很有把握，文宗亦十分信任他。咸丰四年（1854 年）英、法、美三国共同要求中国修改通商条约。三国代表到两江及天津去交涉的，地方官吏均答以修约之事只有叶名琛能主持，但是他们到广东去的时候，名琛总是托故不见，最后又回答他们只知守约，不知改约。是时英法正联军助土耳其抵抗俄国，而急于修约的英国亦以为不如等中国内乱之胜负决定后再议，于是搁置修约问题。名琛不知道这个内幕，反自居功，以为他得到驭夷的秘诀了。

其实外人，尤其是英国人，这时已十分不满意旧约。他们以为商业不发达是由于通商地点太少，其偏于东南沿海，长江华北均无口岸；他们又觉得中国内地的通过税太繁，致货物不能流通。外国代表对叶名琛的办事方法也十分愤慨，以为邦交制度非根本改革不可。外人气焰之高，就像鸦片战争以前的样子。

叶名琛于此时给外人以启衅的口实，咸丰六年（1856 年），广西西林县杀了一个马神甫。法国代表要求处置，名琛一事推诿。这时拿破仑三世欲得教皇的欢心以维持他的帝位，有了马神甫的悬案，他就师出有名了。同时叶名琛因捕海盗事，与英人起了冲突。于是英法联军，首攻广州。名琛不和不战，终为英人所掳。咸丰八年（1858 年），联军由大沽口进据天津。清廷恐京师受扰，于是派桂良及花沙纳到天津去修约。

天津交涉最严重的问题，第一是北京驻使。士大夫简直以此事为荒谬绝伦，万不可许。第二是长江开通商口岸及内地游行，这样遍地都有外夷，简直防不胜防了。至于减低关税及改内地各种通过税为二五子口税，时人倒觉得值不得争。桂良及花沙纳（天津人说，那年桂花不香）以为不签字，则外人必直逼京师；签字则外军可退，中国可徐图挽回，

《天津条约》可说是城下之盟了。

签字以后，北京就教桂良到上海去“挽回”已失权利。清廷知道若否认条纷必致引起战祸，于是有所谓“内定办法”：中国以后完全不收关税，外人放弃北京驻使、长江通商及内地游行。时人以为外夷既唯利是图，以利诱之，他们必就范。桂良到了江南，地方官吏均反对这个内定办法：不收关税则军饷无来源，万一外人接受了这个便宜而同时又不放弃新得的权利，那又怎样？桂良费了九牛二虎之力，疏通英国，结果允不派使驻京。他觉得此外不能再有所得，只好批准《天津条约》。

次年，各国派使到北京去交换批准证书。北京也为他们预备了公馆，以便接待。但各国疑心甚大，所以派兵船护送公使北上。清廷于咸丰八年（1858 年）派了僧格林沁在大沽设防，以免外人再据天津。中国愿意堵塞海河交通，留北塘一路出入，则外人不能武装进京。外人见了大沽不能通行，遂以为中国有心废约。他们把中国军备看得太轻了，一战的结果，外人大失败，于是英法要复大沽之仇。

咸丰十年（1860 年），我们的外交一误于北京不给桂良全权证书——时人以为唯独皇帝可以有全权，再误于捕拿外国交涉员，终至联军入京，毁圆明园，而《天津条约》以外又有所谓《北京条约》了。

剿夷派外交的代价不能不算大。

十二　俄罗斯侵吞国土

上文已经说过，俄国占了西伯利亚以后，中国的国际地位加了一路的侵略。但《尼布楚条约》终究实行一百六十余年。到了19世纪中叶，欧人自水路来者的侵略复行积极的时候，自旱路来者的侵略也积极了，剪刀在那里活动了。

俄人最初假道黑龙江出师，以防英法的侵略，次则实行占据江北。等到布置好了，然后与黑龙江将军奕山开始交涉。咸丰八年（1858年），签订《瑷珲条约》，将黑龙江以北的土地割归俄国。咸丰九年（1859年），中国想否认该约。等到英法联军进了北京以后，中国不但无力取消《瑷珲条约》，反又订《北京条约》，把乌苏里江以东的土地让给俄国。中国的大东北缩小了一半，而且俄国得了海参崴，可以角逐于北太平洋。

俄国没有费丝毫之力就得了八十万平方公里的土地，其对华外交的灵敏可说远在英国之上，而且俄国自始至终以中国的“朋友”自居！

十三　自强运动的兴起与失败

咸丰十年（1860 年）的大挫折终于唤醒了一部份的中国人。在咸丰八年（1858 年）、九年（1859 年），文宗的亲弟恭亲王奕䜣是顽固派之最顽固者，首先提议捕杀外国交涉员的就是他。文宗逃往热河的时候，派他留守北京。咸丰十年（1860 年）的经验给了他及他的助手文祥两个教训。他们从此知道外国的枪炮实非我们的所能敌，同时他们发现外国人也讲信义：与外人订了约以后，他们果然遵约退出北京。于是奕䜣与文祥决心自强，并且知道中国还可利用外国专门人才以图自强。

适此时曾国藩、李鸿章、左宗棠诸疆吏因与太平天国战，免不了与外人发生关系，他们也得了同样的教训，这五人的努力造成了同治中兴的局面。

他们是中国第一流政治家，知道中国所处的局势是数千年的变局，而且图以积极的方法应付之。他们的大政方针分两层：以外交治标，以自强治本。这个治本之策是步步发展的，最初不过练洋枪队；继则买制器之器，以图自己制枪造船；终而设学校，派留学生，以图自己能制这制器的器具。等到光绪年间，他们进而安电线、开煤矿、修铁路、办海军、设招商局、立纱厂。我们现在以为他们的事业不够，可是我们如知道他们的困难，我们也不批评他们了。时人多怪他们以夷化夏，多方反对，加以事权不一，掣肘者多，政府没有整个的计划，事业的成败要靠主办者个人的势力。

至于治标方面，奕䜣及文祥创立一个总理各国事务衙门来负外交的全责。总署拿定主意谨守条约以避战祸。但是19世纪的后四十年，外来的压迫节节加紧。这时工业化的国家也多了，各国都须在海外找市场，不像以往只有英国。同时西洋人把达尔文的学说应用于民族之间：优胜劣败既然是天理，强者有助天淘汰弱者之责，所谓近代的帝国主义的狂澜充满了全世界。加之这时在已有的两路内侵略——剪刀式的夹攻——之上，又来一个从东面临头砍杀的日本。治标没有治好，治本也不足济事，甲午之战是自强运动的失败。

十四　尾言

自强失败以后，就是瓜分，瓜分引起民族革命。这是甲午以后，我们对世界大变局的应付。

无疑地，经过这三十余年的革命，我们的民族意识大有进步。无疑地，这民族意识是我们应付世界大变局的必需利器。现在的问题是：这民族意识能否结晶，能否具体化。我们是否从此团结一致来御外侮，我们是否因为受了民族主义的洗礼而就能人人以国事为己任：这些条件会决定我们最后对这个大变局的应付的成败。

07

附录三

最近三百年东北外患史（从顺治到咸丰）

小　引

这个小小的研究报告是二十年前写的，原文登在《清华学报》第8卷第1期。因为国人对于中、俄关系及东北问题的看重，所以把这个研究报告作为单行本刊印出来。

二十五年以前，我曾试对外交当局贡献一点意见。我说过："东北问题的重要不在不平等条约问题之下，而其困难反有过而无不及，我们应该早为预备。"我那时在南开大学教书，不但未入政界，并且没有意思参加政治。我的建议不过根据我的研究，提出来以供当局参考。

因为我深感东北问题的重要，所以在我的工作研究中，东北占主要位置。可惜在最近这十几年中，我不能继续有系统的研究。我原来希望搜集中外的史料，把咸丰以后的东北外患也写出来，现在好像找不到这样一个机会。如果有学者愿意担负这种工作，我愿意尽力协助。

民国四十一年9月16日于纽约

一　俄国的远东发展[1]

我族在东北的历史虽变故多端，概括说，可分为两大时期。清朝以前，在东北与我族相抗的，不是当地的部落，就是邻境的民族，其文化程度恒在我族之下。最近三百年的形势就大不同了，从清初到现在，这三百年，东北最初受了远自欧洲来的俄罗斯之侵略，最近又遭了西洋化的日本之占据，而其他列强亦曾插足其中，现在东北已成所谓世界问题。纵不说最近三百年的侵略者之文化高于我族，我们不能不承认他们的国力又非我们所能比抗。

俄国的历史颇有与我相同的。在 13 世纪，蒙古人一方面向南发展，并吞了华北的金及华南的宋；另一方面又向西发展，简直席卷了中央亚细亚及俄罗斯，直到波兰。我国受蒙古人的统治不满百年，即由明太祖在 14 世纪的下半叶光复了祖业，俄国终亦得到解放。唯蒙古人在俄国的施政并不如在中国那样积极，而同时俄人民族的观念亦不及我族发展之早，故俄国的光复运动到 15 世纪始由莫斯科王国率领进行，其完成尚在 16 世纪伊凡四世的时候，总计起来，俄国的光复比我国迟了二百年。

俄国反蒙古人的运动虽较迟，其发展之积极及持久反为我们所望尘莫及。我族自明成祖以后，保守尚感不足，遑论进取。俄国则不然，俄人初越乌拉尔山而角逐于西伯利亚者为叶尔马克，所带队伍仅 840 人，

①本文发表于《清华学报》第 8 卷第 1 期（1932 年 12 月北平出版）。

其时在公历1579年，即明万历七年。此后勇往直前，直到太平洋滨为止。崇祯十一年（1638年），俄国的先锋队已在鄂霍次克（Okhotsk）海滨建设了鄂霍次克城。六十年内，全西伯利亚入了俄国的版图，其面积有四百万英里，比欧洲俄罗斯还大一倍。

俄国在西伯利亚的拓展并未与我国接触，所以无叙述之必要。但其经过有两点足以帮助我们了解日后中、俄初次在黑龙江的冲突，不能不略加讨论。第一，俄国在西伯利亚发展之速得了天然交通的资助。西伯利亚有三大河流系统：即鄂毕（Ob River System）系统、叶尼塞（Yenisei）系统及勒拿（Lena）系统。鄂毕、叶尼塞及勒拿三大河虽皆发源于南而流入北冰洋，但其支河甚多，且大概是东西流的。一河流系统之支河与其邻近河流系统之支河往往有相隔甚近者，且二者之间有较低的关道可以跋涉。俄人过乌拉尔山就入鄂毕系统，由鄂毕系统转入叶尼塞系统，再转入勒拿系统，就到极东了。

俄人在西伯利亚所养成的交通习惯，与日后中、俄两国在黑龙江的冲突有很大的关系。因为黑龙江及其支河，可说是亚洲北部的第四大河流系统。其他三大河皆由南向北流，唯独黑龙江由西向东流入海，所以在自然交通时代，黑龙江是亚洲北部达东海最便捷之路，并且俄人有好几处可以由勒拿系统转入黑龙江系统。黑龙江上流有一支河名石勒喀（Shilka），石勒喀复有一支河名尼布楚（Nertcha，尼布楚城因河得名）。尼布楚河发源之地离维季姆河（Vitim）发源之地甚近，维季姆河就是勒拿河上流之一支，这是由勒拿系统转入黑龙江系统道路之一。黑龙江上流另有一支河名格尔必齐（Gorbitsa），其发源地与奥廖克马河（Olekema）之发源地相近，而奥廖克马河也是勒拿河的一支，这是由勒拿转入黑龙江的第二条路。黑龙江的中流有一支河，我国旧籍称为精奇里河，西人称为结雅河（Zeya River）。精奇里发源于外兴安之山阳，其流入黑龙江之处，在其东现在有俄属海兰泡，亦名布拉戈维申斯克（Blagoveshchensk），对岸稍南即我国的瑷珲。自勒拿河来者可溯阿尔丹河（Aldan）或奥廖克马河之东支而转入精奇里河上流的支河，这是由勒拿系统入黑龙江系统的第三条路。在清初的国防上，这条路尤其要紧，因为最毗近东北的腹地。

第二，俄国17世纪在伯比利亚拓展之速多因土人无抵抗的能力，俄人用游击散队就足以征服之。彼时西伯利亚户口稀少，土人文化程度甚低，政治组织尚在部落时代，其抵抗力还不及北美的红印度人。比较有抵抗能力的要算鄂毕河上流的西伯利亚汗国（Kuchum Khanate，又称失必儿汗国、古楚汗国），这国就是蒙古大帝国的残余。叶尔马克（Yermak）于1583年夺取了其京都西伯利亚城（Sibir），西伯利亚从此得名，莫斯科王亦从这时起加上西伯利亚主人翁的荣衔。1587年（明万历十五年），俄人在西伯利亚附近建设拖博尔斯克大镇（Tobolsk）。叶尔马克原来不过是一个土匪头目，他的队伍大部分是他的绿林同志，立了大功之后，莫斯科王不但宽赦了他，且优加赏赐；为国事捐躯之后，俄国教堂竟奉送他神圣尊号，叶尔马克遂成了俄罗斯民族英雄之一。事实上，他无疑的是俄国拓殖西伯利亚的元勋。自他在鄂毕河战胜西伯利亚汗国之后，直到鄂霍次克海，俄人再没有遇着有力的抵抗。

叶尔马克及其同志，论人品及做事方法，皆足代表17世纪俄人在西伯利亚经营者。历17世纪，先锋队大都是凶悍而惯于游牧生活的哥萨克（Cossack）。他们数十或数百成群，自推领袖。在俄国政府方面看起来，哥萨克的行动虽常不遵守政府的命令，确是利多而害少。他们自动地往前进，成功了，他们所占的土地就算是俄国的领土，他们从土人所收的贡品几分之几划归政府；失败了，不关政府的事，除非政府别有作用，可以置之不理。但是害处也有，这种游击散队只顾目前，不顾将来；只顾当地，不顾全局。哥萨克过于残暴，因此土人多不心服，且被杀戮者就是当地的生财者。在西伯利亚做惯了，到了黑龙江流域，他们依然照旧横行，不知道这地的形势有与西伯利亚不同者。

俄人发展到勒拿河流域的时候正是明崇祯年间。在明成祖的时代，中国在东北的政治势力几可说是空前绝后，黑龙江全流域以及库页岛皆曾入明之势力范围。到天启、崇祯年间，辽河流域尚难自顾，至松花江、乌苏里江及黑龙江更无从顾及，明之旧业快要亡了，但满洲遂乘机收归己有。在清太祖及太宗的时候，满人连年东征北伐。其战争及交涉的经过，我们无须叙述，但其收复的部落及土地不能不表明。因为17世纪中、俄的冲突根本是两个向外发展运动的冲突，俄国方面有新兴的罗曼诺夫（Romanov）朝代，我国方面有新兴的清朝：可说是棋逢对手。

兹将清太祖及太宗所收的东北的部落及区域列表如下：

［1］窝集部（亦名窝稽达子，鱼皮达子）。居牡丹江（亦名呼尔哈河、瑚尔哈河）及松花江下流两岸，距宁古塔北约四百里，其中心在现今之三姓。

［2］穆棱。居乌苏里江及其支河穆棱河的两岸。

［3］奇雅。居伊玛河的上流，伊玛河（Niman，Iman，Imma，Ema）是乌苏里江东的一支河。

［4］赫哲（亦名黑金，赫真，额登）。居松花江与黑龙江会流之处到乌苏里江与黑龙江会流之处。

［5］飞牙喀（亦名费雅喀）。居黑龙江下流。

［6］奇勒尔。居黑龙江口沿海一带。

［7］库叶（亦名库页）。居库页岛。

［8］瓦尔喀。居吉林东南隅及俄属滨海省的南部及海参崴附近的熊岛。

以上皆东境的部落。

［9］索伦。居布特哈（齐齐哈尔以北的嫩江流域）。

［10］达斡尔。居嫩江以东到黑龙江一带。

[11] 鄂伦春。居黑龙江东之精奇里两岸。

[12] 巴尔呼（亦名巴尔古）。居呼伦贝尔南。

以上皆北境的部落。

满洲武功所达极北之点就是日后中、俄相持的雅克萨城，俄人称为Albazin。崇德四年（1639 年），将军索海所征服的四木城之一，即雅克萨。

入关以前，满人的势力虽已北到黑龙江及精奇里河，东到库页岛，并未在边境设官驻兵。被征服的民族有少数编入八旗，大多数仍居原地，按期进贡而已。直到康熙二十年（1681 年），清朝驻兵最近东北边境者莫过于宁古塔。虽然，俄人入黑龙江的时候，除当地土人的抵抗外，尚有大清帝国的后盾，其形势与西伯利亚完全不同。

二　中俄初次在东北的冲突

俄人到了勒拿流域以后，不久就感觉粮食缺乏的大困难。他们从土人听说精奇里河流域产粮甚多，这种传说形容未免过度，好像一到外兴安的山阳就是一片乐地。俄政府于 1632 年在勒拿河的中流设立雅库茨克城（Yakutsk），派有总管，俄人所谓 Voevod。1643 年（崇祯末年），总管官彼得·戈洛文（Peter Golovin）派探险队到精奇里河流域去调查真相。队长是波雅尔科夫（Vasili Poyarkof），队员有哥萨克 112 名，猎夫 15 名，书记 2 人，引导 1 人。军器带有大炮一尊，枪每人一杆。他们于是年 7 月中从雅库茨克动身，逆流而上，由勒拿河入阿尔丹河。11 月，未抵河源而河已结冰，不通舟楫。波雅尔科夫在河边筑了过冬的土房，留了 43 个队员及辎重，自己遂率领其余队员跋山而南。行了两星期的旱路之后，他们找着精奇里的支河布连塔河（Brinda），上流仍是一片荒土，到了中流，才发现少数鄂伦春住户，波氏派了 70 人到村里去搜粮食。村民起初尚以礼相待，俄人求入村，未蒙允许，就动武了，村民竭力抵抗。到了天黑，俄人空手而归。在饥寒交迫的时候，哥萨克不惜执杀土人或互相残杀以充饥。1644 年春，留在山北的队员赶上了，于是合队而行，由精奇里入黑龙江。沿途的土人皆骂他们为食人的野蛮人，有些逃了，有些就地防堵。秋季波氏到了黑龙江口，就在此过冬，强迫奇勒尔供给粮食。

俄人入黑龙江的那一年正是满人入关的那一年，受其扰害的鄂伦春、达呼尔、赫真、飞牙喀及奇勒尔是否曾向其宗主求援；如果求了，满人如何处置：这些问题，因为史料的缺乏，无从答复。在入关之初，就是东北边境有警报来，清廷亦无暇顾及。波雅尔科夫此次的成绩并不好，除了没有发现新乐园以外，他留给土人永不能忘的坏印象。虽然，经过这次的失败，雅库茨克的总管知道了传闻的虚实，而波雅尔科夫仍不失为第一个西洋人入黑龙江者。他在江口过冬以后，由海道北返。几年之内，雅库茨克的总管不再费事于南下的企图。

1649 年（顺治六年），雅库茨克的一个投机的富商哈巴罗夫（Yarka Pavlov Khabarof）呈请总管许他用自己的资本组织远征队到黑龙江去，是时俄人已从土人探知由奥廖克马河的路比由阿尔丹河的路容易。总管弗兰茨别科夫（Franzbekof）对此事虽不甚热心，但哈巴罗夫的提议既无须政府出资，万一成功，政府反可借私人的力量收征黑龙江流域土人的皮贡，就允许了哈氏的呈请。其实政府的批准不过是一种形式，在呈请之先，哈氏已组织好了远征队，大有必行之势。4 月初，他率领队员前进，溯奥廖克马河直到河源，于是跋山而转入黑龙江的支河乌尔克其罕河（Urka）。此河近格尔必齐，唯稍东。哈巴罗夫到黑龙江的时候，两岸的村落已闻风远逃。哈氏对所遇的少数土人虽竭力巧言诱吸，土人总以哥萨克是食人的一语答之，除在土坑里发现匿埋的粮食外，其余一无所获。虽然，在其给总管的报告书中，哈氏仍夸大黑龙江流域的富庶及积粮之多。他深信有六千兵足以征服全区域，征服之后，雅库茨克的粮食问题可得解决，而皮贡的收入可大加增。

哈氏初次的远征虽无直接的成绩可言，他确信亲自到了黑龙江，知道了当地的实在情形。他决志组织第二远征队并改良行军的方法，1650 年的夏季，他就出发，所走的路线大致与第一次相同，这次他行军极图迅速，以免土人的迁徙。在雅克萨附近，他袭击了一个村庄，土人与之相持一下午，终究弓箭不抵枪炮，雅克萨遂为所占。土人乘夜携带家眷牲口逃避，哈氏即夜派135人去追截，次晨就赶上了。一战之后，哥萨克夺了117只牲口，高兴地返归雅克萨。哈氏在雅克萨建筑了防守的土垒，留下了少数的驻防队，自己遂率领其余队员及枪炮，乘用冰车驶往下流。10天之后，于11月24日他遇着使马的鄂伦春。此处也是弓箭不抵枪炮，一时土人唯有屈服，遵命贡送貂皮。哈氏的投机总算得了相当的收获，于是回雅克萨过冬。

次年6月2日，哈氏带着300余名哥萨克，配齐枪炮，出发往下流去。此次要求迅速，以图攻人之不备。正队以前，他预备了8只小船以充先锋。连行4日不见人烟，沿岸的村落皆迁徙一空。第四日晚间，在黑龙江折南的角段发现尚未迁徙的桂古达尔村（Guigudar）。此处居民约有1000，并有50名八旗马队适在该处收征贡物。我国的记载全不提及，故其虚实难明。哈氏乘夜进攻，据俄人的记载，交火之初，满人就逃了。次晨村落失守，土人欲逃不能。死于炮火之下者约660人，女人被掳者243人，小孩118人，马237匹，其他牲口113头。俄人死4名，伤40名。哈氏的得意可想而知，可惜我方关于此事全无记录以资对证。

哈巴罗夫在桂古达尔村约留了6星期。他派出的调查队均说直到精奇里河口，土人早已迁徙，唯闻在河口尚有未迁徙的村落。哈氏乘坐小船赶到现在瑷珲城左右，土人事先全无所知：既不能逃，又不能战，大部分都成俘虏。哈氏命土人的长老召集会议，到会者300多人，均说刚向中国皇帝进了贡，余存无几，一时只能奉送貂皮60张，以后当陆续补。哈氏令土人以貂皮赎俘虏，他的投资又得着红利了。土人竭力应酬他，好像他们已甘心投顺哥萨克。但9月3日全村忽迁徙一空，仅留下两个当质者及两个老女人。此举给哈氏一个很大的打击，他原拟在此过冬，不料周围忽然变为全无人烟之地。他们把4个未逃的土人付之火中，遂开拔向下流去了。

9月29日，哈氏行抵乌苏里江与黑龙江合流之处。此地现有哈巴罗夫城，即纪念哈氏之功绩者，我方命名伯力。哈氏在此建筑土垒，准备过冬。赫真人表示和好，因之哈氏不为设防，时常派遣队员出外捕鱼。10 月 8 日，赫真人忽乘虚进攻。相持之际，适外出的队员归来，加之军器相差太远，赫真人大受挫败，从此哥萨克做了当地的主人翁。

按俄国的记载，黑龙江的土人受了两年的扰害之后，均向朝廷求保护。我方的记载亦提及此事，但不详细。《平定罗刹方略》说："驻防宁古塔章京海色率所部击之，战于乌扎拉村，稍失利。"俄国方面的记录说：海色带有 2020 骑兵。至于战争的经过则各说不一，海色与哈巴罗夫的战争是中、俄初次的交锋。我国史乘从顺治九年（1652 年）起始有"罗刹"之乱之记载，按"罗刹"这名词是索伦、鄂伦春、达呼尔诸部落给俄人的称呼。这一战，俄国方面的人数至多不过 400 人，我方加入战争者必较多，但是否有 2000 余名，颇难断定。顺治十四年（1657 年），宁古塔设昂邦章京一员，副都统一员。康熙元年（1662 年），昂邦章京改为镇守宁古塔将军。十年（1671 年），宁古塔副都统移驻吉林。十五年（1676 年），宁古塔将军移驻吉林，而于宁古塔设副都统。从这年起，吉林将军领兵 2511 名，宁古塔副都统领兵 1320 名，从此看出我国东北边境驻军首重宁古塔，后移重心于吉林。唯顺治十四年（1657 年）以前，究有兵多少，不容确定。战争的经过，我方的记录仅说"稍失利"。俄方的记录则分两说，一说：

1652 年 3 月 24 日（俄历）黎明，满洲兵到达俄国土垒之前，俄人正在酣睡之中，倘满人不即施放火枪——他们放枪大概是要示威——哈巴罗夫或将不能生还。幸而他被枪声惊醒了，即时设备。满人又把炮安置以后，就向土垒开火，不久打穿一个洞口，冲锋者即向洞口猛进。俄人火速在洞口之后安置一炮，向冲锋者开放极有效力的弹子，冲锋者因此止住了。而 150 名俄人从营垒冲出来，以短兵相接，他们从满人夺取了两尊太近的炮。满人的火枪大半被毁之后，俄人就成了战场的主人翁。除上文所说的两尊炮外，俄人尚得着 17 杆火枪，8 面旗帜，830 匹马及几个俘虏。满兵死者听说有 676 人遗留在战场之上，俄人仅死 10 名，伤 70 名。

另一说则谓：

交锋之初，中国人得了胜利，一时好像他们能把俄国营垒攻下来。后不知因何缘故，或者因为中国的主将过于自信，或者因为他遵守训令——在俄人受迫最紧急的时候，他忽然下令，要他的兵士不杀也不伤哥萨克，只活拿过来。这一战的最要关键即在此，俄人了解这种形势之后，决志不被活拿。于是一面宣誓，一面冲锋，步步地把中国人赶退了。一个军队不能一面受敌人之火，一面又被禁还火，而保持其地位。中国兵从此丧失战斗精神，向后退避，留下 17 杆枪，2 尊炮，8 面旗帜，830 匹马及许多粮食。俄人死 10 名，伤 78 名。哈巴罗夫从土人——不可靠的来源——听说中国兵死了 676 名。

这一战，中国确是败了，但先胜而后败。致败之由，除策略或有关系外，尚因军器不及敌人，至于战败的程度很难说了。此战以后，俄国方面的报告多说哥萨克一听见某处有中国兵，就戒严不敢前进，而且从这时起土人又敢抵抗了。

顺治九年（1652 年），乌扎拉之战以后，哈巴罗夫率领全队逆流而上，途中遇着雅库茨克总管派来的补充队，共计 117 名哥萨克及军需。8 月，在精奇里河口附近，队员内讧，致分为两队，一队 112 人仍服从哈氏，另一队 136 人则自树一旗，从此黑龙江上下有两队哥萨克游行抢掠。以往哈巴罗夫及雅库茨克总管给莫斯科的报告已引起俄国政府相当的注意和热心，当时拟派兵 3000 前来黑龙江，以图永久占领。同时，俄国政府对哥萨克的暴行亦有所闻，遂决定先派小援队并调查实况。顺治十年（1653 年），援队抵黑龙江以后，哈氏返俄复命，但一去未回，他从此就离开历史舞台了，俄国政府亦未实行大队远征的计划。

哈巴罗夫的继任者是斯捷潘诺夫（Onufria Stepanov）。斯氏于顺治十一年（1654年）的春天进松花江，5月24日遇着中国军队。哥萨克自己的记录说他们火药用尽，故就退了。虽然，退的时候，哥萨克心志慌乱，大有草木皆兵之势。从松花江一直退到呼玛尔河口，就此筑垒防御，我国军队也追到这地。顺治十二年（1655年）春，遂围呼玛尔营垒，经三星期之久，无功而返。《平定罗刹方略》说："十二年，尚书都统明安达礼自京率师往讨，进抵呼玛尔诸处，攻其城，颇有斩获，旋以饷匮班师。""饷匮"是很自然的，因为经过罗刹数年扰乱之后，地方居民已经迁徙他处；且清廷又令土人行清野之法，使罗刹不能就地筹饷，而呼玛尔偏北，路途甚远，这是当时在东北行军最大的困准。

顺治十三年（1656年）及十四年（1657年），斯捷潘诺夫多半的时候在黑龙江的下流，松花江口以东。"十四年，镇守宁古塔昂邦章京沙尔呼达败之于尚坚乌黑；十五年，复败之于松花、库尔翰两江之间。"顺治十四年（1657年）的战争，俄国方面没有记载，尚坚乌黑不知在何处。十五年（1658年）的战争，俄国的记录也甚简略，但其结果则言之甚详。战后，斯捷潘诺夫及270名队员不知下落，余220名逃散了。我方所得的俘虏和上次在呼玛尔所得的俘虏均安置于北京的东北隅，斯氏是否在内，不得而知。此后黑龙江上无整队的罗刹，散队则时见。"十七年（1660年），巴海大败之古法坛村，然皆中道而返，未获剪除，以故罗刹仍出没不时。"虽然，雅库茨克总管从此以后不接济，也不闻问黑龙江的罗刹了。

在康熙年间，罗刹来自叶尼塞，隶属于叶尼塞总管。从顺治九年（1652年）起，叶尼塞的俄人常有小队到贝加尔湖以东石勒喀河上。顺治十二年（1655年），叶尼塞总管巴石哥夫（Pashkof）根据这些私人的报告，呈请俄国政府许他在石勒喀河上设立镇所，以便征服附近的部落。政府批准了他的提议，且即派他为远征队的队长。他于次年7月18日从叶尼塞城动身，带有 566 人。他由叶尼塞河转其支河安加拉（Angara），在河的上源踰山而入石勒喀河。顺治十四年（1657 年）的春天，他在尼布楚河与石勒喀河会流之处设立尼布楚城，这是俄人经营黑龙江上流的根据地。不久就缺乏粮食和军火，而所派出寻觅斯捷潘诺夫的探员全无结果。顺治十八年（1661 年），留了少数驻防队，遂回叶尼塞，巴石哥夫所受的艰难未得着相当的收获。

叶尼塞总管在黑龙江上流的失望正如十二年以前雅库茨克总管在中流及下流的失望。当时雅库茨克因失望遂不愿继续进行，于是有私人哈巴罗夫出而投机。叶尼塞亦复如此，此地的私人投机者是切尔尼戈夫斯基（Nikifor Chernigovsky）。切氏是个盗匪头子，因为杀了一个总管官，他遂率领他的绿林同志踰山投雅克萨去逃罪。他在此地重筑土垒，强迫土人缴纳贡品，且自行种植粮食，大有久居之意。同时其他哥萨克有在额尔古纳河筑垒收贡者，有在精奇里河上下骚扰者。我国边民亦有逃往尼布楚而投顺于俄国者，其中最著者莫过于根忒木尔。我国屡次索求引渡，俄人始终拒之。因此，在康熙年间中、俄的关系更趋紧张。

康熙帝原来不想以武力解决罗刹问题，他屡次派人到雅克萨、尼布楚去送信，令俄人退去。同时俄国政府从顺治十二年（1655 年）到康熙十六年（1677 年）亦屡次派使到北京来交涉，因路途相隔之远，文书翻译的困难，罗刹之不听政府命令，及中国在邦交上之坚持上国的地位，凡此种种均使外交的解决不得成功（战前及战后的外交留待下节叙述，本节限于军事的冲突）。等到三藩之乱一平定了，康熙帝就决定大举北伐。

康熙二十一年（1682 年）七月，帝派“副都统郎坦与彭春率官兵往达呼尔索伦，声言捕鹿，因以觇视罗刹情形”。十二月又“命户部尚书伊桑阿赴宁古塔督修战船”。郎坦等的报告以为“攻取罗刹甚易，发兵三千足矣”。康熙帝乃下谕曰：

朕意亦以为然。第兵非善事，宜暂停攻取。调乌拉（吉林）宁古塔兵一千五百名，并置造船舰，发红衣炮、鸟枪及教之演习者。于瑷珲、呼玛尔二处建立木城，与之对垒，相机举行。所需军粮取诸科尔沁十旗、锡伯、乌拉之官屯，约得一万二千石，可支三年。且我兵一至，即行耕种，不致匮乏。

康熙帝在筹划此次征役的时候，最费苦心的莫过于粮食的接济，他以为往年的失败都由饷匮，以致罗刹不能肃清。

康熙二十一年（1682 年）算为觇探敌情之年。二十二年（1683 年）起大事预备。筑瑷珲城为后路大本营，修运船、战船，通驿站，运粮食，调军队，联络喀尔喀的车臣汗，共费了三年。康熙二十四年（1685 年）五月二十二日（我国旧历），彭春始带兵抵雅克萨城下。其部队自吉林、宁古塔调去者 3000 人，自北京调去的上三旗兵 170 人，自山东等省调去的官 105 人，兵 395 人，自福建调去的藤牌兵 300 余人，索伦兵约 500 人，总计不过 5000 人，此外尚有夫役、水手。俄人说此次中国军队有 18000 之多，与实数相差一倍以上。

俄人虽早已知道中国的军事行动，且竭力预防，但等到兵临城下，雅克萨的防守队连商人、猎夫、农民及哥萨克部包括在内，不过 450 人，不到中国兵数的十分之一！我国军队与外国军队战斗力的比较，从康熙年间到现在，究竟有进步呢，还是有退步呢？彭春第一着发表康熙帝的招抚书：

前屡经遣人移文，命尔等撤回人众，以逋逃归我。数年不报，反深入内地，纵掠民间子女，构乱不休。乃发兵截尔等路，招抚恒滚诸地罗刹，赦而不诛。因尔等仍不去雅克萨，特遣劲旅徂征。以此兵威，何难灭尔；但率土之民，朕无不恻然垂悯，欲其得所，故

> 不忍遽加歼除，反复告诫。尔等欲相安无事，可速回雅库，于彼为界，捕貂收赋，毋复入内地构乱；归我逋逃，我亦归尔逃来之罗刹。果尔，则界上得以贸易，彼此安居，兵戈不兴。倘执迷不悟，仍然拒命，大兵必攻破雅克萨城，歼除尔众矣。

城内的罗刹置之不答。彭春遂开始攻击。

我方关于战争的记录甚简略：

> 五月二十三日，分水陆兵为两路，列营夹攻，复移置火器。二十五日黎明，急攻之，城中大惊。罗刹头目阿列克谢等势迫，诣军稽颡乞降。于是彭春等复宣谕皇上好生之德，释回罗刹人众。其副头目巴什里等四十人不愿归去，因留之。我属蒙古索伦逃人及被掳者咸加收集，雅克萨城以复。

俄国的记载大致相同，唯有数点可资补充。第一日的战争结果，俄方死百人。经数日后，教士率居民向总头目官阿列克谢·托尔布津（Alexei Tolbusin）要求停战，阿列克谢见势已去，遂允所请。他派代表到中国军营议投降条件，所要求者即许俄人携带军器辎重回国。我方接受，事实上有25人甘愿留居中国，数目与我方的记录不同，未知孰是，雅克萨投降的俄人后亦安置于北京城内之东北隅。

罗刹退去以后，中国军队把雅克萨的城垒及房屋全毁了，但四乡的禾苗并未割去，就全军回瑷珲。雅克萨城不但不留防，且未设卡伦，甚至从瑷珲起，全黑龙江上流恢复战前无主的状态。清廷以为罗刹问题完全解决了：足证我国受了四十年的扰害还未认清敌人的性质。

阿列克谢的后退全由于势力的单弱，其实在雅克萨战争的时候，叶尼塞总管已派有援军在途，共600人，由普鲁士人杯敦（Afanei Beiton）

率领。阿列克谢退出雅克萨后，未满一日，即于途中遇着援军的先锋队百人，带有十足的军器。阿列克谢到了尼布楚仅五天，杯敦的大援队也到了。于是叶尼塞总管派杯敦、阿列克谢复整军前往雅克萨，此次他们带了 671 人，5 尊铜炮，3 尊铁炮，均配足火药，后面陆续尚有接济。他们到了雅克萨，一面收割四乡的粮食，一面从新建设防具。我国在康熙二十五年（1686 年）二月始得罗刹复来的报告，清廷即命萨布素及郎坦带兵去攻。此次战争较久，较烈。六月，我军抵雅克萨。十月底，俄人防军仅剩 115 人，仍不退不降。适俄国政府是时派代表到北京，声明公使在途，要求停战交涉，康熙帝遂下令撤雅克萨之围，中、俄问题从军事移到外交去解决了。

三　尼布楚交涉

从顺治元年（1644年）到康熙二十五年（1686年），四十余年中、俄在黑龙江的冲突，在俄国方面，完全是地方人民及地方官吏主动；莫斯科至多不过批准，有时不但未批准，且欲禁止而不能。地方的动机，最高在图开辟疆土以邀功，普通不过为发财而已，此外实际急迫的目的在图粮食的接济。彼时俄国中央政府亦想与中国发生关系，但其目的及方法完全与地方的不同，我们试一研究俄国屡次派使来华的经过就能明了其动机所在。《东华录》载：

> 顺治十七年五月丁巳，先是鄂罗斯察罕汗于顺治十二年遣使请安，贡方物，不具表文。因其始行贡礼，赉而遣之，并赐敕，命每岁入贡。后于十三年又有使至。虽具表文，但行其国礼，立而授表，不跪拜。于是部议来使不谙朝礼，不宜令朝见，却其贡物，遣之还。后阅岁，察罕汗复遣使赍表进贡，途经三载，至是始至。

据此记录，则顺治年间俄国曾三次派使来华：第一次在十二年（1655年），第二次在十三年，第三次在十七年。此中有一误会，第一次的使者是阿尔班（Seikul Albin）。他不过是公使巴伊科夫（Theodore Isakovitch Baikoff）的随员，先到北京来报信，所以“不具表文”，第二次的公使就是巴伊科夫，所以第一次及第二次实系一个使团，我们从俄国政府给巴伊科夫的训令就能看出俄国对中国注意所在。

俄王要巴伊科夫（一）向中国皇帝转达俄王的友谊及和好之善意，（二）表示俄国欢迎中国公使及商人到俄国去，（三）打探清廷对俄国的实在意志，是否愿通使通商，（四）调查中国接待外国的仪节，调查中国的国情如户口、钱粮、军备、城市、与邻邦的关系、出产以及中俄的交通。总而言之，主要目的在通商及交邻。当时俄国以为中国产金银甚多，在重金主义（bullionism）盛行的俄国，以为与中国通商便可用西伯利亚所产的皮货及俄国的呢绒来吸收大宗金银及丝绸。

巴伊科夫的出使，除得知中国一般国情外，完全失败，其主要原因即《东华录》所谓"不谙朝礼"。换句话说，巴伊科夫不愿以"贡使"自居，不肯跪拜，不肯递国书于理藩院，次要原因即罗刹在黑龙江的骚扰。因此，清廷颇疑巴伊科夫之来另有野心，不然，怎可一面通好，一面侵犯边境？1658年，俄国又派阿尔班及伊凡·佩菲利耶夫（Ivan Perfilief）二人出使中国，1660年（顺治十七年）始抵北京，即上文所谓第三次的出使。他们所带的国书首述俄王祖先声名的伟大及邻邦如何皆畏服俄国，后半表示愿与中国通使通商。《东华录》继续说："表文矜夸不逊，不令陛见。"所以这次也无结果。

康熙年间，中、俄的冲突转移到黑龙江上流，这是上节已经说过的。除哥萨克的侵扰外，中、俄之间又加上根忒木尔（Gantimur）问题，此问题的原委颇不易明。根忒木尔乃达呼尔头目之一，原住尼布楚附近，曾向中国进贡，中国亦曾授以佐领职衔。俄人占据尼布楚以后，根忒木尔遂率其部落迁居于海拉尔河及甘河左右。顺治十二年（1655年）呼玛尔之役，他率部助清，但临阵不曾前。战后，他回尼布楚降俄。康熙五年（1666年）及九年（1670年），宁古塔的疆吏曾派委员至尼布楚索根忒木尔，俄人始终拒绝引渡，说他既原居尼布楚，就该算是俄王的臣民。双方所以这样重视根忒木尔的缘故，因为他的向背足以影响当地一般人的向背。尼布楚的总管亚尔沈斯奇（Daniel Arshinsky）于康熙九年（1670年）也派了一位使者到北京来报聘，巴伊科夫出使的失败足证当时中国如何不明世界大势，这一次又表明俄国人之不懂中国国情。使者是米洛瓦诺夫（Ignashka Milovanoff），一个不识字的哥萨克！亚氏给他的训令更加可笑，大意谓各国之汗及王多求大俄罗斯、小俄罗斯及白俄罗斯的大君王阿列克谢·米哈伊洛维奇（Alexei Mikhailovich）的保护，大君王除概予保护外，且优加赏赐。中国的皇帝也应求大君王的保护，并应时常进贡及许两国人民自由通商。米洛瓦诺夫到北京以后，在理藩院被质问一番。他曾否执行训令，理藩院得何印象，做何感想，我们无从知道。康熙许他陛见，但所行的是跪拜礼。最后清廷颁一封敕谕，要尼布楚的总管严行约束部属，禁止他们侵扰中国边境。这段往来好像两个互不相识的人对说互不相懂的话，这样的外交是得不着结果的。

康熙十一年（1672年），清廷又派人到尼布楚去送信，要求俄国送回根忒木尔。这信是用满文写的，尼布楚及莫斯科均无人能翻译，但俄国政府根据尼布楚的报告，以为中国要求俄国派使来华交涉。康熙十四年（1675年）二月，俄王遂派尼古拉·加夫里洛维奇·斯帕法里（Nicolai Gavrilovich Spafarii）。斯氏有出使日记及报告与函件，这些材料不但是中、俄关系史的好史料，且间接对当时中国的内政，如三藩战役及天主教传教士的地位，有不少新知识的贡献。本文限于中、俄在东北的冲突，故可从略。斯氏于康熙十五年（1676年）六月抵北京，交涉共历三月，绝无成绩而返。中国对斯氏要求二事：送回根忒木尔及令哥萨克退出雅克萨，斯氏对中国的希望包括通商和通使，这是双方的实在目的。但斯氏在北京的交涉可说未入正题就被种种仪节问题阻止了，最初斯氏坚持亲递国书于皇帝，后虽退步而呈递于理藩院，但陛见的时候不肯跪拜，正式交涉简直未进行。在归途中，斯氏曾致书于雅克萨的哥萨克，嘱他们不要骚扰，但未见发生效力。

等到中国大举进攻雅克萨的消息传到莫斯科的时候，俄国政府始知道黑龙江流域非西伯利亚可比；土人之后尚有一个大帝国需对付，而这帝国绝不让俄国占领黑龙江流域。究竟黑龙江一带的地理如何，俄国政府并不知道。与其出师于万里之外来与一大邻国争一块可有可无的土地，不若和好了事，以图通商之发展。在中国方面，康熙帝素性不为已甚，三藩战役之后，中国亟须修养。且外蒙古尚有厄鲁特问题，其他部落亦未倾心向我，倘我与俄为已甚，则俄、蒙古可相联以抗我。俄人军器的厉害及战斗精神的坚强，这是康熙帝所深知的。所以在未出师之前，康熙帝对于军备是慎之又慎，以策万全的。外交虽已试过而未见效，康熙仍不绝望，所以他一面派彭春率师往攻雅克萨，一面又致书于俄国政府，一封由传教士转递，一封由荷兰商人带去。俄国政府既已有言归于好之心，康熙帝的信正为外交的进行辟了大路。二十五年（1686 年）九月，俄国要求停战的使者尼基弗尔·维纽科夫（Nicefor Venukiov）及伊凡·法沃罗夫（lvan Favorov）到北京，声明俄国愿与中国和好，且已派有全权大使在途。康熙帝即时下谕："其令萨布素等撤回雅克萨之兵，收集一所，近战舰立营，并晓谕城内罗刹，听其出入，毋得妄行攘夺，俟鄂罗斯使至后定议。"换言之，这是无条件的停战。

俄国所派的全权大臣是费耀多罗·亚历克塞耶维奇·戈洛文（Theodore Alexievitch Golovin）。俄国政府于 1686 年初颁给戈洛文第一次的训令，根据此训令：边疆应以黑龙江为界，如不得已，可以拜斯特尔（Bystra）及精奇里二河为界，再不得已，则以雅克萨为界。但俄人须能在黑龙江及其支河通商，并且通商除纳关税外，不应有限制，如戈洛文能使中国派公使及商人到莫斯科更好。俄国政府派了 1500 兵同行，以备万一，且教戈洛文设法联络外蒙古以助声势。戈洛文于 1686 年正月 26 日（俄历）在莫斯科起程，1687 年（康熙二十六年）10 月 22 日始抵贝加尔湖南外蒙古边境之色楞格。他在途中接到政府第二次训令：如通商能得便易，即全黑龙江流域包括雅克萨，可认为中国领土；除非万不得已，绝不可引起战争；倘交涉失败，他可向中国提议双方再派公使重新协议。

喀尔喀土谢图汗把俄人抵境的消息报告给北京以后，康熙帝遂令在雅克萨的军队退瑷珲。次年年初，他派内大臣索额图、都统公国舅佟国纲、尚书阿尔尼、左都御史马齐，汉员二人，张鹏翻及钱良择，及护军统领马喇带八旗前锋兵 200，护军 400，火器营兵 200，往色楞格去交涉，代表团带有传教士二人张诚（Jean Francois Gerbillon）及徐日升（Thomas Pereyra），以助翻译。索额图等遵旨预拟交涉大纲如下：

> 察鄂罗斯所据尼布楚本系我茂明安部游牧之所，雅克萨系我达呼尔总管倍勒儿故墟，原非罗刹所有，亦非两界隙地也。况黑龙江最为扼要，未可轻忽视之。由黑龙江而下，可至松花江；由松花江而下，可至嫩江；南行可通库尔瀚江及乌拉、宁古塔、锡伯、科尔沁、索伦、达呼尔诸处，若向黑龙江口可达于海。又恒滚、牛满等江及精奇里江口俱合流于黑龙江，环江左右均系我属鄂伦春、奇勒尔、毕喇尔等民人及赫真、费雅喀所居之地。不尽取之，退民终不获安。臣以为尼布楚、雅克萨，黑龙江上下及通此江之一河一溪皆属我地，不可弃之于鄂罗斯。又我之逃人根忒木尔等三佐领及续逃一二人悉应索还。如一一遵行，即归彼逃人及大兵俘获招抚者，与之划疆分界，贸易往来；否则臣当即还，不与彼议和矣。

康熙帝当时批准了这个交涉大纲，我代表团所负的使命全见如此。我们若以俄国给戈洛文第一次的训令与此大纲相比，则中、俄的目的抵触甚多，因为双方都要黑龙江的上流从尼布楚到雅克萨；若以俄国政府第二次的训令与此大纲相比，则双方所争者仅尼布楚城。

我使团于康熙二十七年（1688 年）五月初一日从北京启程，取道张家口、库伦，适此时喀尔喀与厄鲁特战，路途被阻。索额图等一面率领团员回京，一面派人往色楞格去通知俄国代表阻道的原委，并要求改期改地会议，戈洛文指定尼布楚为交涉地点。次年（1689 年）4 月 26 日，我使团复由北京出发。此次代表中没有阿尔尼及马齐，但添了黑龙江将军萨布素、都统郎坦、都统班达尔善及理藩院侍郎温达。此次所带的兵有北京八旗 2000 人，黑龙江兵 1500 人，倘总计军中夫役及官员的仆从，全代表的人数在 8000 左右。中国外交史上出使之盛，没有过于此次者！康熙帝增加使团的兵数是否因为戈洛文也带有兵来，我们无从知道。不过当时的人，如我们一样，觉在外交应有武力的后盾，但他们的后盾未免过于放在前面了！康熙帝虽对于军备主积极，而对于交涉目的则主退让。使团出发以前，曾拟议交涉大纲应仍旧，康熙帝大不以为然：

> 今以尼布楚为界，必不与俄罗斯，则彼遣使贸易无栖托之所，势难相通。尔等初议时仍当以尼布楚为界，彼使者若恳求尼布楚，可即以额尔古纳河为界。

康熙帝的实在理由或者是因为厄鲁特与喀尔喀的战已起，中国应速与俄国结案，以便用全力来对付蒙古问题。大纲经此修改以后，实与俄国政府第二次的训令无所抵触。倘尼布楚的交涉失败，则其故并不在两国政府目的的悬殊。

六月中，我代表团抵尼布楚。俄人见我方军容之盛，不知我方实意在议和，抑在交战。戈洛文迟到二十天，因为双方军备甚严，一时空气颇紧张。应酬费了几天工夫，遂决定开议形式：双方可各带 760 兵赴会，但其中 500 须留会场外，260 可入会场，站在代表后面，会场形式岂不有点《三国演义》的风味？

七月初八初次会议，戈洛文提议中、俄两国应以黑龙江为界，江左（北）属俄，江右（南）属华。索额图则谓俄国应退至色楞格以西，以东的地方，包括色楞格、尼布楚、雅克萨皆应属中国。双方皆要价甚高，故相差甚远。次日，中国代表首先减价：色楞格及尼布楚愿让归俄国。这是遵守朝廷的训令，也是我方预定的最低限度。戈洛文付之一笑，以为该二处无须中国之慷慨。七月初十日，交涉仍无进展。我代表遂提议双方签订正式会议记录，以俾各返国复命，这等于宣布会议决裂。次晨，戈洛文派人来声明接受此项提议，但要求再开会议一次，我方不允。张诚及徐日升得了代表的许可，以私人的资格往访戈洛文。张诚等的疏通，据其日记有如下状：

> 莫斯科人实际渴望和平不在我们（中国代表团）之下，对于我两人的访问，他们表示愉快。我们起头就对他们说：如果他们不愿意放弃雅克萨及附近的土地，那么，他们用不着再费事了，因为我们确实知道我们的大使曾得着明文的训令，非得此地不立约；至于尼布楚和雅克萨之间的地方，及黑龙江以北的地方，我们不知道大使们可退让到什么地步；莫斯科的代表可以斟酌他们所希望在尼布楚及雅克萨之间的界限，我们的大使因为渴望和平，必竭其力之所能以促成之。

莫斯科的全权代表回答说：既然这样，他就请我们的大使把最后的决定通知他。

七月十二日，俄国代表一早就派人来问我方最后的决定。我代表团在地图上指出格尔必齐河及外兴安山脉，谓河以东及山以南应归中国，河以西及山以北应归俄国，此外则以额尔古纳河为界。俄人辞退后，我代表遂派张诚及徐日升去探问俄方最后的决定，并声明外蒙古及俄国的界线应同时划清。戈洛文以职权的限制，并以我国势力未到外蒙古，拒绝交涉蒙古、俄界线。我方未坚持此点，但声明到厄鲁特及喀尔喀的战争平定以后，蒙、俄间的界限必须划清。这个支节过去以后，俄方又提出一个要求：在额尔古纳河以东的俄人可搬回国，这点我方于七月十三日就答应了。

这样，和议似乎已成，不料这时戈洛文反要求雅克萨及其以西的土地应归俄国，张诚及徐日升面斥戈洛文之无信义。在他们努力疏通之初，他们就说破，倘俄国放弃雅克萨则不必费事，何以此时又旧话重提？张诚等向萨布素报告俄国尽反前议以后，我代表团即时召集全体文武会议，决定当夜全军渡河，以便包围尼布楚城；同时一面派人去鼓励四周的蒙古人，一面调少数军队回雅克萨去铲除禾苗。俄代表见势不佳，即派人来，微示可让雅克萨之意。我代表团复开会议，不进呢，恐俄人行缓兵之计；进呢，又怕因军事行动断绝和平的希望。代表团请张诚及徐日升发表意见，他们答以身为教士，不便也不能参与军事。代表团终决定按原定计划进行，唯对俄方则说移动人马专为求水草之方便！

七月十四日，我军全抵尼布楚城下的时候，俄代表正式承认我方所提出之界线，萨布素等遂派张诚去做最后的交涉。次日戈洛文提出三种新要求：第一，中国以后致俄王的信应书俄王的全衔，并且信中不可有不平等的词句；第二，两国应相互尊重公使，并许其亲递国书于元首；第三，两国人民如持有政府护照，应许其自由往来贸易。关于第一条，我代表等答以国书中的称呼及词句是皇帝所定，为臣子者不敢擅允；关于第二条，我方答以中国向不派驻外公使，倘俄国派使来华，接待的礼仪必从优；至于自由通商一节，我方以为无问题，唯买卖小事，似不必载诸条约。戈洛文得了自由通商的权利，实已完成其主要使命，此节他不能不编入约款。

最后关于界线的东段，双方发生稍许争执。外兴安脉之东段分南北二支：北支绕乌第河（Oud River）之北而直抵海滨，南支在乌第河之南而不到海滨。若以南支为界，则近海一带需另划界；若以北支为界，则乌第河流域将全属中国，其地面积甚大，且产最上等的貂皮，而其海岸又多产鱼。戈洛文向我代表索解释的时候，我方答以约稿系指北支，这是七月十八日的事。十九日，俄方竟无回音，我代表以为是功亏一篑，颇为之觉急。因为乌第河流域非朝廷训令所必争，倘因此偾事，朝廷未必不责备。张诚从旁劝我代表不必坚持，于是萨布素等遂决派张诚去提折中办法，把乌第河流域由两国均分。适俄方亦派人来，带有戈洛文致我代表的信，恳求我方完成和议，信中也提出折中办法，即暂不划分乌特区域。我代表当时接受，和议算告成了，所余者仅条文的斟酌及约本的缮写。

《尼布楚条约》是康熙二十八年七月二十四日，公历1689年9月7日，俄历八月二十七日签订的。中国代表在一份满文、一份拉丁文的约本上签了字，盖了图章；俄国代表在一份俄文、一份拉丁文的约本上签了字，盖了图章，所以仅拉丁文的约本是由双方签了字盖了章的。签订后，两国代表起立，手持约本，各以其国主之名宣誓忠实遵守，并祈“无所不能的上帝，万物之主”做他们意志忠实的监视者，同时双方军队鸣炮以资庆祝。张诚说康熙帝曾有明令，要代表们以基督教的上帝之名宣誓，以为唯独这样可以使俄人永远遵守，所以这约的签订是经过鸣炮誓天的。

《尼布楚条约》在我国方面所注重的是划界，在俄国方面所注重的是通商。双方均达到了目的，故此约得实行一百六十余年。照这约，不但黑龙江、吉林及辽宁三省完全是中国的领土，即现今俄属阿穆尔省及滨海省也是我国的领土。根据此约，我们的东北可称为大东北，因其总面积几到八十万平方英里，比现今的东北大一倍有余；也可称为全东北，因其东其南均有海岸线，有海口，其北有外兴安的自然界线——国防上及交通上她是完全的。

吾国当时所以能得此成绩，一则因为俄国彼时在远东国力之不足，关于远东地理知识之缺乏及积极开拓疆土之不感需要；一则因为康熙帝处置此事之得法，军事上有充分之准备，而外交上又替俄国留了余地。其结果不但保存了偌大的疆土，且康熙朝我国在外蒙古的军事曾未一次受俄国的牵制，“以往所有的争执，无论其性质如何，今以后永远忘记不计”。这是条文的第三款。这一层完全做到了：中、俄两民族曾未因 17 世纪的冲突而怀旧怨。关于将来，此约虽未永久有效，基督徒虽亦不计“无所不能的上帝”的监誓而不守信，但确立了一百五十多年的和好及友谊的基础。在国际条约中，《尼布楚条约》算得一个有悠久光荣历史的。

四 《尼布楚条约》之条文考

现今最有权威的中国条约集是海关总税务司所出版的 Treaties, Conventions, etc. between China and Foreign States, 2 vols.(Shanghai)。书中所载之《尼布楚条约》有中文、法文及英文三种。其法文稿录自张诚的日记，中文稿录自《通商约章类纂》。按《类纂》所录者即《平定罗刹文略》所记的界碑碑文，此碑文原用汉、满、蒙、俄及拉丁五种文字，但所刊的并非条约全文，不过其撮要而已；且界碑并非中、俄两国共同设立，乃中国单独设立，其无权威可知。旧外务部所刊的备朝条约有碑文，亦有条约全文，碑文录自《罗刹方略》，约文系录自《黑龙江外记》。著者西清明说（卷一页十一）他得着条约的满文稿，再由满译汉，所以中文的《尼布楚条约》仅有这《外记》所录的。以《外记》的条文来比张诚日记的条文，不符之处颇多。原来《尼布楚条约》以拉丁文本为正本，是两国代表所同签字的。这拉丁文本是张诚撰稿的，日记的法文本是张诚自己所译的，所以最有权威的是拉丁文本，其次要算日记的法文本。兹特从这法文本译汉如下：（原文见 Du Halde, vol. Ⅳ, pp.242-244）

大皇帝钦派领侍卫、议政大臣、内大臣萨额图，内大臣、一等公、都统、国舅佟国纲，都统郎坦，都统班达尔善，镇守黑龙江等处将军萨布素，护军统领玛喇，理藩院侍郎温达，于康熙二十八年七月，在尼市楚城附近会同俄国全权大臣果罗文，为要禁绝那般越界捕猎及抢掠杀人滋事的不法之徒，并要确实划清中华及马斯哥两帝国的边界，更要建立永久的和平及谅解，双方一意的议定下列诸款：

第一款　自北流入黑龙江的绰尔纳河（Chorra，Shorra）即满文的乌鲁木河最毗近的额尔必齐河即作为两国的边界，处于额尔必齐河河源之上的而且绵延至海滨的山脉亦作为两国的边界；从这山脉之南流到黑龙江的一切大小溪河及山脉峰脊之南的一切土地皆归中华帝国所有；山脉之北的一切土地溪河皆归马斯哥帝国所有。但这山脉及乌将河之间的土地暂不划分，等到两国大使返国，得了决定此事的必须知识，然后或由大使、或由函札再行决定。

此外流入黑龙江的额尔古纳河也作为两帝国的边界：这额尔古纳河以南的一切土地均属中华帝国；以北的一切土地均属马斯哥帝国。在眉勒尔甘河（Meritken）流入额尔古纳河之处，在南岸已有的房舍均应迁至北岸。

第二款　马斯哥人在雅克萨所建的城垣应尽毁灭。马斯哥帝国的臣民在雅克萨居住的，连同他们的财物应撤回至马斯哥王的领土。

两国猎户，无论因何事故，均不得超越上面的疆界。

如有一二小人越界游行，或为捕猎，成为窃盗，应即行擒拿，送交两国边境的巡抚或武官。该巡抚审知罪情后，应给以相当的惩处。

如十人或十五人以上聚群携械，越界去捕猎，或抢掠，或杀地方的人民，应奏报两国的皇帝。所有犯这类的罪的人，审明属实，应处以死刑。但不得因私人的暴行引起战争，更不得因此而致大流血。

第三款　以往所有的争执，无论其性质如何，今以后忘记不计。

第四款　自两国宣誓成立本永久知约之日起，两国绝不收纳对方的逋逃。如有人从一国逃到对方国去，应即擒拿送回。

第五款　马斯哥臣民现在中国者及中国臣民现在马斯哥国内者，概仍留如旧。

第六款 两国之间既已成立本和好友谊条约，一切人民均可完全自由的从一国到对方国，惟必须携带执照，证明他们是得允许而来的，他们并可完全自由交易。两国边境的争执既已如此结束，再两国之间既已成立忠诚的和平及永久的友谊，如双方切实遵守本约明文所定的各款，以后不应发生任何争执。

两国大使将本约盖印后，互换两本。并且两国应将此约用满文、汉文、俄文、拉丁文刻上石碑，在边界上树立，以作永久纪念，俾不忘两国间现有的谅解。

五　东北一百五十年的安宁

康熙二十八年（1689 年）十二月，索额图等关于《尼布楚立约》的奏报到了北京以后，康熙帝遂命议政王、贝勒、大臣集议东北边疆善后的办法。他们提议应于格尔必齐河诸地立碑以垂永久，“勒满、汉字及鄂罗斯、拉丁、蒙古字于上”，并于墨尔根及瑷珲设官兵驻防，这两件事都实行了。可惜界碑是由中国单独立的，不是会同俄国立的。碑文不是条约全文，是条约撮要。据俄国传教士 Hyacith 的实地调查，在格尔必齐河畔的碑上，匠人竟把“兴安岭以北属俄国”误刊为“以南属俄国”，俄人以为是个好预兆，并且有几个界碑实非立在边界上。1844 年，俄国国立科学会（Academy of Sciences）派了一位科学家米丁多甫（A.Th.Von Middendorf）到远东来调查。他发现中国所立的界碑，最北的不是在外兴安的山峰，是在激流河（Gilu）与精奇里河合流之处；最东北的不是在外兴安与乌第河之间，是在乌第河及土谷尔（Tugur）之间，中国自动地放弃了二万三千方英里的土地！

至于驻防的军队，中、俄战争的时候，中国以瑷珲为大本营，设将军镇守；康熙二十九年（1690 年），将军移驻墨尔根；三十八年（1699 年），复移驻齐齐哈尔，步步地离黑龙江远了。吉林省亦复如是：原来中心在宁古塔，已离边境甚远，后来中心复向内移至吉林省城。虽然，以兵数而论，我们不能说清廷疏于防备。历 18 世纪，前后兵数虽略有增减，东三省驻防军队在 40000 左右，内奉天将军所辖者 19000 余人，吉林将军所辖者9600余人，黑龙江将军所辖者11400。黑龙江西境设有12卡伦，每卡伦驻兵32名，三月一更；北境设有15卡伦，每卡伦驻兵20名，一月一更。这些卡伦的目的在防止俄人越界，可惜大半离边境甚远，且恐是有名无实的。此外黑龙江将军每年四五月间派委官佐，率兵240名，分三路巡边，“遇有越境之俄罗斯，即行捕送将军，请旨办理”，唯巡边实亦不到极边。

我国政府所派人员实际到黑龙江极边去的次数及地点颇难稽考，唯《东华录》乾隆三十年（1765年）七月“癸亥”条载有将军富僧阿的奏折，内有关于巡查极边的事情。这时因为“俄罗斯近年诸事推诿，不能即速完结，且增加税额，以致物价昂贵”，所以停止恰克图贸易。因为停止贸易，乾隆帝恐俄国侵扰边境，所以叫黑龙江将军调查并整理边防。富僧阿的奏报如下：

据往探格尔必齐河源之副都统瑚尔起禀称：自黑龙江至格尔必齐河口，计水程一千六百九十七里，自河口行陆路二百四十七里至兴堪山（即外兴安），其间并无人烟踪迹。又往探精奇里江源之协领纳林布称：自黑龙江入精奇里至都克达（Dukda）河口，计水程一千五百八十七里，自河口行陆路二百四十里至兴堪山，其地苦寒，无水草禽兽。又往探西里木第（Silimji）河源之协领伟保称：自黑龙江经精奇里江入西里木第河口，复过英肯（Inkan）河，计水程一千三百五里，自英肯河行陆路一百八十里至兴堪山：地亦苦寒，无水草禽兽。又往探牛满（Niman）河源之协领阿迪木保称：自黑龙江入牛满河，复经西里木第河入乌玛里（Umalin）河口，计水程一千六百十五里；自河口行陆路四百五十六里至兴堪山：各处俱无俄罗斯偷越等语。

查呼伦贝尔与俄罗斯接壤之额尔古纳河，西岸系俄罗斯地界，东岸俱我国地界，处处设有卡座，直至珠尔特地方。现复自珠尔特至莫哩勒克河口添设二卡，于索博尔罕添立鄂博，逐日巡查，俄罗斯鼐玛尔斯断难偷越。其黑龙江城与俄罗斯接壤处有兴堪山，绵亘至海。亦断难乘马偷越。第自康熙二十九年与俄罗斯定界查勘各河源后，从未往查。嗣后请饬打牲总管每年派章京、骁骑校、兵丁，六月由水路与捕貂人同至都克达、英肯两河口，及鄂勒布、西里木第两河间遍查，回报总管，转报将军。三年派副总管、佐领、骁骑校，于冰解后由水路至河源兴堪山巡查一次，回时呈报。其黑龙江官兵每年巡查格尔必齐河，照此三年至河源兴堪山巡查一次，年终报部。

这是乾隆年间东北边境的概况及加添的边防办法，即每年小巡，三年大巡。但实行到何等程度，无从知道。

除立碑及边防二事外，清廷直到光绪末年毫无拓殖东省的计划和设施。顺治年间，多数满人入关，在关内住惯了的，除因公事外，很少愿意回去。乾隆年间，因北京旗人过多，朝廷曾资遣少数到关外去开垦，彼时尚得着相当成效。后来满人汉化程度高了，无论在关内生计如何困难，朝廷虽资遣之，总不愿去，或去后不久复回。汉人在康、雍二朝去的多半是山西商人及因犯罪而遣戍者，到乾隆年间，因关内人多地少，原大可移民，但清廷反于此时禁止汉人出关。这种禁令自然难于实行，而官吏亦未必认真实行，故虽无大规模的移民，零星去者亦复不少。唯吉林东部、乌苏里江一带及黑龙江下流既未设官立治，地方人民，不分土居外来，是少而又少的。国家并未从东北边疆得着任何实利，皇室及其附庸收了些貂皮及人参而已。

《尼布楚条约》以后，东北所以享了一百五十余年的安宁，其原因不仅在我国防边之严，此外还因为俄国彼时对远东的消极。尼布楚订约的时候正是大彼得（Peter the Great）起始独揽政权的时候，从彼得起，历 18 世纪，俄国政府集中力量，北与瑞典争波罗的海的东南境，南与土耳其争黑海北岸，西与普鲁士及奥斯曼土耳其争波兰。18 世纪末年及 19 世纪初年，欧西有拿破仑的战争，俄国也转入那个漩涡，所以无暇来与中国争黑龙江流域。同时在这一百五十年内，俄国起初与我国在北京及尼布楚附近通商，后来改在恰克图。为维持及发展中、俄的贸易，俄国政府很不愿与中国引起冲突。

虽然，在这一百五十年内，俄国政府及人民对于远东亦未完全置之度外。18 世纪初年，俄人占据堪察加；以后继续前进，过白令海峡（Bering Strait）而占领阿拉斯加（Alaska）。就是在黑龙江流域，历乾隆、嘉庆、道光三朝，俄国猎夫、罪犯、军官及科学家违约越境者不知凡几。乾隆二年（1737 年），测量家邵比耳晋（Sholelzin）及舍梯罗甫（Shetilof）曾到精奇里河，他们在激流河流入精奇里河之处发现一个俄国猎户的住宅，在精奇里河口以上约百里遇着几个从尼布楚来的猎夫。次年，他们从黑龙江上流而下，路过雅克萨的时候，看见一名哥萨克及一家俄罗斯与通古斯合种的人在那里居住。雅克萨以东六十里，他们又看见一家俄罗斯及通古斯的合种。19 世纪初年，嘉庆年间，少佐斯塔夫斯奇（Stavitsky）曾到雅克萨，同时植物学家杜尔藏宁罗甫（Turcyahinov）调查了黑龙江上流沿岸的植物，到雅克萨为止。道光十二年（1832 年），大佐垃底神斯奇（Ladyshinsky）为调查界碑，也顺流到雅克萨。罪犯越境而有记录可考者，在乾隆六十年（1795 年）有鄂西罗甫（Rusinov）及色尔可甫，在嘉庆二十一年（1816 年）有瓦西利叶甫（VasiLief），瓦氏在黑龙江往来了六年，从河源直到江口，且留有游记。道光二十一年（1841 年），米丁多甫调查了黑龙江的下流及其北岸，他在江口也遇着一个逃罪的游客，这皆是见诸记录的。

《尼布楚条约》以后，俄国科学家及官吏提倡再占据黑龙江者亦不乏人。在 17 世纪的前半，俄人初到勒拿流域的时候，因为感觉粮食的困难，就派人进黑龙江，在18世纪亦复如是。得了堪察加以后，接济发生困难。从雅库茨克到堪察加的路途太难，几至不可通行，粮食的接济多由雅库茨克运到鄂霍次克，再由海道运到堪察加。雅库茨克既乏粮食，而从雅库茨克到鄂霍次克的旱路又十分困难，所以俄人又想起黑龙江：若能从尼布楚经黑龙江运粮到海，再由海道运到堪察加，则接济问题就解决了。乾隆六年（1741年），西伯利亚历史学家缪勒（Müller）曾发表著作提议此事。1746年，大探险家白令（Bering）的同事奇里科夫（Chirikof）提议俄国应占据黑龙江口而立市镇。乾隆十八年（1753年），西伯利亚巡抚米亚特列夫（Myetlef）向政府提出由黑龙江运输的具体计划书，俄国贵族院接受了他的计划，并嘱外交部与中国交涉。俄国政府在未交涉前，令色楞格总兵雅哥备（Jacobi）调查中国在黑龙江的军备。雅氏的报告说中国在沿江各处留有4000的驻防队。倘俄国要利用黑龙江，须秘密预备军队，中国若不许，即可出其不意以武力占之。此举费用过大，俄国政府不愿实行。与中国的交涉亦完全失败："乾隆二十二年八月庚申朔，俄罗斯请由黑龙江挽运本国口粮，上以其违约不许。"18世纪的下半叶，一个法国探险家拿佩罗斯（Lapéouse）及一个英国探险家蒲闹哈顿（Broughton）均由海外到黑龙江口及库页岛，他们调查的报告均谓库页非岛，乃半岛，黑龙江口只能绕库页的东边，由北面入，且江口堆有沙滩，航行不便，因此俄国对于黑龙江的航行权也就冷淡了一些。

嘉庆八年（1803年），俄国政府始又组织远东调查队，由克鲁森斯腾（Krusenston）领导。克氏建议俄国应占据库页岛南部之阿尼瓦湾（Aniwa Bay），以便再进而占据吉林省之海岸线，同时俄国政府派戈洛夫金（Golovkin）充公使来华交涉。政府的训令要他向中国要求黑龙江的航行权及中、俄沿界的自由通商权，如中国不允，则要求每年至少由黑龙江航行一次，以便运送接济给堪察加及俄属北美。如中国再不允，则根据《尼布楚条约》要求进内地通商及北京驻使。清廷得到戈洛夫金出使的消息以后，就饬地方官吏预备沿途的招待。后库伦办事大臣蕴端多尔济奏报俄使不知礼节，清廷就教戈氏自库伦径回本国，不许进京。所谓“不知礼节”究是何事，我们不知道，戈氏出使的失败可算到了十分。他经过这次的失败，深信俄国所希望的权利非外交家所能得到，必须一军的军长方能济事。他以为俄国无须占领全黑龙江，只要得着下流及精奇里河与乌第河之间的土地就够了。伊尔库茨克的巡抚哥尔尼罗甫（KorniLof）因戈氏所得的待遇，亦愤愤不平，主张即派舰队进黑龙江以资恫吓，俄国政府不允。道光二十四年（1844 年），探险家米登道夫走遍了精奇里河及乌第河区域，当地的形势及中国在该处政治及军事势力的薄弱，他都调查清楚了，他的报告引起俄国朝野的注意。

到了 19 世纪的中叶，东北的外患又趋紧急，形势的严重远在 17 世纪末年之上。因为这时候正演着英、美、俄、法四大强权争北太平洋优势之第一幕，是时英国无疑是海上的霸主，且有方兴未艾之势，俄、美、法各国处处嫉英防英。鸦片战争的时候，英国在中国得着许多通商权利，美、法即步后尘，唯恐英国独占，中国的腐弱亦因此战而暴露于天下。

同时在北太平洋的东岸，各国的竞争更加剧烈。直到 19 世纪初年，北美的西部尚未分界，北有俄国的属地，南有西班牙的属地，两国虽未分界，但两国均不容他国置喙其间。但美国一方面由东向西发展，其西疆垦民如海潮一般的前进；一方面波士顿、纽约及费城为发展中、美的通商，派商船到北美西岸去搜罗海獭皮及到檀香山去收买檀香，以便到中国广州来交易。1821 年，俄国政府宣布北美西部从白令海峡到五十一度都是俄属的领土的时候，美国政府即提出抗议，并宣布门罗主义，结果俄国承认五十九度为其南岸。俄国所放弃的土地——当时统称为阿里根（Oregon，俄勒冈）英、美两国又起争执，最初定为两国共有；等到分界的时候，美国坚执五十四度四十分为英、美的界线。1844 年总统选举的时候，美国的急进分子甚至以承认“五十四度四十分或交战”为对英的口号。1846 年，英、美终定四十九度为界线。英、美的问题虽以外交解决了，美国与墨西哥则打了两年，结果在 1848 年全加利福尼亚的海岸划归美国，北太平洋的东岸就由英、美、俄三国瓜分了。这时候，因为汽船的实用，太平洋上的交通大加进步。列强均感觉世界的历史已到了所谓太平洋时期，因为竞争之烈，各国都怕落后，都感觉我不取则彼将先取之。

19 世纪中叶，东北的外患实际就是列强的世界角逐之一隅，不幸这时正值中原多故，内有太平天国之乱，外有英、美、法三国的通商条约修改的要求，中国国运的艰难，除最近这一年外，要算咸丰年间。论物质文明，自 17 世纪中、俄两国比武以后，俄国随着西洋前进，不但军器已完全改造，交通亦惯用汽船。咸丰时代的中国所用之军器、军队及交通完全与康熙时代的中国相同，而在国计民生上反有退步，这关之难过可想而知。

六　俄国假道出师与胁诱割地

在好大喜功的尼古拉一世（Nicolas Ⅰ）当政的时候（1825—1855 年），俄国同时向三方面发展：近东、中亚细亚及远东。道光二十七年（1847 年），他派了少壮军人穆拉维约夫（Count Muraviev）为西伯利亚东部的总督，以前百数十年学者及官吏对于黑龙江的计划和企图，到了穆拉维约夫的手里就见诸实行了。穆氏第一步派军官万甘罗甫（Vaganof）带哥萨克秘密越境来调查黑龙江沿岸的情形，万氏曾随登多甫到过兴衮河及精奇里河。他此次越境以后，绝无音信，穆氏反以罪犯越境误被杀戮向中国交涉。黑龙江将军竟代为追究，将行凶的五人治罪。同时穆氏又派海军舰长涅维尔斯科依（Nevilskoi）从堪察加往南去调查黑龙江口及库页岛。涅氏发现库页实系一岛，与大陆隔一海峡，可通航——证明前人的调查不确。他于咸丰元年（1851 年）入黑龙江，并在其下流立二镇所尼古拉耶夫斯克（庙街）（NicoLaievsk）及马里因斯克（Mariinsk），即我国旧籍的阔吞屯。

穆氏于是年春回到俄京，要求政府索性占据黑龙江全北岸。在俄国外交史上，穆氏是仇英派最力者之一。他以为英国企图称霸北太平洋东西两岸，如俄国落后，黑龙江必为英国所占，中国是不能自保其疆土的。咸丰元年（1851 年）四月初七日，俄国致理藩院的公文就代表穆氏的思想：

> 敝国闻得有外国船只屡次到黑龙江岸，想此船来意必有别情，且此帮船内尚有兵船。我们既系和好，有此紧要事件，即当行知贵

国。设若有人将黑龙江口岸一带地方抢劫，本国亦非所愿，黑龙江亦与俄罗斯一水可通。

此时俄国外长涅瑟尔罗德（Nesse Lrode）以为近东问题紧急，不宜在远东与中国起衅，力阻穆氏的计划。尼古拉一世采取了折中的办法，黑龙江全北岸固不必占，但已立的两个镇所亦不撤弃。俄国实已违约而侵占黑龙江口，但北京不但未提抗议，且全不知有其事。

直到咸丰三年（1853 年），俄国尚无侵占黑龙江全北岸的计划和行动。是年俄国致理藩院的公文只求中国派员与穆氏协立界碑及划分无界之近海一带，此文明认“自格尔必齐河之东山后边系俄罗斯地方，山之南边系大清国地方”。我国经理藩院及黑龙江将军计议后，允许派员协同立碑划界，并未疑此中别有野心。

不幸这时近东问题竟引起战争。1853 年，俄国对土耳其宣战。次年，英、法联军以助土耳其。这个所谓克里米亚战争（Crimear War）不但未牵制俄国在远东的行动，反供给穆拉维约夫所求之不得的口实。我们不是说，倘西方无克里米亚战争，俄国就不会侵占东北的边境。细读过本文前段的人知道，俄国在远东之图往南发展是积势使然。我们不过要指出，克里米亚战争促进了穆氏的计划。是时俄国在堪察加的彼得罗巴甫洛夫斯克（Petropavlovsk）已设军港，并驻有小舰队，英、法为防止俄船出太平洋扰害海上商业计，势必派遣舰队来攻：近东战争居然波及远东！俄国为应付起见，以为唯假道黑龙江方足济事。这举固然不合公法，但“急须不认法律”。穆氏在伊尔库茨克及尼布楚积极地预备了军需、船只及队伍。咸丰四年（1854 年）春，他遂率领全队闯入黑龙江。

穆氏在未起程之先，曾致书库伦办事大臣，声明他要派专差送紧要公文致理藩院。德勒克多尔济以与向例不符，不允所请。其实穆氏知道北京必不许其假道，与其费时交涉，不若先造成事实。但假道的请求，在形式上他也算做到了。咸丰四年（1854年）四月二十五日，他从石勒喀河起程，带汽船1只，木船50只，木筏数十，兵1000，五月十三日抵瑷珲。他在此地所见的中国军备有船35只，兵约1000，大半背上负着弓箭，少数带着鸟枪，少数手持木矛，全队还有旧炮数尊。“二百年来，中国绝无进步”：这是当时俄人的感想。我们地方官吏如何应付呢？吉林将军景淳的奏报说：

……查东省兵丁军器一概不足，未便遽起争端，止向好言道达。小船扯篷，胡逊布欲待始终阻拦，恐伤和睦，会派妥员尾随侦探……

盛京将军英隆及黑龙江将军奕格会衔的奏折完全相同。概括言之，疆吏应付外侮的方法不外“好言道达，尾随侦探”八字，中央的政策亦复相同，谕旨说：

……该将军惟当密为防范，岂可先事张皇……即着严为布置，不可稍动声色，致启该国之疑……如果该国船只经过地方，实无扰害要求情事，亦不值与之为难也。

在东边海防紧急的时候，穆氏正怕中国与之为难，所以他叫北京俄国教堂的主教鲍乃迪（Palladius）上书与理藩院，代为解释。从这书中可以看见穆氏要给中国什么麻醉品：

……本大臣之往东海口岸也……一切兵事应用之项俱系自备，并无丝毫扰害中国……本大臣此次用兵，不惟靖本国之界，亦实于中国有裨……如将来中国有甚为难之事，虽令本俄罗斯国帮助，亦无不可。

原来俄国此举是友谊的，而且是慈善的！德勒克多尔济在库伦也得着一点麻醉品，他转告北京说：

> 该夷……复又言及英夷惟利是图，所有英国情形尽已访问。初意原不止构怨于俄国，并欲与中国人寻衅。且在广东等处帮助逆匪，协济火药，甚至欲间我两国之好。

英国是中国的大敌，俄国是中国的至友：从咸丰到现在，这是俄人对中国始终一贯的宣传。“昏淫”的清廷并不信之，唯对于事实的侵略无可如何而已。理藩院给俄国的公文妙不可言：

> 此次贵国带领重兵乘船欲赴东海，防堵英夷，系贵国有应办之事，自应由外海行走，似不可由我国黑龙江、吉林往来。

俄国的侵略当然不能以“似不可”三字抵阻之，咸丰五年（1855 年）俄国假道的人马三倍于四年（1854 年）的，此外尚有垦民五百，带有农具牲口，永久占据的企图已微露了，我国疆吏仍旧“尾随侦探”及“密为防范”。当时外交的软弱和不抵抗主义的彻底虽可痛惜，吾人亦不可苛责。咸丰帝原来是主张强硬外交的，在即位之初，他就责贬穆彰阿及耆英，把他们当作秦桧，而重用林则徐，好像他是岳武穆。咸丰帝对外之图抵抗实在是心有余而力不足，当时太平天国声势浩大，东三省的军队多数已调进关内。五年（1855 年）冬，吉林将军景淳的奏折把当时的形势说得清楚极了：

> 查三姓、珲春、宁古塔皆有水路与俄夷可通，距东海则各以数千里计。其间惟松花江两岸有赫哲、费雅哈人等久居，余到旷邈无

> 涯，并有人迹不到者，控制诚难……寻思该夷自康熙年间平定以来，历守藩服。今忽有此举动，阳请分界，阴图侵疆；以防堵英夷为名，俾可恣意往来。其不即肆逞者，及因立根未定耳。今当多故之秋，又乏御侮之力，此中操纵，允宜权量。各处旱道原多重山叠嶂，彼诚无所施其技，水路则节节可通。又就人力论之：黑龙江存兵固多，病在无粮，吉林既无粮而兵又少。再就官弁情志论之：此时皆知自守，谁敢启衅……查吉林额兵一万一百零五名，四次征调七千名，已回者不及八百名。三姓、珲春、宁古塔刻下为至要之区，三处仅止共存兵八百余名。虽令各该处挑选闲散，团练乡勇，究之为数无几。到城驻守，行资坐费，无款可筹……

抵抗虽不可能，我国当时的外交还有一条路可试，就是根据咸丰三年（1853 年）俄国的来文与俄国趁早立碑分界。时人亦以此路为利多害少。三年（1853 年）冬，景淳本已派定协领富呢扬阿为交涉员。四年（1854 年）五月，穆拉维约夫超过三姓之后，富呢扬阿就去追他。行到阔吞屯附近，俄人告以穆氏已到东海去打英国人。富呢扬阿见该处军备甚盛，而其赫哲引导亦不敢前往，遂折回了。于是吉林、黑龙江及库伦的疆吏决定各派一人，等到五年（1855 年）春会齐前往与穆氏交涉。因时期及地点未预先约好，三处所派的交涉员东奔西跑，于八月内始在阔吞屯找着穆氏。初十、十一、十二，穆氏称病不见。二十三日，穆氏要求将黑龙江左岸划归俄国。我方代表以其要求与旧约不符，且“黑龙江，松花江左边有奇林、鄂伦春、赫哲、库页、费雅哈人等系为我朝贡进貂皮之人，业已居住年久”，就当面拒绝。穆氏给了他们一封公文以便复命，交涉就完了。原来咸丰五年（1855 年）东北的情形已非三年（1853 年）可比。在咸丰三年，俄国尚无重兵在黑龙江一带，俄国尚不明东北的虚实，俄国政府尚不愿听穆氏一意进行；到了咸丰五年，这些情形都不存在了。所以咸丰三年俄国尚要求根据条约来立碑分界，五年则要求根本废《尼布楚条约》。不过在咸丰五年，穆氏尚未布置妥帖，实不愿急与我方交涉。

克里米亚战役于1856年结束，俄国在1854年及1855年不但击退了英、法舰队来犯东边海岸者，且在黑龙江下流立了两个重镇。等到战争一停，俄国在黑龙江的行动就变更性质：以先注重运军，现在则注重移殖农民；以先注重下流，现在则注重中流。呼玛尔河口、精奇里河口及松花江口均被占领，均设有镇市。1857年，俄国想派海军大将普提雅廷（Poutiatine）由天津进北京，中国不允，因为以往俄人只准由库伦、张家口进京。是年初，穆拉维约夫回俄署，要求政府给他全权及充分接济去强迫中国割地，俄政府概允所请。咸丰八年（1858年）春，穆氏回到黑龙江，带有大部队，准备与中国做最后决算。

是时黑龙江将军是宗室奕山，在鸦片战争的时候，他曾充“靖逆将军”，带大兵到广州去“讨伐英逆”。英国兵打到广州城下的时候，他出了六百万元“赎城”的钱，并允将军队退去广州城北六十里。但在他的奏折里，他反说是英人求利。穆拉维约夫把奕山当作劲敌，未免过于重视他了。

奕山于咸丰八年（1858年）四月初五日由齐齐哈尔抵瑷珲城，穆氏的船已停在江中。初六日，奕山派副都统吉拉明阿去催开议，穆氏故意刁难，说他如何匆忙，无暇交涉，“再四挽留”，始允开议，初十日，穆氏带通事施沙木勒幅（I.Shishmaref）及随员上岸进城。穆氏要求（一）中、俄疆界应改为黑龙江及乌苏里江；（二）两江的航行权属于中、俄两国，他国船只不准行走；（三）江左旧有居民率迁江右，迁移的费用由俄国出；（四）在通商口岸，俄国应与各国享同等权利，黑龙江亦应照海口例办理。奕山答以界线应照旧，即格尔必齐河及外兴安山脉；至于通商，黑龙江地方贫寒，通商无利，且通商易引起争执，这次的交涉“至暮未定而散”。

次日，十一日，穆氏复进城交涉。他带来满文及俄文的约稿，其内容与初十日所要求者相同，唯江左旧居人民，北自精奇里河，南至霍勒木尔锦屯（Hormoldzin），可不迁移。经过若干辩论之后，穆氏留下约稿遂回去了。奕山派佐领爱绅泰把约稿送还，以表不接受的意思。穆氏又送来，奕山又教爱绅泰带约稿去，声明须删去"以黑龙江、松花江为界"一句。穆氏把约稿留下，"声言以河为界字样断不能删改，其余别事明日进城再议"。

等了两天，穆氏全无动静。十四日，他又带原稿进城，要求奕山签字，奕山拒绝了，且加上一层理由，谓乌苏里河系属吉林将军所辖，他不能做主。"莫酋勃然大怒，举止猖狂，向通事大臣喧嚷，不知作何言语，将夷文收起，不辞而起"。咸丰八年（1858年）五月十四日是瑷珲交涉的大关键，奕山的奏折说：

> ……先是莫酋未来之前，有夷船五只，夷人数百名，军械俱全，顺流而下，行数十里停泊。莫酋来时，随有大船二只，夷人二三百名，枪炮军械俱全，泊于江之东岸，尚属安静。自莫酋忿怒回船后，夜间瞭望夷船，火光明亮，枪炮声音不断……

饱受惊慌之后，十五日奕山就签订《瑷珲条约》了。此约仅二款，第一款论分界，第二款论黑龙江通商。疆界西面仍依额尔古纳河，自额尔古纳河入黑龙江之点起，直到黑龙江入海为止，左岸全属俄国，右岸（南岸）则分两段，自额尔古纳河到乌苏里江属中国，乌苏里以东算中、俄共管，黑龙江及乌苏里江只许中、俄两国船只行走。江左自精里奇江至霍勒木尔锦屯的旧居人民"仍令照常居住，归大清国官员管辖"。通商一款甚简略："两国所属之人永相和好。乌苏里、黑龙江、松花江居住两国之人，准其彼此贸易，两岸商人责成官员互相照看。"

《瑷珲条约》的严重在我国外交史上简直无可与比拟者。外兴安以南、黑龙江以北完全割归俄国；乌苏里以东的土地，包括吉林省全部海岸线及海参崴海口割归中、俄共管，这是直接的损失。间接则俄国自《瑷珲条约》以后，在太平洋沿岸的势力又进一步，列强的世界帝国角逐因之更加紧急，而现在的东北问题即种根于此。且有了咸丰八年（1858 年）的《瑷珲条约》，就不能不有咸丰十年（1860 年）的《北京条约》。

奕山所以签订这约的缘故是极明显的。第一，穆氏的“勃然大怒”及“枪炮声音不断”把他吓坏了。第二，穆氏为他留了塞责的余地。江左屯户仍归中国管理，乌苏里以东算中、俄共有。做到了这种田地，奕山自己觉得他上可以搪塞朝廷的责备，下可以安慰自己的良心。第三，奕山全不明了所失土地的潜伏价值。江左屯户既保存了，“此外本系空旷地面，现无居人”。前文已经说过，东北边境除供给皇室貂皮及人参以外，与国计民生绝未发生关系。奕山的昏愚很可代表他的国家。这一年中国对俄外交所铸的错尚不止《瑷珲条约》，清廷及在天津交涉的桂良、花沙纳均错上加错。

奕山订约的报告及《瑷珲条约》的约文于五月初四送到北京，朝廷并不加斥责，谕旨说：“奕山因恐起衅，并因与屯户生计尚无妨碍，业已率行允许。自系从权办理，限于时势不得已也。”不但奕山可以原谅，且他的办理尚可实用于乌苏里以东的地方。谕旨继续说：“即着景淳（吉林将军）迅速查明，如亦系空旷地方，自可与黑龙江一律办理。”咸丰帝之所以承认《瑷珲条约》，并不是因为他素抱不抵抗主义，也不是单独因为奕山之“限于时势不得已”，是因为是时中国的内政、外交全盘“限于时势不得已”。太平天国的平定到此时尚全无把握，此外又有英、法的联军及英、美、法、俄四国通商条约的交涉。联军于四月初攻进大沽海口，直进天津，清廷急于北仓、杨村、通州设防，京城亦戒严。《瑷珲条约》送到北京的时候，天津的交涉正有决裂之虞。当时我们与英、法所争的是什么呢？北京驻使，内地游行，长江通商，这是双方争执的中心。这些权利的割让是否比东北土地的割让更重要？大沽及天津的抵抗是否应移到黑龙江上去？我们一拟想这两个问题，就可以知道这时当政者的“昏庸”。咸丰四年（1854年），西洋通商国家曾派代表到天津和平交涉商约的修改，彼时中国稍为通融，对方就可满意。清廷拒绝一切，偏信主张外交强硬论的叶名琛。叶氏反于全国糜烂的时候，因两件小事给英、法兴师问罪的口实。咸丰时代与民国近年的外交有多大区别呢？

桂良及花沙纳在天津的外交策略不外离间敌人，他们知道英国最激烈，法国次之，美国及俄国又次之。法、美、俄三国亦知道只要有最惠国待遇一条，其他都可让英国去做恶人。桂良等如何应付美、法二国与本文无关，无须叙述；至于他们与俄国代表普提雅廷的交涉，与东北问题关系甚大，不能不详加讨论。

普提雅廷与英、美、法三国公使同到大沽，同进天津。他最初给桂良等的照会要求二事：（一）割黑龙江以及乌苏里以东与俄国；（二）许俄人在通商口岸有与别国同等的通商权利。他的策略则在输灌麻醉品，以期收渔人之利。照会的一段说：

> 以上两条如不斥驳，大皇帝钦定，所有两国争竞之事皆可消弭。俄国所求俟得有消息，竭力剿灭英、佛（法）两国，以期中国有益……再阅贵国兵法器械，均非外洋敌手，自应更张。俄国情愿助给器械，并派善于兵法之员前往，代为操练，庶可抵御外国无故之扰。

桂良等及清廷对于俄国这种意外之助是疑信参半的，但京内京外均以为最低限度应使俄国不与英、法合作，或在旁边怂恿，所谓“助桀为虐”。关于划界，桂良等答以奕山已奉派负责交涉；关于通商，他们以为已开口岸多一俄国亦无妨碍，所以他们与普提雅廷就订了《中俄天津通商和好条约》。其第九款与边界有关：

> 中国与俄国将从前未经定明边界，由两国派出信任大臣秉公查勘，务将边界清理补入此次和约之内。边界既定之后，登入档册，绘为地图，立定凭据，俾两国永无此疆彼界之争。

有了这款，俄国便可要求划分乌苏里以东的地方，我国全无法拖延，这就是桂良等联络普提雅廷的代价之一。北京承认《瑷珲条约》的谕旨，他们也抄送了一份，普氏即要求决定乌苏里以东的土地归俄国，桂良等也答应了，以为这就是谕旨所说“与黑龙江一律办理”。所以奕山在瑷珲争得的共管之地，桂良等在天津实已赠送俄国，唯条约尚待订而已。

桂良等在天津与英、美、法所订的条约许了外人两种权利与以后东北问题有关系的：一种是牛庄开通商口岸，一种是外人得入中国传教。这两种权利，尤其是牛庄通商，促进了东北问题的世界化。

总之，中国在咸丰八年（1858 年）的外交全在救目前之急，其他则顾不到了。在瑷珲如此，在天津亦复如此。

七　俄国友谊之代价

等到英、法联军一退出天津，目前的危急一过去，清廷就觉得《瑷珲条约》及天津诸条约损失太大，非图补救不可。《天津通商条约》的补救不在本文范围之内，但有一点不能不指出，因为中国要取消北京驻公使、长江开通商口岸及外人在内地的游行，所以引起了咸丰九年（1859年）及十年（1860年）的中外战争。有了十年（1860年）的英、法联军，然后有中、俄的《北京条约》。换言之，因为到了19世纪的中叶，中国还不图在国际团体生活之中找出路，反坚持站在国际团体之外，俄国始得着机会做进一步的侵略。

《瑷珲条约》及桂良给普提雅廷的诺言之挽回当然困难极了，在东北边境未丧失以前，我国觉得为势所迫，不得不割让；既割让之后，要俄国放弃其已得权利岂不更加困难？中、俄势力的比较及世界的大局并未因英、法联军的撤退就忽变为有利于我；而我方之图取消北京驻使、长江通商及内地游行，更能使西欧与美国和东欧团结。这些国家虽是同床异梦，然我方的政策迫着它们继续同床。咸丰九年（1859年）及十年（1860年）之最后努力不能不失败，这是很自然的，这种努力的发展、方法及终止的原因是我国外交史的一幕大滑稽剧，同时也是一幕大悲剧。

《瑷珲条约》定后，朝廷原以吉林东边空旷地方亦可照黑龙江左岸的办法，但教吉林疆吏去调查地方实际情形。我方尚未调查，穆拉维约夫已带领人员入乌苏里江。疆吏关于此事之报告于咸丰八年（1858年）

七月初一到北京，朝廷当日下的谕旨说：

> ……除黑龙江左岸业经奕山允许，难以更改，其吉林地方，景淳尚待查勘，本不在奕山允许之例……倘该夷有心狡赖，即行严行拒绝……该夷此次驶赴天津，业已许其海口通商，并经奕山将黑龙江左岸准其居住往来，即吉林各处未能尽其所欲，在我已属有词，在彼谅未必因此起衅也。

从这道谕旨，我们可以看出清廷在咸丰八年（1858年）七月初已决定黑龙江左岸不能挽回，亦不图挽回，但乌苏里以东之地则断不割让。七月初的态度已与五月初的不同，其理由幼稚极了。俄国既得了黑龙江左岸，更加要乌苏里以东的地方。朝廷的态度虽变了，疆吏尚不知道，所以七月初八日，黑龙江副都统吉拉明阿给了穆拉维约夫一个咨文，说："乌苏里河及海一带地方应俟查明再拟安设界碑。"这明是承认中、俄可以划分乌苏里以东的地方。实际的划分虽推延到查明以后，但推延不是否认，且与外人交涉，推延是大有时间限制的。

疆吏的调查报告于十二月二十日送到北京，他们说乌苏里一带的地方南北相距一千四百余里，"俱系采捕参珠之地"，两岸住有赫哲、费雅哈，"历代捕打貂皮，皆在该处一带山场，均属大有关碍"；"且该处距兴安岭甚远，地面辽阔，统无与俄夷接壤处所"。最奇怪的，他们的报告不提海参崴，足证彼时海参崴与东北关系之不重要。朝廷得此报告后，于二十一日下旨，说：

> ……该夷要求黑龙江左岸居住，奕山遽尔允准，已属权宜。此次无厌之求，着该将军等妥为开导，谕以各处准添海口，皆系大皇帝格外天恩；因两国和好多年，是以所请各事，但有可以从权者，

无不曲为允准；此后自应益加和好，方为正办；若肆意侵占，执我参珠貂鼠地方，是有意违背和议，中国断难再让……

后三天，复有一道谕旨责备吉拉明阿：

绥芬、乌苏里两处既与俄夷地界毫不毗连，且系采捕参珠之地，当时即应据理拒绝。何以副都统吉拉明阿辄许穆拉维约夫于冰泮时驰往查明，再立界碑？

清廷的态度虽较前强硬，反于此时从吉林调兵1000驻守山海关，从黑龙江调兵1000驻守昌黎、乐亭以防英、法之再来，可见彼时政府仍以防英、法的通商要求比防俄国的侵占疆土为更重要、更急迫。

俄国为促进乌苏里边界之“登入档册，绘为地图，立定凭据”，一面派人进京互换《中俄天津条约》的批准证书，并做进一步之交涉，一面由穆拉维约夫派人去测量乌苏里区域。疆吏既不敢违旨会同查勘，又不敢挡住俄人的进行，结果穆氏的委员伯多郭斯启（Lt.-CoL. C.Budogoski）于咸丰九年（1859年）的春夏单独测量和绘图。俄国的公使丕叶罗夫斯基（Pierre Perofski）于八年（1858年）冬抵北京，我国派户部尚书管理理藩院事务肃顺及刑部尚书瑞常与之交涉。九年（1859年）三月中，批准证书互换以后，丕氏提出八项要求，其中第一项即系关于划界的事。可惜《夷务始末》不录来文，只录军机处的答词，但从这答词中，我们可看出朝廷态度之又一变：

中国与俄国地界，自康熙年间鸣炮誓天，以兴安岭为界，至今相安已百数十年。乃近年贵国有人在黑龙江附近海岸阔吞屯等处居住，该将军念两国和好之谊，不加驱逐，暂准居住空旷之地，已属格外通情。今闻欲往吉林地界，该处距兴安岭甚远，并不与贵国毗连，又非通商之处，断不可前往，致伤和好。黑龙江交界之事，应由我国黑龙江将军斟酌办理。京中不能知其情形，碍难悬定。

换句话说，军机处仍认《尼布楚条约》为中、俄疆界的根据。虽未明文地否认《瑷珲条约》，等于否认了。因为就是黑龙江左岸，奕山尚止“暂准”俄人居住，吉林东部更谈不到了。俄国于五月里因他故改派伊格那提耶夫来京交涉，伊氏在俄国外交界算一能手，他曾出使中央亚细亚的小邦，以能了解亚洲人的心理得名。我方仍由肃顺、瑞常二人负折冲樽俎之责，肃顺是咸丰末年的权臣，手段亦不凡，伊氏遇着他可说是棋逢敌手。伊氏能强词夺理，虚言恫吓，肃顺也能。在未叙述此剧之先，我们应说明疆吏的应付及中外大局的变迁。

咸丰九年（1859 年）五月，吉林疆吏的警报纷纷到京，说俄人如何已进到乌苏里江的上流，并在该处盖房屋，筑炮台。与之理论，他们总“恃为约内有乌苏里河至海为中国、俄国共管之地一语”。五月初十的谕旨要署吉林将军特普钦“与之决绝言明，将前约中此语改去，方为直截了当”。此时北京方明了祸根所在，所以五月十二日又有一道谕旨：

绥芬、乌苏里河地属吉林，并不与俄国接壤，亦并非黑龙江将军所辖地方。上年该将军奕山轻信副都统吉拉明阿之言，并不与俄国使臣剖辩明白，实属办理不善，咎无可辞。黑龙江将军奕山着即革职留任，仍责令将从前办理含混之处办明定议。革职留任副都统吉拉明阿着即革任，并着特普钦派员拿赴乌苏里地方枷号示众，以示惩儆。

“咎无可辞”当然是对的，但一年以前朝廷已有明旨认《瑷珲条约》

是出于“势不得已”，并且何以吉拉明阿之罪反重于主政的奕山？朝廷也知道此中赏罚不公，不过此举是对外而非对内的。同日还有一道密旨给特普钦：

> ……特普钦接到明发谕旨即可宣示夷酋，告以乌苏里等处本非俄国接壤，又与海路不通。奕山、吉拉明阿已为此事身获重罪，若再肆意要求，我等万难应允。前此奕山等将黑龙江左岸借给俄国人等居住，大皇帝既已加恩，自不至有更改。其未经议定之地，任意闯越，即是背约，岂有吉林地界转以黑龙江官员言语为凭之理……该酋见吉拉明阿获罪已有明征，自必气馁，而特普钦等据理措词当亦较易……

这种对外方法确带了亚洲人的特性在内。同时吉拉明阿以副都统的官职而枷号示众于乌苏里地方，未免于天朝的面子不好看，宜乎穆拉维约夫对这套把戏不过付之一笑。

凑巧咸丰九年（1859 年）的五月，中国对英、法得了意外的胜利。自英、法联军离开天津以后，朝廷即命僧格林沁担任畿辅的海防。大沽的炮台加料重修，海河也搪塞了，沿海均驻军队，唯留了北塘以便各国公使带领少数随员进京交换《天津条约》的批准证书。英、法、美三国公使于九月五日抵大沽口外，英、法公使带有不少的海陆军。他们决意要由大沽口进，不由北塘进。五月二十五日晨，英、法起始毁我方堵河防具，僧格林沁遂下令反攻，不但海军大受损失，陆军登岸者亦死伤过半。于是北京及东北疆吏对俄稍为胆壮，我们对英、法的胜利影响了对俄的交涉。

伊格那提耶夫于五月初十由恰克图起程，他到北京的时候正在大沽捷音传到之后。六月初，他提出草约六条，要求中国承认。其中第一条有关东北：

补续一千八百五十八年玛乙月（五月）十六日在黑龙江城所立和约之第一条，应合照是年伊云月（六月）初一日在天津和约之第九条：自后两国东疆定由乌苏里江、黑龙江两河会处，沿乌苏里江上流至松阿察河会处，由彼处交界依松阿察河至兴凯湖及珲春河，沿此河流至图们江，依图们江至海口之地为东界。

伊氏要求的根据是《瑷珲条约》和《天津条约》。《瑷珲条约》明载乌苏里以东之地为两国共管，倘根据此约来分界，应由中、俄均分，不应由俄国独占，更不应由俄国占据乌苏里流域以外的土地，如伊氏草约所拟。《天津条约》第九条只说两国应分界绘图立碑，并没有规定划分的方法。伊氏也觉得他的根据不充足，所以在其说明书内又引咸丰八年（1858 年）五月初四日桂良及花沙纳给普提雅廷的咨文，且加上一段宣传麻醉品：

……本国从东至西一万余里，与中国相交一百余年，虽有大事，并未一次交锋。若英吉利等，十余年之间，常至争斗，已经交锋三次。然逾数万里地尚且如此，况离此相近乎！若英、佛（法）两国往满洲地方东岸，兵船火船来时甚易。中国海岸绵长，战法各国皆不能敌，惟本国能办此事。若中国与本国商定，于外国船只未到彼处之先，先与本国咨文，将此东方属于本国，我国能保不论何国，永不准侵占此地，如此中国东界亦可平安。

且须知我国欲占之地，系海岸空旷之处，于中国实无用处。且贵国使者须知，因本国官员到彼，并未见有中国管理此处官员之迹，我们业经占立数处。

在咸丰年间，英、法虽曾攻下广州、天津、北京，但均于和议定下退去。至于东北海岸，英、法不但未曾占领，且未曾有此拟议。伊氏也深知此中情形，不过故意做此谣语，以欺不明世界大局的中国人，这个当，军机处是不会上的。答复虽在法律上很难讲过去，但用了彼之矛以刺彼之盾：

> ……中国与俄国定界，自康熙年间鸣炮誓天，以兴安岭为界，凡山南一带流入黑龙江之溪河尽属中国，山北溪河尽属俄国，所定甚为明晰。至黑龙江交界应由黑龙江将军与贵使臣穆拉维约夫商办，其吉林所属之地并不与俄国毗连，亦不必议及立界通商。贵大臣所云恐有他国侵占，为我国防守起见，固属贵国美意，断非藉此侵占我国地方。然若有别国占踞，我国自有办法。今已知贵国真心和好，无劳过虑。

军机处与伊氏有了这次文书的往来，遂由肃顺、瑞常负责交涉。六月二十三日初次会晤的时候，伊氏面请肃顺阅读桂良及花沙纳所发之咨文，内附有批准《瑷珲条约》的谕旨。肃顺等不承认有此谕旨，但三日后又去一咨文，声明虽有此谕旨，但与吉林东界事无关，所以伊氏带来之稿本，“谅必因抄写之误”。六月二十八日，伊氏回答：“此等大事不可有抄写错误之处。本大臣恳乞贵大臣将桂良所奉谕旨原文送交与我，以便查对错误之处。”肃顺等答以谕旨原文存大内，不便检阅。适是时伯多郭斯奇带乌苏里区域的地图来北京，伊氏遂要求按俄国新绘地图，即在北京定约分界，“不然，焉能得免侵占”？肃顺等七月初一日的答文，措词同样的强硬，在乾隆时代，因俄国不讲理，中国曾三次停止互市。乾隆年间做过的事，此时也能再做。如俄国此次不讲理，中国不但要停止互市，“即已经许借与贵国之黑龙江左岸空旷地方，阔吞屯、奇吉等处”

亦将不借与，“是贵国求多反少也。总之，绥芬、乌苏里江等处是断不能借之地。贵国不可纵人前往，亦不必言及立界”。

双方话已说到尽头，条件相差甚远。伊氏行文军机处，要求中国改派别人担任交涉。军机处告诉他说，肃顺、瑞常“皆系我大皇帝亲信大臣”，不能改派。伊氏仍不肯放弃，历夏秋二季，屡次向军机处行文，均是旧话重提，空费笔墨，军机处亦以旧话搪塞。但在十一月十六日的照会内，加上一层新理由，即吉林人民之不愿，好像中国此时要援人民自决的原则。可惜这次人民的意志实在如何，我们无从知道。俄人在乌苏里区域测量者均说当地的人欢迎俄人去解除他们从满人所受的压迫，至于军机处所说的吉林人的反对割让，全是北京闭门捏造的。咸丰十年（1860 年）正月十六日的谕旨显露此中的实情：

现在俄夷以吉林分界一节屡次行文，哓渎不已。当经复以绥芬、乌苏里等地界，奕山等妄行允许后，该处民人以中国地方不应被夷人占踞，公同具呈控告，是以奕山革职，吉拉明阿枷号，并未奉旨允准。倘该国前往占踞，该处民人出来争论，反伤和好等语：藉以措词，以冀消其觊觎之心。如该酋伊格那提耶夫将此复文知照穆拉维约夫，恐其向该将军询问，吉林人民有无同递公呈，不愿该夷在绥芬、乌苏里住居之事，着景淳、特普钦遵照前说，加开导，以坚其信，勿致语涉两歧，是为至要。

伊氏于咸丰十年（1860 年）四月初一致最后通牒，限三日答复。军机处丝毫不退让，照复说：

……至乌苏里、绥芬地界，因该处军民人等断不相让，屡次递呈，现已开垦，各谋生业，万不能让与他人。经该将军等将此情节据实奏明，因恐贵国之人去至，该处人等不容，必致反伤和好。中国向来办事，皆以俯顺民情为要，是以碍难允准。

伊格那提耶夫接到此文以后，宣布交涉决裂，于四月初八离开北京。

这时，穆拉维约夫在乌苏里一带照其自定计划进行测量、开垦、设防，疆吏虽未抵抗，亦未与划界定约，且似在火燃眉毛的时候，稍图振作。吉林、黑龙江皆办团练，吉林则略为解放山禁，多招参商刨夫入山，“以资兵力”。在咸丰十年（1860 年）的春天，两省的奏折都有调兵设防的报告，好像他们准备抵抗。

不幸十年（1860 年）的夏天，我国另起了风波，把对俄的强硬都消灭了。英、法两国为报复大沽之仇，加添要求，并厚集兵力于远东以图贯彻。伊格那提耶夫适于是时交涉失败后，愤愤不平地离开北京，直至上海、香港去挑衅。他见了英、法的代表就大骂北京当局的顽固与不守信义，西洋各国应一致对付中国，并且非用武力不可。但他的行动亦被我方探知，五月中，暂署两江总督江苏巡抚薛焕的奏折说：

……查俄国使臣忽然骤至，未审意欲何为，连日亦未来请见，当饬华商杨访等密探。旋据报称……今因俄酋到此，极力怂恿英、佛（法）打仗，并云在京日久，述及都门并津沽防堵各情形，言之者凿。谆告普鲁斯（Bruce）及布尔布隆（Bourboulon），不必误听人言，二三其见，竟赴天津打仗，必须毁去大沽炮台，和议方能成就。前普酋、布酋为其所惑，主战之意坚……

我方知道了这种消息以后，当然设法预防。

六月初，英、法联军齐集于大沽口外。伊格那提耶夫已先到，并带有兵船四只。美国公使华若翰（John E.Ward）亦带有两只兵船在场。初四日，我方接到伊氏照会，询问《中俄天津条约》何以尚未在各海口宣布，并言“英、佛（法）与中国有隙，愿善为说合”。他的“说合”，军机处明知不可靠，但当危急的时候又不敢多得罪一国，所以含糊回答他说：“今贵国欲为说合，足见贵使臣美意。在天朝并无失信于二国，又何劳贵国替中国从中调处。”尹氏颇为失望，遂转告法国公使葛罗（Baron Gros）由北塘进兵的便利。七月中，英、法联军已进天津，桂良与英、法的交涉将要完成的时候，伊氏又来文，要求中国许他进京。军机处还是怕他生事，所以回答他“暂可不必，应俟英、佛（法）二国换约事毕，再行进京办理可也”。等到英、法已经到了圆明园，预备攻安定门的时候，伊氏嘱俄国教士向恭亲王奕䜣要求许他进京，我方依旧拒绝：“如果有意为中国不平，亦必在外代为调停，俟两国之兵退后，即可照常来京。”此是八月二十二的事，可见我方防备伊氏到什么程度。

英、法军队于八月二十九日进北京，伊氏也跟进了。中国的外交到了这种山穷水尽的时候，伊氏的机会也就到了。九月初二日，咸丰帝自热河行宫宣布谕旨：“着恭亲王等迅即饬令恒祺往见该夷（英、法代表），仍遵前约，不另生枝节，即可画押换约，以敦和好。”换言之，朝廷已决定接受英、法的条件。伊氏于九月初五致信于法国公使葛罗，说他如何在北京力劝留守大臣迅速接受英、法的条件。英、法进攻的原意在强迫中国承认《天津条约》及宣大沽之耻，并不在占据北京。英、法联军在北京的时候，咸丰帝已逃避热河，北京官吏能逃者也逃散。倘和议不成，势必须进兵热河，那么，时季已到秋末，须等来年。倘英、法压迫太甚，清廷或将瓦解。列强在远东的角逐很能引起世界战争，是时英、法因为意大利的问题全盘关系已趋紧张。因为这些缘故，英国公使额尔金（Lord Elgin）及法国公使葛罗均以为宜速定和议，速撤军队，否则夜长梦多，枝节横生，所以他们将赔款现银部分由二百万两减到一百万两。此中背景，恭亲王及文祥——我方的全权代表——当然无从知其详，而伊格那提耶夫则完全知道，因此他又向我方冒功。

九月十一日及十二月英、法《北京条约》签订之后，伊格那提耶夫遂向恭亲王要求报酬。我方代表的感想如何见于他们九月十三日所具的奏折：

> ……本日复接伊酋照会，以英、佛（法）两国业已换约，仍以所祈之事请派大员前往商酌等语。臣等复思英、佛（法）敢于如此猖獗者，未必非俄酋为之怂恿。现虽和约已换，而夷兵未退，设或暗中挑衅，必致别生枝节，且该酋前次照复，有兵端不难屡兴之语。该夷地接蒙古，距北路较近，万一衅起边隅，尤属不易措手。查前次该酋向祟厚等面称，允给英、佛（法）等银两，尚可从缓，且可酌减，并不久驻京师，夷兵亦令退至大沽等处。现英、佛（法）议现银一百万两，难保非该酋预探此语，有意冒撞，而此次照会内颇有居功之意，心殊叵测。

是以恭亲王、桂良、文祥并非觉得俄国有恩于我故必有以报之，他们不过觉得伊氏挑拨之力太大，非使其满意不可。后英国军队因故退出北京稍迟数日，恭亲王等更急了。他们九月二十日的奏折说："且英、佛（法）两夷之来，皆属该夷怂恿。倘或从中作祟，则俄夷之事一日不了，即恐英夷之兵一日不退，深为可虑。"

伊氏所索的报酬除东北疆土外，尚包括西北边界及通商与邦交的权利。恭亲王既以速决为要，所以九月二十三日《中俄北京条约》就议好了，十月初二日（西历 11 月 14 日）签字。这约的第一条就是规定东北的疆界的，也是全约最要紧的一条。条文如下：

> 议定详明一千八百五十八年玛乙月十六日，即咸丰八年四月

二十一日，在瑷珲城所立和约之第一条，遵照是年伊云月初一日即五月初三日，在天津地方所立和约之第九条：此后两国东界定为由什勒喀、额尔古纳两河会处，即顺黑龙江下流至该江、乌苏里河会处，其北边地属俄罗斯国，其南边地至乌苏里河口所有地方属中国；自乌苏里河口而南，上至兴凯湖，两国以乌苏里及松阿察二河作为交界，其二河东之地属俄罗斯国，二河西属中国；自松阿察河之源两国交界逾兴凯湖直到白棱河，自白棱河口顺山岭至瑚布图河口，再由瑚布图河口顺珲春河及海中间之岭至图们江口，其东皆属俄罗斯国，其西皆属中国，两国交界与图们江之会处及江口相距不过二十里……

这两个条约——《中俄瑷珲条约》及《中俄北京条约》——在世界历史上开了一个新纪元，即土地割让的纪录。我国在咸丰八年（1858年）及十年（1860年）所丧失的土地，其总面积有四十万零九百一十三平方英里。现今的东三省加上江苏，比我们这两年所丧失的土地只多一千四百平方英里。法、德两国的面积，比我们这两年所丧失的土地还少六千五百三十一平方英里。俄国从我国得着这大的领土不但未费一个子弹，而从始至终口口声声地说俄国是中国唯一的朋友，俄国"友谊"的代价不能不算高了！

咸丰以后的东北可称为半东北，残东北，因其面积缩小了一半有余，且因为它东边无门户，北边无自然防具——它是残缺的。所以到这种田地的原因有三：第一是太平天国的内乱，第二是咸丰年间全盘外交政策的荒谬，争所不必争，而必争者反不争。比这两个原因还重要、还基本的是在世界诸民族的竞进中，我族落伍了。有了这个原由，无论有无前两个原由，我们的大东北、全东北是不能保的。

附录四

琦善与鸦片战争

引　言

鸦片战争的终止之日，当然就是道光二十二年（1842年）七月二十四日，中、英两国代表签订《南京条约》之日。至于起始之日为何日，则不易定。因为中、英双方均未发表宣战正式公文，并且忽战忽和，或战于此处而和于彼处。此种畸形的原因，大概有二：一则彼时中国不明国际公法及国际关系的惯例，不但不明，简直不承认有所谓国际者存在。中、英的战争，在中国方面，不过是“剿夷”“讨逆”。就此一点，我们就能窥测当时国人的心理和世界知识。

第二个缘由是彼时中、英二国均未预抱一个必战之心。中国当初的目的全在禁烟，宣宗屡次的上谕明言不可轻启边衅。在道光十八年（1838年）各省疆吏复议黄爵滋禁鸦片的奏折之时，激烈派与和缓派同等的无一人预料禁烟会引起战争，不过激烈派以为倘因达到禁烟的目的而必须用兵以迫“外夷顺服”则亦在所不惜。在英国方面，自从律劳卑（Lord Napier）以商业监督（Superintendent of Trade）的资格于道光十四年（1834年）来华而遭拒绝后，英政府的态度就趋消极。继任的监督虽屡次请训，政府置之不理。原来英国在华的目的全在通商，做买卖者，不分中外古今，均盼时局的安定。我们敢断定：鸦片战争以前，英国全无处心积虑以谋中国的事情。英政府的行动就是我们所谓“将就了事，敷衍过去”，英文所谓“Muddle along”。英国政府及人民固然重视在华的商业，而且为通商中、英已起了好几次的冲突，不过英国人的守旧性甚重，不好纷事更张，因为恐怕愈改愈坏。及林则徐于道光十九年（1839 年）春禁烟、锢英商与英领，以迫其缴烟的信息传到英京之时，适当巴麦尊爵士主持英国的外交，此人是以倡积极政策而在当时负盛名的。他即派遣舰队来华，但仍抱一线和平的希望，且英国赞成和平者，亦大有人在。倘和议不成而必出于一战，巴麦尊亦在所不惜。

故鸦片战争的发生，非中、英两国所预料，更非两国所预谋。战争虽非偶然的、无历史背景的，然初不过因禁烟而起冲突，继则因冲突而起报复（Reprisal），终乃流为战争。

鸦片战争，当作一段国际关系史看，虽是如此畸形混沌，然单就中国一方面研究，则显可分为三期。第一期是林则徐主政时期，起自道光十九年（1839 年）正月二十五日，即林以钦差大臣的资格行抵广东之日。第二期是琦善主政时期，起自道光二十年（1840 年）七月十四日，即琦善与英国全权代表懿律及义律在大沽起始交涉之日。第三期是宣宗亲自主政时期，起自道光二十一年（1841 年）二月六日，即琦善革职拿问之日，而止于道光二十二年（1842 年）七月二十四日的《南京条约》。

在专制政体之下，最后决断权依法律，当然属于皇帝；然事实上，常常有大臣得君主的信任，言听计从，此地所谓林则徐及琦善主政时期即本此意而言。缘此，林的革职虽在二十年（1840 年）九月八日，然自七月中以后，宣宗所信任的已非林而为琦善，故琦善主政时期实起自七月中。自琦善革职以后，直到英兵破镇江，宣宗一意主战，所用人员如奕山、奕经、裕谦、牛鉴等不过遵旨力行而已。虽有违旨者，然皆实违而名遵，故第三期称为宣宗主政时期，似不为无当。

三期中，第一期与第三期为时约相等，各占一年半。第二期——琦善主政时期——为最短，半年零数日而已。在第一期内，严格说，实无外交可言，因为林则徐的目的在禁烟，而禁烟林视为内政——本系内政，不必事先与外人交涉，所采步骤亦无须外人的同意。中、英往来文件，在林方面，只有“谕示”；在英领义律方面，迫于时势，亦间“具禀”。此时义律既未得政府训令，又无充分的武力后援，他的交涉，不过图临时的相安，他的军事行动不过报复及保护在华英人的生命和财产。到第三期，更无外交可言，双方均认为交涉无望，一意决战。后来英兵抵南京，中国于是屈服。

在此三年半内，唯独琦善主政的半年曾有过外交相对的局势。在此期之初，英国全权代表虽手握重兵，然英政府的训令是叫他们先交涉而后战争，而两代表亦以迅和以复商业为上策。训令所载的要求虽颇详细，然非完全确定，尚有相当伸缩的可能。在中国一方面琦善的态度是外交家的态度，他的奏折内，虽有“谕英夷”“英夷不遵劝戒”字样，但他与英人移文往来，亦知用“贵国”“贵统帅”的称呼，且他与英人面议的时候，完全以平等相待。至于他的目的，更不待言，是图以交涉了案，故琦善可说是中国近九十年大变局中的第一任外交总长。

这个第一任外交总长的名誉，在当时，在后代，就是个“奸臣”和“卖国贼”的名誉。不幸，琦善在广东除任交涉以外，且署理两广总督，有节制水陆军的权力和责任。攻击他的有些注重他的外交，有些注意他的军事。那么，琦善外交的出发点就是他的军事观念，所以我们先研究琦善与鸦片战争的军事关系。

一　琦善与鸦片战争的军事关系

道光二十二年（1842 年）二月初间虎门失守以后，钦差大臣江苏巡抚裕谦上了一封弹劾琦善的奏折。他说："乃闻琦善到粤后，遣散壮勇，不啻为渊驱鱼，以致转为该夷勾去，遂有大角、沙角之陷。"裕靖节是主战派首领之一，也是疆吏中最露头角的人。他攻击琦善的意思不外林则徐督粤的时候，编收本省壮丁为团勇，琦善到粤则反林所为而遣散之。这班被撤壮丁就变为"汉奸"，英人反得收为己用。此说的虚实，姑不讨论，倘中国人民不为中国打外国，就必反助外国打中国，民心亦可见一斑了。

靖节的奏折上了不满二月，御史骆秉章又上了一封，措辞更激烈："窃惟逆夷在粤，滋扰几及一年。前督臣琦善到粤查办，将招集之水勇、防备之守具全行撤去。迨大角、沙角失事，提镇专弁赴省求援，仅发兵数百名，遣之夜渡，惟恐逆夷知觉，以致提督关天培、总兵李廷钰在炮台遥望而泣。"这样说来，琦善的罪更大了：除遣散壮勇之外，还有撤防具、陷忠臣的大罪。骆文忠原籍广东花县，折内所言大概得自同乡。他为人颇正直，道光二十一年（1841 年）以前，因查库不受贿已得盛名。故所发言辞，不但足以左右当时的清议，且值得我们今日的研究。

此类的参奏不必尽引，因为所说的皆大同小异。但道光二十一年（1841 年）六月，王大臣等会审的判词是当时政府最后的评定，也是反琦善派的最后胜利，不能不引："此案琦善以钦差大臣查办广东夷务，宜如何慎重周详，计出万全。该夷既不遵照晓谕，办理已形猖獗，即应奏请调兵迅速剿除。乃妄冀羁縻，暂以香港地方许给，俾得有所借口。于一切防守事宜并不预为设备，以致该夷叠将炮台攻陷，要隘失守，实属有误机宜，自应按律问拟。琦善合依守备不设失陷城塞者斩监候律，拟斩监候，秋后处决。”这个判词实代表当时的清议。所可注意者，政府虽多方搜罗琦善受贿的证据，判词内无受贿的罪名。

但是当时的人不明了琦善为什么要“开门揖盗”，以为必是受了英人的贿赂。战争的时候，左宗棠——同、光时代的恪靖侯，正在湖南安化陶文毅家授课。道光二十一年（1841 年），他致其师贺蔗农的信有一段极动人的文章：“去冬果勇杨侯奉诏北行。有人自侯所来云：‘侯言琦善得西人金巨万，遂坚主和议，将恐国计遂坏伊身。’昨见林制府谢罪疏，末云‘并恐彼族别生秘计’云云，是殆指此。诚如是，其愚亦大可哀矣。照壁之诗及渠欲即斩生夷灭口各节，情状昭著。炮台失陷时，渠驰疏谓二炮台孤悬海外，粤东武备懈弛，寡不敌众，且云彼族火器为向来所未见，此次以后，军情益馁。无非欺君罔上，以和为主，张贼势而慢军心，见之令人切齿。”左的信息得自“自侯所来”者。

果勇侯杨芳原任湖南提督，于道光二十一年（1841 年）正月八日放参赞大臣，驰驿前往广东，剿除逆夷。他于正月二十一日接到了这道上谕，二月十三日行抵广东省城。他在起程赴任之初即奏云：“现在大局或须一面收复定海，一面准其于偏岸小港屯集货物。”换言之，浙江应与英人战，广东则应与英人通商以求和，自然宣宗以为不妥。抵广东后他就报告：“预备分段援应，共保无虞。”但是他所带的湖南兵为害于英人者少，为害于沿途及广东人民者反多。三月初，果勇侯又有“布置攻守机宜”的奏折，说：“城厢内外民心大定，迁者渐复，闭者渐开，军民鼓勇，可期无虞。”宣宗当然欣悦之至：“客兵不满三千，危城立保无虞。若非朕之参赞大臣果勇侯杨芳，其孰能之？可嘉之处，笔难宣述。功成之日，伫膺懋赏。此卿之第一功也，厥后尤当奋勉。”后来的奋勉或者有之，至于第二功则无可报了。虽然，败仗仍可报胜仗，自己求和仍可报外夷“恳求皇帝施恩，准予止战通商”。皇帝远在北京，何从知道这就是杨芳日后顾全面子的方法。左宗棠的信息既闻接得自果勇侯，就不足信；何况果勇侯传出这信息的时候既在途中，亦必间接得自广州来者。至于琦善“欲即斩生夷灭口”之说，遍查中外在场人员的记载均未发现。独在湖南安化乡中教书的左先生知有其事，且认为“情状昭著”，岂不是甚奇了！

同时广东的按察使王庭兰反说他屡次劝琦善杀义律而琦善不许，他写给福建道员曾望颜的信述此事甚详：“义律住洋行十余日，省河中夷船舢板数只而已，不难擒也。伊亦毫无准备，有时义律乘轿买物，往来于市廛间。此时如遣敢死之士数十人除之，直囊中取物耳。乃屡次进言于当路，辄以现在讲和，未可轻动，是可谓宋襄仁义之师矣。”琦善倘得了“西人金巨万”，授之者必是义律；“欲即斩生夷灭口”，莫若斩义律。琦善反欲效“宋襄仁义之师”，岂不更奇了！王庭兰的这封信又形容了琦善如何节节后退：“贼到门而门不关，可乎？开门揖盗，百喙难辞。”王庭芬既是广东的按察使，他的信既由闽浙总督颜休焘送呈御览，好像应该是最好的史料。不幸琦善在广东的时候，义律不但未“住洋行十余日”，简直没有入广州。这封信在显明的事实上有此大错，其史料的价值可想而知了。

琦善倘若撤了广州的防具，撤防的原动力不是英国的贿赂，这是我们可断定的。但是到底琦善撤了防没有，这是当时及后来攻击琦善的共同点，也是琦善与鸦片战争的军事关系之中心问题。道光二十年（1840年）的秋末冬初——宣宗最信任琦善的时候——撤防诚有其事，然撤防的责任及撤防的程度则大有问题在。

宣宗是个极尚节俭的皇帝，林则徐在广东的时候，大修军备，但是宣宗曾未一次许他拨用库款，林的军费大概来自行商及盐商的捐款。道光二十年（1840 年）六月七日，英军占了定海，于是宣宗脚慌手忙地饬令沿海七省整顿海防，北自奉天，南至广东，各省调兵、募勇、修炮台、请军费的奏折陆续到了北京，宣宗仍是不愿疆吏扣留库款以做军费。当时兵部尚书祁寯藻和刑部右侍郎黄爵滋正在福建查办事件，他们同闽浙总督邓廷桢及福建巡抚吴文镕会衔，建议浙江、福建、广东三省应添造大船六十只，每只配大小炮位三四十门，“通计船炮工费约须银数百万两”。他们说：“当此逆夷猖獗之际，思卫民弭患之方，讵可苟且补苴，致他日转增靡费。”宣宗不以为然，他以为海防全在平日认真操练，认真修理，“正不在纷纷添造也”。此是道光二十年（1840 年）七月中的情形。

八月中，琦善报告懿律及义律已自大沽带船回南，并相约沿途不相攻击，静候新派钦差到广东与他们交涉。宣宗接了此折，就下一道上谕，一面派琦善为钦差大臣，一面教他“将应撤应留各兵分别核办”，琦善遵旨将大沽的防兵分别撤留了。

九月初四，山东巡抚托浑布的奏折到了北京，报告英国兵船八只于八月二十二日路过登州，向南行驶，托浑布买了些牛羊菜蔬“酌量赏给”。因此，“夷众数百人一齐出舱，向岸罗拜，旋即开帆南驶。一时文武官弁及军吏士民万目环观，咸谓夷人如此恭顺，实出意料之外”。宣宗以为和议确有把握，于是连下了两道谕旨，一道“着托浑布体察情形，将前调防守各官兵酌量撤退归伍，以节靡费”；一道寄给盛京将军耆英、署两江总督裕谦及广东巡抚怡良：“着详加酌核，将前调防守各官兵分别应撤应留，妥为办理。”适同日闽浙总督邓廷桢奏折到京，报告从福建调水勇八百名来浙江。宣宗就告诉他，现在已议和，福建的水勇团练应分别撤留，“以节靡费”。是则道光二十年（1840 年）九月初，琦善尚在直隶总督任内，宣宗为“节省靡费”起见，已令沿海七省裁撤军队。

琦善于十一月六日始抵广东，他尚在途中的时候沿海七省的撤防已经实行了。奉天、直隶、山东与战争无关系，可不必论，南四省中首先撤防者即江苏。裕谦于十月三日到京的折内报告，共撤兵五千一百八十名，并且“各处所雇水陆乡勇亦即妥为遣散”。十月十七日的报告说陆续又撤了些：“统计撤兵九千一百四十名。”广东及浙江撤兵的奏折同于十一月一日到京，怡良说：“查虎门内外各隘口，兵勇共有万人。督臣林则徐前次奉到谕旨，当即会同臣将次要口隘各兵陆续撤减两千余名。臣复移咨水陆各提镇，将各路中可以撤减者再为酌核情势，分别撤减以节靡费。”撤兵的上谕是九月初四发的，罢免林则徐的上谕是九月初八发的。怡良所说广东初次撤兵是由林与他二人定夺，此说是可能的。怡良署理总督以后，又拟再撤，但未说明撤多少。伊里布在浙江所撤的兵更多，照他的报告共撤六千八百名，共留镇海等处防堵者五千四百名。南四省之中，唯福建无撤兵的报告。

总结来说，与鸦片战争有关系的四省，除福建不明外，余三省——江苏、浙江、广东，均在琦善未到广东以前，已遵照皇帝的谕旨实行撤兵。江苏所撤者最多，浙江次之，广东最少。广东在虎门一带至少撤了两千兵勇，至多留了八千兵勇。道光二十年（1840 年）秋冬之间，撤防诚有其事，并且是沿海七省共有的，但撤防的责任不能归诸琦善，更不能归诸他一人。

琦善未到任以前的撤防虽不能归咎于他，他到任以后的行动是否“开门揖盗”？道光二十年（1840 年）十二月和道光二十一年（1841 年）二月的军事失败是由于琦善到任以后的撤防吗？散漫军心吗？陷害忠臣吗？

琦善初到广东的时候，中、英已发生军事冲突，因为中国守炮台的兵士攻击了义律派进虎门送信而挂白旗的船只，这不但犯了国际公法，且违了朝廷的谕旨，因为宣宗撤兵的上谕已经明言：除非外人起衅，沿海各处不得开火。琦善本可惩办，但他的奏折内不过说：“先未迎询来由，辄行开炮攻打，亦不免失之孟浪。”接连又说：“惟现在正值夷兵云集诸务未定之时，方将激励士气，借资震慑而壮声威。若经明白参奏，窃恐寒我将士之心，且益张夷众桀骜之胆。”同时他一面咨行沿海文武官吏，在未攻击之先，须询明来由；“一面仍以夷情叵测，虎门系近省要隘，未便漫无提防，随饬委署广州府知府余保纯、副将庆宇、游击多隆武等前往该处，妥为密防”。是则琦善不但不愿散漫军心，且思“激励士气”；不仅未撤防具，且派员前往虎门“妥为密防”。

十二月初，和议暂趋决裂，琦善“遂酌调肇庆协兵五百名，令其驰赴虎门，并派委潮州镇总兵李庭钰，带弁前往帮办。又酌调督标兵五百名，顺德协兵三百名，增城营兵三百名，水师提标后营兵二百名，水师提标前营兵一百五十名，永静营兵一百名，拨赴距省六十里之总路口、大濠头、沙尾、猎德一带，分别密防。并于大濠头水口填石沉船，借以虚张声势，俾该夷知我有备”。总计兵一千九百五十名，不能算多，且广州第一道防线的虎门只五百名，虎门以内大濠头诸地反增一千四百余名，于此我们就可窥测琦善对军事的态度及其所处地位的困难。

他在大沽与英人交涉的时候，就力言中国万非英国之敌。到了广东，他的奏折讲军备进行者甚少，讲广东军备不可靠者反多。如在十二月初四的具折内，他说不但虎门旧有的各炮台布置不好，“即前督臣邓廷桢、林则徐所奏铁链，一经大船碰撞，亦即断折，未足抵御。盖缘历任率皆文臣，笔下虽佳，武备未谙。现在水陆将士中又绝少曾经战阵之人，即水师提臣关天培亦情面太软，未足称为骁将。而奴才才识尤劣，到此未及一月，一旦经费无出，且欲制造器械，训练技艺，遴选人才，处处棘手，缓不济急”。琦善对军事既如此悲观，故不得不和；然和议又难成，不得不有军备，“借以虚张声势”，“俾该夷知我有备”；且身为总督，倘失地责不容辞。但军备不但“缓不济急”，且易招外人之忌，和议更易决裂，故只能“妥为密防”，但只能在虎门内多增军队，所以他犹疑不决。结果国内主战派攻其“开门揖盗”，英人则责其无议和的诚心，不过迁延时日，以便军备的完竣。他们说：“此种军备进行甚速。”（Were going on with the utmost expedition.）英人采先发制人的策略，遂于十二月十五日晨攻击大角、沙角两炮台。

结果中国大失败，两个炮台均失守，水师船只几全覆没；兵士死者约五百，伤者较少；炮位被夺被毁者共一百七十三尊。英人方面受伤者约四十，死亡者无人。防守大角、沙角者约两千人，英兵登陆来攻者共一千四百六十一人，内白人与印度人约各半。此役中国虽大败，然兵士死亡之多足证军心尚未散漫。炮位损失有一百七十三尊，内二十五尊在大角，七十二尊在沙角，余属师船，足证防具并未撤。我们还记得：在虎门十台之中，大角、沙角的地位不过次要。道光十五年（1835 年）整理虎门防务的时候，关天培和署理粤督祁埙就说过：“大角、沙角两台在大洋之中，东西对峙，惟中隔海面一千数百丈，相距较远，两边炮火不能得力，只可作为信炮望台。”平时沙角防兵只三十名，大角只五十名；二月十五之役，二台共有兵士两千名，不能算少。至于军官及兵丁的精神，外人众口一词地称赞。虽然，战争不满二时而炮台已失守，似无称赞的可能。欧洲的军士对于败敌，素尚豪侠，他们的称赞不能不打折扣，但是我们至少不应说琦善“开门揖盗”。

此役以后，琦善主和的心志更坚决，遂于十二月二十七日与义律订了草约四条。他虽然费尽了心力求朝廷承认草约，宣宗一意拒绝。愈到后来，朝廷催战的谕旨愈急愈严。琦善于无可奈何之中，一面交涉，一面进行军备。他的奏折内当然有调兵增防的报告，但我们可利用英人的调查以评他的军备。正月二十三，义律派轮船 Nemesis 到虎门去候签订正式条约日期的信息。此船在虎门逗留了四天，看见威远、镇远及横档三炮台增加沙袋炮台（Sandbag Batteries），并说三台兵士甚多。别的调查的船只发现穿鼻的后面正建设炮台，武山的后面正填石安桩以夹道。二月一日，义律亲自到横档，查明自Nemesis报告以后，又加了十七尊炮。二月二日，英人截留了中国信船一只，内有当局致关天培的信，嘱他从速填塞武山后的交通。于是英人确知琦善已定计决战，遂于二月五日下第二次的攻击令。

道光二十一年（1841年）二月五日、六日的战役是琦善的致命之伤，也是广东的致命之伤。战场的中心就是威远、镇远、横档三炮台，所谓虎门的天险。剧烈的战事在六日的正午，到午后二点，三台全失守，兵士被俘虏者约一千三百名，阵亡者约五百名，提督关天培亦殉难。炮位被夺被毁者，威远百零七尊，临时沙袋炮台三十尊，镇远四十尊，横档百六十一尊，巩固四十尊。此役的军心不及十二月十五日，横档的官佐开战之初即下台乘船而逃，且锁台门以防兵士的出走，然亦有死抗者。失败的理由不在撤防，因为炮台上的兵实在甚多，炮位亦甚多，而在兵士缺乏训练及炮的制造与安置不合法。失败之速则由于关天培忽略了下横档，此岛在横档的南面，镇远的西面。关天培以为横档及威远、镇远已足以制敌，下横档无关紧要，故在道光十五年（1835年）整理虎门防备的时候就未注意。不料英人于二月五日首先占领下横档，并乘夜安大炮于山顶。中国的策略只图以台攻船，而二月六日英人实先以台攻台。战争的失败，琦善或需负一部分的责任，但是说他战前不设备，战中节节后退，不但与事实相反，且与人情相反，英人Davis甚至说琦善的军备已尽人事天时的可能。

时人及以后的历史当然不信中国反不能与“岛夷”敌，他们说中国所以败全由宣宗罢免林则徐而用琦善。他们以为林则徐是百战百胜的主帅，英人畏之，故必去林而后始得逞其志，英人在大沽的交涉不过行反间之计。时人持此论最力者要算裕谦，江上蹇叟（夏燮）根据他的话就下了一段断语，说：“英人所憾在粤而弃疾于浙者，粤坚而浙瑕也，兵法攻其瑕而坚者亦瑕。观于天津递书，林邓被议，琦相入粤，虎门撤防，则其视粤也如探囊而取物也。义律本无就抚之心，特藉琦相以破粤东之局。”魏源的论断比较公允，然亦曰欲行林的激烈政策，“必沿海守臣皆林公而后可，必当轴秉钧皆林公而后可”。

不说“沿海守臣”及“当轴秉钧”，即全国文武官吏尽是林则徐，中国亦不能与英国对敌。在九龙及穿鼻与林则徐战者不过一只配二十八尊炮的 Voyage 及一只配二十尊炮的 Hyacinth，后与琦善战者有陆军三千，兵船二十余只，其大如 Wellesley、Blenheim、Melville，皆配七十四尊炮。然而九龙及穿鼻的战役仍是中国失败，且虎门失守的时候，林则徐尚在广州，且有襄办军务的责任！英国大军抵华以后，不即攻粤而先攻定海者，因为英政府以为广东在中国皇帝的眼光里不过边陲之地，胜负无关大局，并不是怕林则徐。当时在粤的外人多主张先攻虎门，唯独《中国丛报》（*Chinese Repository*）反对此举，但亦说，倘开战，虎门炮台的扫平不过一小时的事而已。至于去林为英国的阴谋，更是无稽之谈。英人屡次向中国声明：林之去留与英国无关系。实则林文忠的被罢是他的终身大幸事，而中国国运的大不幸。林不去，则必战，战则必败，败则他的声名或将与叶名琛相等。但林败则中国会速和，速和则损失可减少，是中国的维新或可提早二十年。鸦片战争以后，中国毫无革新运动，主要原因在时人不明失败的理由。林自信能战，时人亦信其能战，而无主持军事的机会，何怪当时国人不服输！

战争失败的结果就是《南京条约》，这是无可疑问的。但战争最后的胜负并不决在虎门，而在长江。《南京条约》的签字距虎门失守尚有一年半的工夫，到了道光二十二年（1842 年）的夏天，英国军队连下了吴淞、上海，并占了镇江，而南京危在旦夕，这时候朝廷始承认英国的条件而与订约。正像咸丰末年，英、法虽占了广州省城，清廷仍不讲和，直到联军入京然后定盟，琦善在广东的败仗远不如牛鉴在长江的败仗那样要紧。

总结来说，琦善与鸦片战争的军事关系无可称赞，亦无可责备。败是败了，但致败的缘由不在琦善的撤防，而在当时战斗力之远不及英国。琦善并未撤防或“开门揖盗”，不过他对战争是抱悲观的。时人说这是他的罪，我们应该承认这是他的超人处。他知道中国不能战，故努力于外交。那么，他的外交有时人的通病，也有他的独到处，现在请论琦善与鸦片战争的外交关系。

二　琦善与鸦片战争的外交关系

懿律及义律率舰队抵大沽的时候，琦善以世袭一等侯、文渊阁大学士任直隶总督，他是满洲正黄旗人。嘉庆十一年（1806年），他初次就外省官职，任河南按察使，后转江宁布政使，续调任山东、两江、四川各省的督抚。道光十一年（1831年），补直隶总督。鸦片战争以前，中国的外交全在广东，故琦善在官场的年岁虽久，但于外交是绝无经验的。

道光二十年（1840年）七月十四，懿律等到了大沽，琦善遵旨派游击罗应鳌前往询问。罗回来报告说，英人“只谓迭遭广东攻击，负屈之由，无从上达天听，恳求转奏”。此种诉屈伸冤的态度是琦善对付英人的出发点，是极关紧要的。这态度当然不是英政府的态度，那么，误会是从何来的呢？或者是义律故意采此态度以图交涉的开始，所谓不顾形式只求实际的办法，或者是翻译官马礼逊未加审慎而用中国官场的文字，或者是琦善的误会。三种解释都是可能的，都曾实现过的，但断断不是琦善欺君的饰词，因为他以后给英人文书就把他们当作伸冤者对待。琦善一面请旨，一面令英人候至二十日听回信。十七日谕旨下了，十八日琦善即派千总白含章往英船接收正式公文。

此封公文就是英国外部大臣巴麦尊爵士致“大清国皇帝钦命宰相”的照会。此文是鸦片战争最紧要的外交文献，研究此战者必须细审此照会的原文与译文。译者遵照巴麦尊的训令只求信，不求雅。结果不但不雅，且不甚达。但除一句外，全文的翻译确极守信，这一句原文是“To demand from the Emperor satisfaction and redress”，译文变为“求讨皇帝昭雪伸冤”，难怪宣宗和琦善把这个外交案当作属下告状的讼案办！

这照会前大半说明英国不满意中国的地处，后小半讲英国的要求。中国禁烟的法子错了，烟禁的法律久成具文，何得全无声明忽然加严？就是要加严，亦当先办中国的官吏，后办外人，因为官吏“相助运进，额受规银任纵”。中国反首先严办外人，宽赦官吏，岂不是“开一眼而鉴外人犯罪，闭一眼不得鉴官宪犯罪乎”？就是要办外人，亦应分别良莠，不应一概禁锢，“尽绝食物，所雇内地工人，见驱不准相助”。如外人不缴烟土，即“吓唬使之饿死”，不但英国商人是如此虐待，即“大英国家特委管理领事”，“亦行强迫凌辱”，这是“亵渎大英国威仪”。因此层层理由，英国第一要求赔偿烟价；第二要求割让一岛或数岛，作为英商居住之地，“以免（日后）其身子磨难，而保其赀货妥当”；第三要求中国政府赔偿广州行商的积欠，第四要求以后中、英官吏平等相待，第五要求赔偿战费及使费，倘中国“不妥善昭雪定事，仍必相战不息矣”。照会内虽未提及林则徐的名字，只说“某官宪”，中外皆知英国所不满意的禁烟办法皆是林的行动。照会的口气虽是很强硬，但全文的方式实在是控告林的方式。

巴麦尊爵士给懿律及义律的训令有一段是为他们交涉时留伸缩地步的，他说：倘中国不愿割地，那么可与中国订通商条约，包括（一）加开通商口岸；（二）在口岸，外人应有居留的自由及生命财产的保护；（三）中国须有公布的（Publicly known）及一定的（Fixed）海关税则；（四）英国可派领事来华；（五）治外法权。除治外法权一项，余皆为国际的惯例，并无不平等的性质，且并不有害于中国。订商约或割地这二者：中国可择其一，这点选择的自由就是当时中国外交的机会，要评断琦善外交的优劣就在这一点。

琦善接到了巴麦尊的照会，一面转送北京请旨，一面与懿律约定十天内回答。廷臣如何计议，我们不能知其详细，计议的结果就是七月二十四日的两道谕旨。一道说："大皇帝统驭寰瀛，薄海内外，无不一视同仁。凡外藩之来中国贸易者，稍有冤抑，立即查明惩办。上年林则徐查禁烟土，未能仰体大公至正之意，以致受人欺蒙，措置失当。兹所求昭雪之冤，大皇帝早有所闻，必当逐细查明，重治其罪。现已派钦差大臣驰至广东，秉公查办，定能代伸冤抑。该统帅懿律等，着即返棹南还，听候办理可也。"此道上谕可说是中国给英国的正式答复。

其他一道是给琦善的详细训令，"所求昭雪冤抑一节，自应逐加访察，处处得实，方足以折其心……俾该夷等咸知天朝大公至正，无稍回护，庶不敢借口伸冤，狡焉思逞也"。至于割让海岛，"断不能另辟一境，致坏成规"。所谓"成规"就是一口通商。行商的积欠，"亦应自为清理，朝廷何能过问"。换言之，广东行商所欠英人的债，英人应该向行商追讨，何得向朝廷索赔？"倘欲催讨烟价，着谕以当日呈缴之烟，原系违禁之件，早经眼同烧毁，既已呈缴于前，即不得索价于后。"这种自大的态度何等可笑！英国所要求者一概拒绝，唯图重治林则徐的罪以了案，这岂不是儿戏！但在当时，这是极自然、极正大的办法。"薄海内外无不一视同仁"：这岂不是中国传统的王道？英国既以控告林则徐，中国即以查办林则徐回答：这岂不是皇帝"大公至正之意"？

八月二日，琦善即遵旨回答了英国代表。他们不满意，要求与琦善面议。琦善以"体制攸关"不应该上英国船，遂请义律登岸。八月初四、初五，他们二人在大沽海岸面议了两次。义律重申要求，琦善照圣旨答复。交涉不得要领，最困难的问题是烟价的赔偿。八月十八、十九琦善复与懿律移文交涉，他最后所许者，除查林则徐外，还有恢复通商及赔烟价的一部分二条："如能照常恭顺，俟钦差大臣到彼查办，或贵国乞恩通商，据情具奏，仰邀恩准，亦未可定。""如贵统帅钦遵谕旨，返棹南还，听钦差大臣驰往办理，虽明知烟价所值无多，要必能使贵统帅（懿律）有以登复贵国王，而贵领事（义律）亦可申雪前抑。果如所言，将有利于商贾，有益于兵民，使彼此相安如初，则贵统帅回国时，必颜面增光，可称为贵国王能事之臣矣。”英国代表于是“遵循皇帝的意旨”（In Compliance with the Emperor），开船往广东，并约定两国停止军事行动。

英国政府所以要懿律及义律带兵船来大沽，就是要他们以武力强迫中国承认英国的要求。懿律等在大沽虽手握重兵，然交涉未达目的即起碇回南，且说回南是遵循中国皇帝的意旨，难怪巴麦尊几乎气死了，难怪中国以为“抚夷”成功了。宣宗因此饬令撤防，“以节靡费”，且即罢免林则徐以表示中国的正大。大沽的胜利是琦善得志的阶梯，也是他日后失败的根由。懿律等的举动不但不利于英国，且不利于中国，因为从此举动发生了无穷的误会。但他们也有几种理由：彼时英兵生病者多，且已到秋初，不宜在华北起始军事行动。琦善态度和平，倘与林则徐相比，实有天壤之别。他们想在广东与他交涉，不难成功。他们在大沽不过迁就，并不放弃他们的要求。

琦善在大沽除交涉外，同时切实调查了敌人的军备，他的报告和朝廷改变林则徐的强硬政策当然有密切的关系。英国军舰的高大，这是显而易见的，“又各设有大炮，约重七八千斤。炮位之下，设有石磨盘，中具机轴，只须转移磨盘，炮即随其所向”。此外还有“火焰船”，“内外俱有风轮，中设火池，火乘风起，烟气上熏，轮盘即激水自转，无风无潮，顺水逆水，皆能飞渡”。当时的人如林则徐所拟破夷之法，琦善以为皆不足恃。倘攻夷船的下层，“夷船出水处所亦经设有炮位，是其意在回击也”。若欲穿其船底，则外人水兵“能于深五六丈处，持械投入海中，逾时则入跳跃登舟，直至巅顶，是意在抵御也”。此外还有纵火焚烧的法子，“今则该夷泊船，各自相离数里，不肯衔尾寄碇……是意在却避延烧也”。“泥恒言以图之，执成法以御之，或反中其诡计，未必足以决胜”，这是琦善“知彼”的功夫。

对于这样的强敌，中国有能力可以抵抗吗？琦善说中国毫无足恃，“该夷所恃者为大炮，其所畏者亦惟大炮”。那么，中国正缺乏大炮，譬如在“山海关一带本无存炮，现饬委员等在于报部废弃炮位内检得数尊，尚系前明之物，业已蒸洗备用”。华北如此，华南亦难操胜算，“即如江、浙等省所恃为外卫者，原止长江大海。今海道已被该夷游奕，长江又所在可通，是险要已为该夷所据，水师转不能入海穷追”。假设中国能于一处得胜，英国必转攻别处；假使我们能于今年得胜，英国必于明年再来，“欲求处处得胜，时时常胜，臣实不免隐存意外之虞”。“边衅一开，兵结莫释。我皇上日理万机，更不值加以此等小丑跳梁，时殷宸廑。而频年防守，亦不免费饷劳师”。这是琦善“知己”的功夫。

外交的元素不外“理”与“势”。鸦片战争的时候，中英各执其理，各行其是。故中英的问题，论审势，论知己彼的功夫，琦善无疑地远在时人之上。琦善仍是半知半解，但时人简直是无知无解，所以琦善大声疾呼主和，而时人斥为媚外，或甚至疑其受英人的贿赂。

不幸，十一月六日琦善到广东的时候，国内的空气及中英间的感情均不利于和议。伊里布在浙江曾要求英国退还定海，英人不允，朝野因之以为英国求和非出于至诚。在英国方面，因中国在浙江抢夺二十多个英国人，且给以不堪的待遇，决战之心亦复增加。十一月内，浙抚刘韵珂、钦差大臣祁寯藻、黄爵滋、御史蔡家玕相继上奏，说英人有久据定海的阴谋，朝廷主和的心志为之摇动。同时义律在广东多年，偏重广州通商的利益，主张在广州先决胜负。所以他在广东的态度，比在大沽强硬多了。中国对他送信的船开了炮，他就派兵船来报复，所以琦善到广东后的第一次奏稿就说义律的词气“较前更加傲慢”。适此时懿律忽称病，交涉由义律一人负责，琦善莫名其妙，“初六日（委员）接见懿律时，虽其面色稍黄，并无病容，然则何至一日之间，遽尔病剧欲回”。那么此中必有狡计：“今懿律猝然而行，或就此间别作阴谋，或其意见与义律另有参差，抑或竟系折回浙江，欲图占据，均难逆料。”所以琦善就飞咨伊里布，要他在浙江严防英人的袭攻。

这样的环境绝非议和的环境，但广东的军备状况更使琦善坚持和议。他说广东“水师营务，微特船不敌夷人之坚，炮不敌夷人之利，而兵丁胆气怯弱，每遇夷船少人稀之顷，辄喜贪功，迨见来势强横，则皆望而生惧”。他第一步工作当然是联络感情和缓空气，他叫水师参将致信懿律，“声明未询原委，擅先开炮，系由兵丁错误，理在严查惩办”。如此冲突免了，而双方的面子都顾到了。同时他又释放了叱吨（Vincent Staunton），此不过在澳门外人的一个教书先生，因至海岸游泳，民人乘机掳之而献于林则徐以图赏资，英人已屡求释放而林不许。琦善此举虽得罪了林派，尤为英人所感激，空气为之大变，交涉得以进行。

义律交涉的出发点就是前在大沽所要求的条件：（1）他要求赔偿烟价，首先要两千万元，后减至一千六百万，又减到一千二百万。琦善先许三百万，续加至四百万，又加至五百万，这是市场讲价式的外交。（2）兵费一条，琦善坚决拒绝，“答以此系伊等自取虚靡。我军增兵防守，亦曾多费铜银，又将从何取索”？（3）行商的欠款应由行商赔补。（4）义律允退还定海，但要求在粤、闽、浙沿海地方另给一处，琦善以为万万不可：“假以偏隅尺土，恐其结党成群，建台设炮，久之渐成占据，贻患将来，不得不先为之虑。且其地亦甚难择，无论江、浙等处均属腹地，断难容留夷人，即福建之厦门一带，亦与台湾壤地相连……无要可扼，防守尤难。”（5）中、英官吏平等一节，琦善当即许可。这是十一月二十一以前交涉的经过。十二月初七的上谕不许琦善割尺寸地，赔分毫钱，只叫他“乘机攻剿，毋得示弱”，于是全国复积极调兵遣将了。

这道上谕，十二月二十左右始到广东。未到之先，琦善的交涉又有进展。烟价的赔偿定六百万元，分五年交付。交涉的焦点在割地，义律要求香港，琦善坚持不可：“即香港亦宽至七八十里，环处众山之中，可避风涛。如或给予，必致屯兵聚粮，建台设炮。久之必觊觎广东，流弊不可胜言。”香港既不能得，义律遂要求添开口岸二处。琦善以为“添给贸易码头，较之给予地方，似为得体”。他本意愿添二处，但为讲价计，先只许厦门一处，且只许在船上交易，不许登岸。义律颇讨厌这种讲价式的交涉，遂以战争胁之。琦善虽一面备战，他的实心在求和。他十二月初四所具的折内求朝廷许添通商口岸，粤东防守如何不可靠，他在折内又说了一遍，“盖缘历任率皆文臣，笔下虽佳，武备未谙”；“即前督臣林则徐、邓廷桢所奏铁链，一经大船碰撞，亦即断折，未足抵御”。初六日，义律请他到澳门去面议，他以为“无此体制”，并恐“狼子野心”、“中怀叵测”，只许移文往来。十四日，义律声明交涉决裂，定于明日攻击。琦善的复信尚未发去，中、英已开始战争了。

十二月十五日，大角、沙角失守了，琦善的交涉就让步。二十七日，遂与义律定了《穿鼻草约》:（1）中国割让香港与英国，但中国得在香港设关收税，如在黄浦一样。（2）赔款六百万元，五年交清。（3）中、英官吏平等。（4）广州于道光二十一年（1841 年）正月初复市，在英国方面，即时退还定海。此约是琦善外交的结晶，最重要的就是割让香港。在定约的时候，琦善已经接到了不许割地、不许赔款的谕旨，照法律他当然有违旨的罪。但从政治看来，琦善的草约是当时时势所许可的最优的条件、最少的损失。我们倘与《南京条约》相较，就能断定《穿鼻草约》是琦善外交的大胜利。《南京条约》完全割香港，《穿鼻草约》尚保留中国在香港收税的权利。《南京条约》开五口通商，《穿鼻草约》仍是广东一口通商。《南京条约》赔款二千一百万元，《穿鼻草约》赔款只六百万元。我们倘又记得义律因订《穿鼻草约》大受了巴麦尊的斥责，我们更能佩服琦善外交了。

定了此约以后，琦善苦口婆心地求朝廷批准。道光二十一年（1841 年）正月二十五到京的奏折可说是他最后的努力，他说战争是万不可能，因为地势无要可扼，军械无利可恃，兵力不固，民心不坚，“奴才再次思维，一身所系犹小，而国计民生之同关休戚者甚重且远。盖奴才获咎于打仗之未能取胜，与获咎于办理之未合宸谟，同一待罪。余生何所顾惜，然奴才获咎于办理之未合宸谟，而广东之疆地民生犹得仰赖圣主洪福，藉保乂安。如奴才获咎于打仗之未能取胜，则损天威而害民生，而办理更无从措手”。宣宗的朱批说：“朕断不似汝之甘受逆夷欺侮戏弄，迷而不返。胆敢背朕谕旨，仍然接递逆书，代逆恳求，实出情理之外，是何肺腑，无能不堪之至！”“琦善着革去大学士，拔去花翎，仍交部严加议处。”部议尚未定夺，怡良报告英占据香港的奏折已于二月初六到了北京，宣宗即降旨：“琦善着革职锁拿……家产即行查抄入官。”北京审判的不公，已于上文说明。

琦善与鸦片战争的关系，在军事方面，无可称赞，亦无可责备。在外交方面，他实在是远超时人，因为他审察中外强弱的形势和权衡利害的轻重，远在时人之上。虽然，琦善在中国历史上的地位不能算重要。宣宗以后又赦免了他，使他做了一任陕甘总督、一任云贵总督。他既知中国不如英国之强，他应该提倡自强如同治时代的奕䜣、文祥及曾、左、李诸人，但他对于国家的自强，竟不提及。林则徐虽同有此病，但林于中外的形势实不及琦善那样的明白。

09

附录五

南京的机会与日本的“和平”

一　九一八事变与《独立评论》①

沈阳事变（日本称九一八事变为“沈阳事变”）于1931年9月18日，发生于沈阳城外，是远东有史以来最大的事变。驻在我国东北的部分日本军队，即所谓关东军，秘密计划于1931年9月18日夜开始行动，占领东北。当时沈阳城内外驻守的中国军队毫无准备，悉被解除武装。东北行政中心——沈阳——兵不刃血为日军占领。日军占领沈阳后，进而又占领了整个东北三省。从东北又向中国内地扩展。数年以后，又从中国把战争扩大到东南亚，包括印尼、菲律宾、越南、寮国、星马、缅甸和泰国，直至澳洲边缘。向东扩展，到了珍珠港。

“事变”之发展所以如此深远，实因集合许多条件而促成。

第一，是中国国力和民族意识觉醒的程度不能相称。像中国这样落后的国家虽然不能在短期内跻身于现代强国之林，但在短期内唤起民族意识，认清国家主权，争取国际大家庭中平等地位和尊重还是可以办到的。我们坚决要求国际地位平等，但是我们没有支持此种要求的国力。假如这种情形反过来，也就是说我们在国力发展方面远较民族意识的发展快，则九一八事变也许就不会发生了，即使发生，日本方面也不会那样为所欲为。

①本文选自《蒋廷黻回忆录》。本文中作者的某些论述由于受当时历史境况所限，显然陈旧或错误，本书出于尊重作者创作历史背景，进行了原样保留，不代表编者观点，特此说明。

第二，是日本领土扩张论抬头的结果。九一八事变时，日本也正如大多数其他国家一样，陷于经济不景气中。工厂关闭了，国际市场没有了，失业的人很多。经济情况予好战分子和极端分子以采取激烈行动的借口。面对整个世界经济不景气，所有国家都设法控制国内市场，排斥日货。日本主战论者利用世界资源分配不公及“有”资源国家加紧排斥日货的事实为借口。另一方面，“有”资源的国家自第一次世界大战后，即锐意保持和平，共同努力控制世界市场和原料。日本有见及此，自然要筹谋对策。他们认为：日本如果不能从西方列强控制下的落后地区分一杯羹，就只有牺牲中国，在亚洲北部去建立他们的帝国。

日本人认为占领我们东北是很公道的。他们认为他们并非从中国人手中攫夺东北，而是从苏俄手中拿到东北的。他们认为，1904 至 1905 年间的日俄战争如果日本战败的话，东北势将成为沙皇帝国的一部分。结果日本战胜了，东北自然应该归他们。他们进一步认为，日俄战后东北重归中国版图那实在是因为国际间的嫉忌和中国的外交阴谋有以致之，事后中国非但不与日本合作，反而阻止日本发展，而且更重申中国的主权。

东三省的重要性是中日双方都承认的。我们都知道东北的农工业在中国均居最重要地位。同时，我们对日本人的态度一向也是看不起的。日本人一直未曾受到中国人的尊重。在过去若干世纪，我们一直把日本人当作“侏儒”，认为日本人少、地小、文化低。1895 年日本战败中国，对中国人说实在是个大震荡。中国人把那次失败当作从未有过的奇耻大辱。30 年后，日本在东北非法筑路、驻兵、控制重要港口，实际上就是控制了东北的经济命脉，中国人认为，日本在中国所作所为对中国都是侮辱和侵略。这就是中国人对中日两国在东北冲突的看法。

当时中日双方均缺乏政治手腕，以致无法筹划出有利双方的经济发展计划，解除日本侵略中国的经济因素。中日两国主战的报纸，一致渲染：如果中国富了，日本一定会穷；反之，如果日本富了，中国也一定会穷。双方没有合作的余地。

九一八事变之前，中国舆论着重在反对不平等条约上。经过研究和实地观察，我当时认为东北问题不易解决，因此我以为应该格外注意才对，我认为除非中日双方小心、聪明，否则，就会发生巨变。关于此点，我很谨慎，当时不愿表示先见之明，所以也不愿预测“事变”的性质、时间和地点。迨九一八事变发生，我也和其他的人一样感到震惊。我应该再补充一句，当时我对调整中日冲突关系还没有详细的腹案，我仍在摸索，想要找出一个双方均能获益的办法。

我一向不怕日本，我认为，就中日两国而言，中国弱，日本强不过是暂时现象。我晓得日本有装备精良的陆海空军，有训练有素的士兵和有效率的官员。军队的后面，他们有最爱国、最勤奋、最俭朴、最守纪律的国民。尽管日本有上述的优点，我却不认为她对我国会构成永久的威胁。我相信时间是对中国有利的。没有强国的基本根据地，任何人都不能建立、保持一个伟大帝国。因此，我对九一八事变的主要想法是争取时间。

上述想法，可能是一厢情愿的。但我对北大、燕大、清华学生们演讲时，却一直以这种想法作为基本理论，我一直认为九一八事变是地方性的。

1931 年冬，外交部长顾维钧博士提议将东北南部的锦州附近地区划为中立区，隔开中日双方的军队。我赞成他的建议，此举可使冲突紧张形势不致蔓延。当燕大校务长司徒雷登约我到燕大演讲时，我极力支持顾氏主张。讲完后，燕大名教授陆志韦（Lu Chih-wei）起立代表教职员及学生联合会发言。经过简短的说明，他提议燕大师生通电全国，反对设立中立区。政治系主任徐淑希（Hsu Shu-hsi）也赞成他的提议。司徒雷登校务长将提案付诸表决。我从台上看到一片手海，心中不免沮丧。

我当时觉得我是在对战争的狂热者从事一场艰苦的作战。

全国学生一致要求抗战。他们到南京向中央政府请愿，铁路为之受阻。主战情绪发展的逻辑是很简单的。日本占领中国领土，中国必须要抵抗，即使是战败、战死都在所不惜。失地是可耻的，不战而失地更是永远洗刷不掉的耻辱。

当时日本主政的是民政党。我和华盛顿史汀生（Stimson）国务卿一样，都把信心寄望于民政党。1927 年夏，当我在东京研究时，我曾见过日本外相币原（Baron Shidehara），我与他在华盛顿会议中也见过面。他曾表示：他和他的政府决定与中国保持和平，不干涉中国内部的统一。1931 年冬，有一位朋友告诉我，币原于那年夏天就曾要求当时中国驻日公使汪荣宝，回南京向政府报告。“告诉你们政府，”币原说，“一个大事变就要发生了。除非中日双方政府谨慎处理，双方均将被毁。尽速和我来解决。但，我一定要占一些便宜。如果你的政府不肯让步，我的政府必然会垮台，而后任将较我更甚，会要求无厌。”事实上，整个七、八两个月，币原一直都急于寻求谈判的机会，而南京和东北方面都尽量设法避免。明了对方所使用的策略后，我不禁感到我们的政府措置失当。而且也越发使我相信日本民政党的政府是急欲将九一八事变地方化的。

所有反对中央政府的政客和军人，毫无例外的，一致要求立即对日作战。此种现象不禁令我深思。我认为爱国并不是反对中央政府者的专利。显然的，反对派这样做法有两个前提。其一，在中国政争中反对派已经无可挽救的败给蒋委员长了。其二，日本军队可能抄了蒋的后路。爱国口号在最不爱国的动机下喊出来。虽然学生和老百姓大部分是真正爱国的，但我深知有些是受政客幕后操纵的。活动费送到北平，大部分用在少数学生身上。此种情形更使我要去努力阻止全面战争。

中国人对中立地区的拟议不是冷漠就是坚决反对，因此，蓄意占领东北的日本关东军，乃无视于日皇对中立地区的指示。大批日军迅即渗入平津地区。日本的侵略立即影响到平津两市的大学学生。我们晓得：欲想获得和平，保持和平，必须要中日双方努力才能有效，但现在日本方面要侵略，因此，我们也只有渐渐转而主张备战了。

清华教授集中住在三处。我住在北院。北院七号是叶企荪和陈岱荪，他俩那里成了非正式的俱乐部。有很多朋友住在那里，其中包括哲学系的金岳霖，政治系的张奚若和钱端升，物理系的萨本栋和周培源。我和其他许多人常于饭后到七号去聊天。我们争论和战问题，无尽无休。每个人都晓得战争的困难，但只有我一个人是公开而诚意的主张维持和平的。不过我也不敢相信和平可以廉价取得。我和他们都主张从速准备，以应付可能发生的战争。为了使学生准备作战，许多教授也改变了他们的授课内容。

在那段时间里，我每周到北大去授课一次。因为编《中国社会政治科学评论》，我常到城内总社去。透过这些关系，我一直和城内一些朋友们有接触。现在我已不记得是哪一位发起的，在清华俱乐部举行一次晚餐，当日出席的有胡適、丁文江、傅斯年、翁文灏、陶孟和、任鸿隽、任夫人陈衡哲、张奚若和吴宪。席间曾讨论到知识分子在国难时期所能尽的责任问题。我提议办个周刊，讨论并提出中国所面对的问题。陶孟和第一个就给我浇冷水。陶曾编过若干年《时代评论》，深知出版周刊的各种困难。他警告在座诸君，不可掉以轻心，不加思索的冒险尝试。胡適也反对我的想法，只是没有陶那样激烈而已。他曾编过一个叫做《播种者》（*The Endeavor*）的期刊，在五四运动时期曾发行了若干年。他说：他的经验使他不敢轻易创办一个新刊物。他的话令我很泄气；因为当时在座的人一致都认为不办刊物则已，设使要办，则编务方面非胡莫属。因为我对办周刊毫无经验，我想我应该接受这些有经验的人的意见。

过了一周，任家约我和另一些人到他们家中去吃饭。我又提出办刊物的想法，他们又和过去一样表示反对。但出我意料的，丁文江倡议：为了测量一下我们的热诚，不妨先来筹募办刊物的经费。“办刊物很容易，”他说，“但能继续维持下去是困难的，除非我们能够共同负责。否则，整个重担就会落到编辑一个人的肩上。”他提议我们每人每月捐助收入的百分之五。如果没有足够的财政上的支持，我们可以放弃这个计划，把捐款发还，如果有人来支持，我们就可以详细计划出版问题。假如我记忆不错的话，丁当时决定经费总数最低不得少于八百银元。丁的建议对我说似乎是太严苛了，但我还是同意了，在座的其他人也未反对。

从那时起，我们每周聚会一次。起初是讨论发行日期问题，接着是准备出刊。丁又提议我们应该约请一位银行家来加入我们的阵营。所有捐款、保管及财务上的事务都请他偏劳。丁介绍竹垚生（Chu Yao-sen）先生，大家欣然同意。几周过去了，捐款也都交进来。大家提出好几个刊物的名称，最后选用了胡適先生所提的《独立评论》。我们成立一个编辑委员会，委员三人，由胡適总其事。我和丁文江协助编务。

当我写这本回忆录时，手边已经连一本《独立评论》都没有了。《独立评论》创刊于 1932 年春，第一期印了两千本。初期的《独立评论》是相当简陋的，但比我们所预期的要好得多。第二期我们发行了三千本。半年后，已经无须继续捐助，可以自力更生了。一年之内，发行数字升到八千本，两年之内，达到一万五千本。我们不仅不收津贴，也不接受大幅广告。终《独立评论》时期，社中只用一个小职员，负责发行事务，月薪六十元。

在舆论方面，《独立评论》成了当时著名的刊物。《独立评论》不对某项专题作有系统的讨论，也不刊登知名之士请托的稿件。大家每周聚餐一次，讨论时事，但不作结论。我们不仅对外界是独立的，即是同寅彼此间也互不干扰。我们讨论时都了解彼此不同之点，有时大家的观点也会自然趋于一致。有时，外边作者会发现《独立评论》是真正独立而尊重别人意见的。《独立评论》实在是一个公开的园地，每个人都可以用它发表自己的意见。

《独立评论》的读者，大部分都是大学生，其次是公务员，再次是开明的商人。令我感到意外的是有些青年军官也一直看《独立评论》。其后几年，我发现有许多人是从《独立评论》认识我的，而非从我花费多年心血所写成的历史著作中认识我的。

《独立评论》同寅中，最值得一提的是傅斯年。他也和其他人一样，为《独立评论》花了许多时间撰稿。他有丰富的历史知识。一旦他撰写一篇稿子，就好像是集合了四千年的历史经验似的。他把文章重要内容摘出来登在前面，此举成为出版界的创举。令许多朋友吃惊的是他的文章不仅能引起读者知识上的共鸣，而且也能引起他们心灵上的共鸣。能够引发最深的情感，也能使某些人感到莫大的嫌恶。

在未办《独立评论》前，我对丁文江没有深切的认识。但经过《独立评论》在一起共事后，我开始尊敬他、爱戴他。他是一位职业的地质学家，并曾创办过地质调查所，成为中国最负盛名的科学研究机构，当孙传芳控制长江下游各省时，对他曾畀以建设大上海的重任。多年来他一直研究中国陆军种种问题。孙传芳失败后，丁任北平附近一所煤矿的经理。在《独立评论》同寅中，他对国际形势知道的最透澈。他不仅多才多艺，而且实事求是。

办一个刊物需要花费很多人的力量，《独立评论》的成功，无疑的，胡適贡献最大。他的朋友和熟人一致认为他是个最能吸引人的人。幽默、细心、聪明。谈话时，态度和蔼，富理性。他反对教条主义，对一些莫名其妙的人却特别有耐性，如果根据以上两点认为他处事没有原则的话，那可能是大错特错了。他对自己的信念，坚定不移，在他漫长而多采的人生中，曾有若干时期受到最高的推崇，也有若干次被人认为落伍和肤浅。有时他表现了无比的勇气，有时他也会因为某事或某人而与人论战。

但是，终其一生，他都是主张自由、民主和实用的。

我不想对胡適多加赞扬。我想谈一谈我与他的不同之处，有些我已经在《独立评论》上发表过，其他是不言而喻的。我认为他对自由议会政府的想法太天真。他似乎对许多民主国家幕后的贪污、腐化、浪费、愚蠢、冷漠不欲深入了解。对批评19世纪自由主义的浪潮也不重视。就在北平，好多国会议员就曾把选票卖给无知、枉法的曹锟，选他做中国的大总统。湖南，在赵恒惕任主席时，就曾颁布过省宪。省议会开会时，议员都把时间浪费在争权夺利上，致使人民感到厌恶，认为有它反而不如没有它。这类事实胡適认为无所谓。他认为民主的弊端能用更民主的方法去防止。

马克思的经济史观无疑的是不切实际的，但胡適几乎是忽略了经济问题。对我说，中国人的贫困是个迫不及待需要解决的问题，因此，我认为应该在经济方面即刻采取行动，而无需等待中国政治的民主。我认为经济应该先于政治。在经济方面我认为有两件工作要做：其一，利用现代科学和技术从事生产运输。其二，社会化或公平地分配财富。我认为宪法和议会之有无是次要问题。创造更多的财富，平均分配对我才是最重要的。我从未认为胡適反对向繁荣方向发展经济，同时，我也希望他从未怀疑我反对政治民主。我俩的不同点不是原则问题，乃是轻重缓急问题。

《独立评论》上曾经刊载过许多关于中国统一问题的文章。在这方面，我认为我与胡適也有不同之处。他似乎认为中国可以、而且应该用全国人民代表大会方式来统一。我认为除非已经有了最低限度的统一基础，否则，这种会议不会有太大的成就。武力对国家发展的重要性如何，也是我俩意见相左的所在。我认为必须武力和政策配合才能使国家统一，但他似乎认为，如果我了解不错的话，用武力统一是无用的，也是不必要的。

因为《独立评论》创办于九一八事变后，自然其中会有许多讨论到和战以及国联是否可以信赖的文章。《独立评论》同寅中没有人主张立即对日作战的。在这一点上，大家的主张是一致的。当时天津《益世报》编辑罗隆基，发表了一篇轰传一时的文章，题目是“枪口朝外，不可对内”。文中大意是主张停止内战，一致抗日。我在《独立评论》上为文答覆罗氏，略谓：仓促对日作战将遭失败，现代化的战争需要长期准备，然后全国总动员。社中同寅对我的主张均未表示异议。

但，丁文江略有不同。他进一步认为中国需要来个布列斯特－立托维斯克（Brest–Litovsk）式的条约（1917 年 3 月 11 日，俄国革命推翻了沙皇后，出于保存布尔塞维克新政权的需要，苏俄政府于同年 12 月派加拉罕等人前往布列斯特－立托维斯克与德国举行和谈。1918 年 3 月与德国签订投降式和约。——译者）。此一倡议自然是主张中国抄袭列宁于革命成功后为争取对德和平所使用的策略，使中国付出相当代价，文江的结论是为了和平不惜任何代价。他相信中国在军事、政治和经济各方面准备得都不够，不足以应付对日战争。在军事方面，他一直认为中国没有训练有素的军官。他常说，在中国所有工作中，他最有兴趣的是军校校长，一旦做了校长他可以训练出一批新军官。当然，他更了解，中国在造兵器方面也相当落伍，除了来福枪[①]和轻机枪外，尚不能生产新式重武器。在政治和经济方面，他深悉中国地方割据的情形。他认为中央政府不能利用全国资源。他特别指出中国经济的不足。在太平年间，生产正常，粮食仅能自给。一旦气候失调或境内爆发大规模内战，中国就须从国外购进大批粮食。丁坚信欲想赢得战争，必须要军事与经济并重。他时常要我们注意东北的事实。在东北已经有一支中国最大、装备最精

---

①来福枪：又称“来复枪”。来复枪是英文 rifle 的翻译，意思是枪管中的膛线。可以认为凡是具有膛线的枪都可以称作来复枪。

良的地方部队，但是日本并未遭到强劲抵抗，轻而易举地就占领了东北。东北情形如此，中国其他地方又将如何呢？这是他常常谈到的问题。

中国当时的情况是这样的：人民在理智方面，都晓得国家没有作战准备，但在情感方面，大多数均主张早日抗战。战争气氛弥漫全国。关于这种情形，胡适博士一再地说：“和比战难。”在当时，也就是说在1931至1933年间，中国人谁能使中国对日本议和？胡适的论点对丁文江不惜任何代价争取和平的主张可谓是有力的答覆。回顾一下《独立评论》整个过去历史，我敢说丁文江当时那篇文章证明了最大的勇气和最大的知识分子的真诚。我也敢说胡适博士对和平之困难表现了一个真正政治家的了解。

和这些人在一起，常常和他们讨论时事，我可以感到文江胸中的激愤，也可感到胡适心中的忧伤。胡的朋友们似乎都觉得很奇怪，他没有像文江那样公开主张和平；因为胡适认为文江不免有些“乌托邦”。问题是：当时除了这种“乌托邦”的意见外还能有什么其他的意见呢？

显然地，主战者一天天增加。我也清楚看出中日双方都迈向灾难。日子一天天过去，自由人士在日本越来越失势，迷信武力的主战者越来越抬头。在中国，反政府分子利用纯洁的人民爱国热狂，呼吁作战，而政府拿不出办法以缓和人民的情绪。我认为一项伟大的改革和建设计划或可代替人民主战的情绪，但是政府无力及此。我想《独立评论》的同事们的看法都是如此的，只是有时他们表示出来，有时不表示而已。

虽然我们都支持国联，但在1932年间我们却没有人真正寄望国联能采取什么有效措施。厉行和平的意愿，如果说曾经有过的话，也于1932年日内瓦会议中消失了。胡适除了尊重国联赖以存在的高尚理想外，还希望我们不要随便讨论国联处理东北争端的事。傅斯年对李顿调查团的姑息做法极为愤慨，因为那种姑息很明显的除了牺牲原则以外将毫无所获。至于我，我认为已经有很多国家正千方百计想要搞垮国联，如果说李顿调查团想要再挨日本一记耳光的话，中国又何必去阻止他呢。

《独立评论》的同寅从未有人梦想中国可以从外国得到援助以对抗日本的侵略。我们晓得在某些国家中可能有某些人某些团体是同情中国的，但我们也知道仅是同情是不济事的。中国有些人认为苏联可能和中国结成联盟。为了要与苏联结盟，他们要求中国恢复对苏外交关系。《独立评论》赞成他们的主张，但并不幻想苏军会对日本作战。我们只是认为中苏保持正常外交关系是应该的事。很奇怪，在中国，特别是在《独立评论》同寅中，从来没有人想到英美两国会武装干涉的。我们似乎认为美国已决心不再作战。英国也同美国一样，希望和平。此外，有些保守党党员认为年轻的民族主义的中国应该受点折磨。

1931 年，英美的保守分子，不惜任何代价醉心于昔日左倾的和平理论。就好像资本主义也有意要充份证明一下资本主义者能支持世界和平似的。相反的，所有国家中的左派分子却彻底改变了他们自己。远在 1918 以及 1918 年以后的几年中，共党分子和社会主义分子揭发了战争的真面目，使他们自己成为全世界最爱和平的人。到了 1930 年，左倾分子一改昔日主张，反而要求战争。越左倾越好战。这种转变，无疑地说明了我们在防止战争与维护和平方面努力得不够。因为《独立评论》必须要讨论某些有关人的问题，所以迄未对和战问题予以论列。我们深知，在人类的历史过程中，每一个阶段，每一个阶级都与战争和建国有关，对我们说，战争似乎是一种病，截至目前为止，我们还没有发明一种可以医治它的特效药。

虽然《独立评论》同寅间都了解彼此见解不同，但外界却把我们看成是一体的，有些人甚至认为我们正在成立一个新政党。这种看法当然是毫无根据的。但外界人士却认为我们的立场是一致的。

我们之间，除了经常为《独立评论》撰稿者外，很多人不时为天津《大公报》撰稿。我们与《大公报》间从来没有默契，更谈不上正式的合作，但事实上是共守相同原则的。

我在《独立评论》和《大公报》上所发表的文章引起很多人的注意，其中包括蒋委员长。1933 年夏季，他约我到长江中部避暑胜地牯岭去谈话。促成此事的是《大公报》的发行人吴鼎昌和蒋的亲信干部钱昌照，吴是《大公报》的创办人，也是蒋的密友，对蒋极有影响力。钱一再表示他对发展中国天然资源极有兴趣，当时正与翁文灏计划中国工业化问题。钱当时是蒋亲信中比较年轻的一个。因为他们两人都未说明是谁安排我和蒋见面的，所以我认为是他们二人共同安排的。

截至 1933 年，我已回国整整十年。在这段期间，我从未进过衙门。对任何身居要津的朋友也从未请他们帮过忙。我对政治的态度是很正常的。我认为政治并不是专为金钱和荣耀。对我说，政治只是一种工作，我认为它和教书一样的清高。凑巧我很喜欢清华的工作，而且想写一本近百年中国史。我希望它能在中国学术界奠定我的久永地位。当蒋约我时我欣然接受，这倒不是我要弃学从政，实在是因为我希望会见一位伟人。在他那方面，我想他只不过是表示一下对学者的敬意，了解一下政府以外人士对其政策的看法而已。事实上，他是正在全国设法发掘才智之士。一旦时期成熟，他就安排与这些人见面。

因为何廉博士也是被约见者之一，于是我俩同上牯岭。我们在那里停留了一周，曾与蒋会晤好几次。第一次见面只是礼貌上的。他很客气的说，湖南是出大人物的地方，因为他知道我与何廉都是湖南人。当然，在谈话时他已深悉曾国藩、左宗棠、胡林翼等人的大名。为了回答他的恭维，我说：虽然湖南过去出了一些伟人，但是现在的中国伟人却多出自浙江。

蒋的朴实生活令我深受感动。他在牯岭住的是一栋朴素无华的房子，门牌正好是十三号。尽管他的许多外国朋友劝他换个号码，但他一直都不相信那种洋迷信。他的态度极为得体，使我既不感到拘束也不致完全放纵。很明显的，他对财富和虚名都不看在眼中。我们也可以清楚地看出他有坚强的意志，对于重要工作，能够全力以赴。

在我们第二次见面时，他的秘书拿着纸笔，显然的他是准备纪录我们谈话的内容。我们被延入就座，奉茶后，他提出一个问题："你们对当前国家大事有何意见？"我认为他问此一问题的目的是要我发表意见。我谈了约二十分钟中国统一问题。首先，我提出正确结合政策和武力的理论。然后，我又说明，中国地区辽阔，风俗各异，统一工作不妨分成若干阶段进行。第一先建立一个真正核心地区，其行政要优于其他不直接属于中央政府控制的地区。我又进一步说明：因为日本已经表示对华政策趋于积极，所以中日之间迟早难免一战，中国必须早作准备。我们应该争取时间，但有些事往往无法控制。中国政治家们必须认清对日战争会使中国自然而然的达到统一。在对外战争中，爱国心和中央政府的统治力量一定会增加。他全神贯注的听我讲，一直没有打断我的话头；也没有用微笑或是皱眉来表示好恶。当我要离开时，他表示希望我再多留几天，以便再谈一次。

过了一天，他约我去吃午饭。那次午饭除了蒋的秘书外只有吴鼎昌一人在座。席间，吴先生提议最好谈一些外界对政府的批评。委员长要我坦白地讲，不要有顾忌。我说有些人对中央政府感到失望。他们希望中央政府的行政能够更有效率，希望中央政府控制的地区生活情况更能改善。但是改善生活不是一蹴而即的。有些人把中央政府控制省份和非中央控制省份的生活情况拿来比较，认为中央政府控制地区不太好。他立即问我人们认为哪一个非中央控制的省份比中央控制的省份更有行政效率。我告诉他，因为我没有到过那些省份，我不能根据人们看法来下判断。我所说的只是根据传闻。就以山东来说，在韩复榘那样头脑简单的人统治下，据说也比浙江的秩序好，比浙江更繁荣。他虽然怀疑传闻的正确性，但仍认为我所说的都很重要，认为中央政府控制下的各省应该改善。

1933 年秋，中国驻苏大使颜惠庆博士回国。当时流行一个传说，大意是说如果中国抵抗日本，苏联愿予中国武器援助。因此，大家都推测颜对政府述职的内容如何如何。行政院长兼外交部长汪精卫约我到南京一谈。在南京我与交通部长顾孟馀，外交部次长唐有壬，交通部次长、汪的机要秘书曾仲鸣共进晚餐。在此之前我曾见过汪两次。一次是在南开时他去演讲。那次演讲非常成功，口才好，内容精采。第二次是在国难会议时期，会议是汪召集的，于 1933 年春在洛阳当年吴佩孚练兵的营房中举行。

以人而论，汪是很有吸引力的。但他主持洛阳国难会议，讲了好多次话，我仍不能获悉他的真意所在。我晓得他是反对抗日的。然而，在他任行政院长之前，他的手下也曾发动过学生要求对日作战，以增加政府的困难。政客们为了争权会做出许多奇怪的事，但是用和战问题当作手段，我认为是绝对不可饶恕的。我们《独立评论》的同寅于获悉汪氏出长行政院时曾在一次晚餐席上坦率指出此一任命对中国的不利。我自己曾致力于阻止提前对日作战。汪为了他个人理由也不愿对日作战。但是他在野时拼命煽动战争，一旦掌权时又要大家维持和平，似乎是缺乏爱国心和对国家的真诚。

饭后我问汪，颜对苏联有何意见。汪立时回答我说就是为了此事所以才找我来商量。他告诉我，颜向他建议：政府可以用公民投票的方式让人民去决定和战问题。汪问我是否同意颜的意见。我回答说如果政府已经准备作战，想要制造一个海内外人民要求作战的印象，不妨举行一次公民投票，否则，我认为此举不免幼稚。汪表示赞同我的看法。我问他颜是否带回苏方承诺，一旦中日开战，苏联予我援助。汪告诉我颜并未带回此种承诺。

我认为汪可能是曲解了颜惠庆大使的报告，因为颜是我国最有经验的外交官，我认为他不致提此幼稚建议。为了国家利益，我希望能保持他的声望。我回到清华，迅即求教于我的同事、颜的好友钱端升先生，问他汪所说的是否正确，如果不错，我问他可否到天津劝阻颜不要再提这种建议。钱和我一样，也认为颜所提的建议不妥。他前往天津。归来后，他告诉我他已顺利完成任务。颜的确提过那个建议，而且答应以后不再提起。

1934年初，蒋委员长从南昌行营电约我前往，见面后我感到很难过，因为蒋问我的问题和汪一样。我从报纸上获悉颜已经晋谒过委员长。显然的，他已乘机又向蒋提出同一建议。自然，我同答复汪一样回答了蒋。晚饭时，黄郛和蒋鼎文也在座，蒋问我对当时全国热烈讨论的宪法草案有何意见。宪法草案的重点是中国应该采行美国的总统制，而不采行法国的内阁制。我很清楚，一旦新宪法草案实行，总统一职非蒋莫属。问题是：蒋公于获得最高行政权后再担任军队最高统帅是否合适？我个人认为是不合适的，因此，我也就照实表示了我的看法。我又说：宪法不能完全依据理论，须要根据经验。因为我们在中国不能确知何种制度适合中国环境，所以采行一种新宪法徒然增加政治紧张而已。当时所行的临时约法与我们所可能草拟出来的新宪法就好坏论不会有出入。我认为最好是不要修改它。同席的黄郛先生，是一位老政治家。他的经验当然要比我丰富。我说完后，深感自己鲁莽，居然没有让他先发表意见。但出人意料的，他却热烈支持我的看法。当我告别蒋时，他问我将来有何打算。我说我准备休假时到欧洲去，特别是到英、德两国去考察。我准备到伦敦英国外交部及普鲁士和德国档案处去找一些资料，以便开始著述。他要我行前再去看他。

蒋在南昌的行营，可以说是当时中国真正的首都。江西“剿共”工作行将完毕，中央军正“追剿”流窜至贵州、云南、四川的红军。中央政府的政治力量正随军事的进展而扩展。“剿共”事实上等于变相的统一。军事行动之外，行营更致力于政治、财经措施。为了上述工作，创立了农民银行。中央公开表示：“剿共”工作是七分政治、三分军事。从报纸上我们获悉行营秘书长杨永泰和江西省主席熊式辉正协助蒋计划政治和经济。因为仅仅要我在某些特殊问题方面表示意见，兼以我对政治不感兴趣，于是我尽速离开南昌。

西方作家看中国这一段历史可以说完全是受了共党的影响，认为中共从江西“流窜”到延安是“长征”。“长征”一词具有英雄气概。即使他们的逃窜有几分英雄色彩，但是西方作家却不该忽略了他们的“长征”乃是中央军“追剿”的结果。其“流窜”一事就政治观点说有两点值得注意。第一，中央政府因为“追剿”红军而扩大了控制和影响区域，包括中国的西南部。第二，以西南为根据地，使中央能够对日长期抗战。

在这段时期中，有一段时间红军暂时控制了我的家乡湖南省地区。从我弟弟的信中获悉红军在我家乡叛乱的详情。地主的土地被没收分给没有土地的人。乡人暂时没有抵抗，结果因“革命”而得到好处的都是其他省份的外乡人，没有一个是附近的人。本地人，无论是地主或佃农都没得到好处。他们认为他们是被征服，是被外地人骑在头上作威作福。最后，地主和佃农联合起来，以本乡人反对外来人的心情，把红军的措施又恢复原状。一切事又和过去一样。地主收回他们的土地，佃农和过去一样仍旧耕种他们原来耕种的土地。乡下人认为革命是一场恶梦。

在我与蒋委员长多次谈话中，我曾向他建议，在“剿共”时应该向农民明白表示，如果他们需要自己有土地，中央政府一定可以帮助他们得到。但是如果农民在土地要求外一定要支持红军的话，中央一定不能容许。事实进展的比我们计划得快。红军在江西的军事组织在中央尚未采取任何解决土地问题的措施以前就已经崩溃了。红军离开后，地主回来，农民对他以前的地主说：“大叔，我真愿意你回来，你走以后我一直小心照管着你的土地。”

二　九一八的责任问题

假若九一八事变发生在别的国家——这当然是不可能的，我们想想这事件大概会怎样发展。无疑地，一方面的发展是军事的抵抗。又假若该国也像中国一样不但无抵抗的能力，且也无抵抗的坚强意志——这当然也是不可能的——那又怎样呢？最低限度，民众团体、舆论机关及国会代表要群起追究这事件的责任和经过。政府呢，将不待国民的催迫，就会在国会里发表负责的、附有证据的说明，同时又将不待国联的调查，就会发表白皮书或红皮书或蓝皮书使全世界都能明了该事件的真相。这些口头的或书面的说明，虽然不能完全是客观的、科学的，纵使大部分是当局者为自己粉饰而诿过于人的，总而言之，不待周年的国耻纪念，该国政府对于该事件的官方观点，早已为世人所熟知了。

现在我们已到丧失东北的周年忌日了，而我国政府至今没有这样的说明。直到现在，关于九一八事变的远因、近因我们还有许多问题存在。我国没有国会，当然没有国会记录可寻找，但是我们的政府是对党负责的，政府对党总应该有一个系统的报告。若是有的话，我是没有看过，也没听人说过。至于各国外交部所惯有的色皮书，我至今没有听说我们的外交部关于九一八事变发表过。这是个什么样的政府、什么样的国家？

“九一八”的责任问题没有多少人提出过，最大的原因是一般人都想这责任无疑是在日本身上，用不着追究。除非我们把整个东北送给日本，无论我国人民及政府怎样对付日本，九一八事变是要发生的，日本是要用武力占领东北的，这几乎是我们全国一致的观察。我对此观察大致是同意的，但不能全无疑问；并且就是中日彼此间的责任问题明白了，我方事前预防的努力的方法及程度都是有问题的。

“九一八”的事变说是日本预谋的，因此是万不能避免的，未免太笼统了。若指日本的军人言——恐怕也还有例外——这话大概是对的；若指彼时的日本政府言，这话显然是不对的。我们的证据是：第一，九一八事变发生之前，日本显然没有外交的预备。国联关于此事最初两次的开会绝不利于日本，就是日本所反对的议案，理事会公然提出，毅然付表决，置日本的反对于不顾。倘九一八事变是民政党内阁的政策，那么，日本外务省事先必有一番的努力。纵使我们承认日本外交的笨拙，也不至于全理事会无一国的代表与日本表同情。现在我们知道理事会间接限期撤兵的议案之通告（日本除外）最要原因尚是欧西各国不明事件性质的严重，不然，他们也不会骑上不可下的老虎。这更足证明日本事先没有外交的预备，间接证明九一八事变不是民政党内阁的政策。第二，民政党内阁的丧失政权及其最要阁员井上的被刺，皆足证明日本军阀之不满于民政党及民政党之不与军阀同道。第三，为防止事件之更加扩大，币原曾同意于我方锦州设立中立区的提议，并对美国有不侵犯锦州的声明。

不但此也，去年夏季日本政府曾要求我方与之交涉东北悬案，我方除推诿外别无所为。据我所闻，币原曾向我国驻日公使表示，中国应趁他在朝的时候与日本协议两国关系根本的改造，他说他固不能做人情而不顾日本的利益，但他的后任者要的价恐怕更加高，而且必至闹到不可收拾的田地。币原这种劝告，听说我方置之不答。我不说我国当局不接受币原的要求就是错了，因为就是民政党也可提出我方绝不能承认的条件，但我们应该知道到底在“九一八”以前日本对我们提出了没有一种妥协的方案；倘若提出了，其内容怎样；我方的应付是简直不与谈判呢，还是虽起始谈判，因双方相差的过远就中途停止了？这一段管家的经过，是公仆的政府应该向主人翁的国民报告的。

原来中日的外交，双方均是感到困难的。在我们这面，日本在“九一八”以前已实施了高压的手段，强夺了不少的权利，不能不叫我们仇视日本。但是我们的国家尚在统一建设之中，倘若这建设的中国是仇视日本的，必于建设未完成之先遭日本莫大的打击，这是显而易见的。为新中国计，无论治本是亲日或仇日，在过渡的时期不能不万分努力以图避免中日的决裂。就是不为国家打算，单为军政界的领袖打算，也不能不如此，因为我可断定，仇日的领袖或党派，日本人绝不让他统一中国。至于说在近几年欧美或有国家愿以实力帮助一个仇日的领袖或党派完成统一，这是绝不可能的事。尚情感者必说甲午以后，或“二十一条”以后，中国对日就只有报仇的政策。现在姑不讨论这政策的根本是非，我们要记得，普法之战以后，法人仇视德国的情感当不在国人对日仇视之下，然而直等到法国元气恢复了，俄国的联盟成立了，法国在朝的当局无不尽其力之所能以免法德的决裂。我现在要提出责任问题是：“九一八”以前的我国外交当局，尽了还是没有尽了他们力之所能以免中日的大决裂？照我所知，他们不但没有尽，简直不知道大祸之将至，甚至在野人士有以日本舆情之激烈相劝告者，当局亦置之不理。除非别有证据拿出来，“九一八”以前外交当局的误国之罪是不能逃的。

九一八事变发生以后，日本的宣传集矢于东北地方当局，这自然有其作用。我们不可完全根据这种宣传来评判我们的疆吏，并且我们还要记得：东北悬挂青天白日旗及积极修路筑路，无论其原动力如何，总是走的路对。张学良氏近日有句话，大致说：“如张氏父子不爱国，哪能有今天之祸变？”其实所谓爱国在今日应该是人人公有的道德，尤其在负国家大任者不能以“爱国”二字搪塞一切。据欧美新闻记者及外交官的调查，近几年来东北人民所受政府及官吏的压迫和剥夺简直不堪言状。这般中立国的人士都说“九一八”以前的政权，就是为东北人民计，是不应该恢复的。凭良心说，东北我也曾实地去考察过，东北的地方行政，若拿关内来比较，只有比平均成绩好，不会比平均成绩坏。但这是因为东北经济较为发达，一切行政的设施比较容易见功效。有了那种经济的基础，当局的人不能励精图治，只知穷兵黩武，闹到财政破产，民不聊生，这责任除东北当局外是丝毫不能移到别人身上的。一国内政的好坏固然不能充作外国侵略理论的根据，但国际政治事实上论理的少，论势的多。就现在国际大势论，东北以往行政的成绩可说是东北问题的致命之伤。

“九一八”以前的外交，东北当局亦不能完全脱离责任。名义上虽为中央主政，事实上地方实左右之。据我所闻，推诿的政策与其说是中央所决定，不若说是地方所酿成。此外中村案件及高丽人租地问题，地方当局亦未处置得当。三年以前中俄的冲突，表面上与九一八事变无关系，事实上确不少。从法理的立场看，中俄的冲突不能说是俄方负责的；从政治的立场上说，简直不必多此一举。当时军事的经过，因为我们只读受过检查的报纸，还是不明真相。日本及欧美的报纸则无所忌讳，他们说苏俄军队实际入中国境者不满三千人；中国军队除一旅外，毫无抵抗能力。在满洲里及海拉尔，中国军队不但没有抵抗，且于奔逃之前，大肆抢掠，冲突的结果是屈服于俄国的条件。最近英国舆论界领袖库得斯氏（lione Curtis）发表一部《大问题的中国》，其论中俄冲突与九一八事变的关系颇值得我们的注意。他说：

“日本从此事件得了一个结论，就是中国的军队，若以迅速的强有力的行动临之，无不崩溃。中央及地方的关系是如此疏远，外国可以以武力对付满洲的地方政府而不必对中国宣战……以事后之明论之，苏俄的胜利，毫无疑问的，给了日本武人一个很深刻的印象，尤其是在满洲的日本军官。”

三年以前的中俄冲突的责任，虽在公文上中央已负担起来，但照中国政治的实情看来，地方当局至少要负一半。然而中央及地方的当局者究竟均是人，还均是中国人，他们也免不了受环境和时潮的支配。我们近几年来朝野所共造的空气，一句话，就是虚骄自负。今天打倒这个，明天打倒那个，不问自己的能力是否与欲望同时长进，不权衡事件的轻重缓急，好像我们的敌人愈多愈好。自己让自己的口号标语麻醉了，而美其名曰，这是“革命的外交”。等到九一八事变一发生，前日我们口号标语中所要打倒的，我们厚起面皮来，求他们同情和帮助。当局所做的就是仰承他们的主人翁——民众——的意旨所做的。有这样的民众然后有这样的当局，全国都变为开空头支票的。好在还有一班明眼的外人，知道中国民众尚是中古的民众，所谓口号标语不过是中古人的符咒，是无关紧要的。

我们不要白过“九一八”的忌日而不去追究我们的当局和我们自己的责任，若是白过了，第二次和第三次的九一八事变还要发生。至于日本的前途，我是不替它抱乐观的。自从去年的“九一八”到今年的“九一八”，日本的军阀，除为日本民族挖坟墓外，别无所事。所可忧虑的，日本的失败未见得就是中国的胜利。

三　国联调查团所指的路

去年12月10日国联行政院的决议案所给予调查团的任务有二：一个是调查中日冲突的远因、近因及现状，一个是考虑解决的方法，“该团声明对于已往行动之责任，坚持较轻，而对于寻求防止将来再发生此类行动之方法，坚持较重”。调查团虽把两种任务都做了，确自定了轻重的区别。因此报告书虽是整个的、前后相贯的，末后两章——论解决原则及具体方案的两章——无疑是报告书的主脑。调查团也因此仅首先发表前八章的摘要，于后二章则发表全文。

黎顿[①]爵士及其同事在这二章里为中日两国指出了一条邦交的新路，其精神及主旨完全与行政院的议决案相符——“务须对于两国之根本利益，予以调和”。这是我们完全赞成的，也是我们历年所主张的。原来现代的外交不是在占便宜，是在调和国际的利益。我们外交的出路也不是在危害外人的利益来促进我们的利益，是在设法使中外的利益共同长进，最低限度，要使我们的利益不受外人的侵害。本此精神，调查团要日本退让两件事：（一）取消“满洲国”；（二）撤回东三省的驻军。同时也要中国退让三件事：（一）东三省的特殊自治制度的创立；（二）日本在东三省经济权利的承认；（三）中日新商约的缔结。为善后计，调查团

①黎顿：即李顿，1922—1927年任英国驻孟加拉总督，并于1932年担任国际联盟派至中国东北的调查团团长。

此外又提议中日两国应缔结和解、仲裁、互不侵犯及互助条约，我们现在看看这个方案是否“对于两国之根本利益，予以调和”。

在调查团的眼里，日本对中国有两条路可走：一条就是“九一八”以来所走的路，用武力分割中国，换句话说，在中国的领土上建设亚洲大陆帝国。“九一八”的事变，在日本方面，是按照预定计划行的，非自卫的。调查团报告书第四章说得有据有理，无论日本如何强辩，我们恐怕这个判词是天下永久的定谳。“满洲国”原先是日人造的，现在也是日人把持的，换言之，“满洲国”就是日人大陆帝国的实现。有了这个第六章，“满洲国”的傀儡戏完全揭穿了，日人此后再不能掩盖天下人的耳目了。这条路是军国主义的路，是走不通的。“满洲国”的维持“与国际义务之主要原则不合（Does not adpot to us compatible with the fundamental principlesof existing international obligations），并与远东和平所系之两国好感有碍，且违反中国之利益，不顾满洲人民之愿望；兼之，此种办法日后是否可以维护日本永久的利益，亦尚属疑问”。日本单靠移民不能解决他的经济问题，移民以外，必须图进一步的工业化，若然，不能不谋市场，那么，中国关内各省市场的重要远在东三省之上。为日本计，中日关系比日满关系还重要。日本断不可因专顾满洲而丧失中国国内的市场，何况在日本军国主义之下满洲不能安宁，经济无从发展呢？至于日本军阀在东三省设防的计划，调查团亦以为行不通，“日本军队受时怀反侧之民众包围，其后有包含敌意之中国，试问日本军队能不受重大之困难否耶”？维持“满洲国”及在满洲设国防皆是军国主义的政策，是行不通的。其理由除调查团所举的外，我们还可加一个：就是调查团的报告，尤其是第五章及第九章。依我看来，这两章给了“满洲国”莫大的打击。

调查团确为日本指出一条新路：日本放弃在东三省的帝国野心而专力于纯粹的经济事业。日本怕中国危害他的已得权利吗？调查团提议中日两国新订条约，承认日本在东三省之经济利益，包括铁路及土地商租权。日本怕以后东三省的发展没有他的份儿吗？调查团提议中日在东三省经济合作。日本怕东三省行政不良足以妨碍他的经济事业吗？调查团提议东三省应有特殊的自治制度。此外调查团还提议中日新商约以图促进中日贸易，日本所有的实在利益都顾到了。调查团并不要日本放弃他的根本利益，不过要日本变更求利益的方法。

日本所走的路及调查团所指的路有很大的差别——时代的差别及国情的差别。一条路是军国所走的，一条路是工商国所走的。调查团的团员均来自受过欧战洗礼、工商经验及殖民经验较富的国家，他们的思想恐非后进的日本帝国所能领会，不知调查团曾否考虑日本的国情。报告书第一章认为中国近年的政情使中日冲突尖锐化了，中国近年一面图谋收回国权，一面继续演我们的内战，使友邦皆感不便，尤其是邻近的日本。我认为这个批评虽非公允的，但是客观的而且是友谊的。

我惋惜调查团未对日本近年的政情照样加以客观的、友谊的研究，因为远东问题闹到如此田地，日本的政情和中国的政情是同等的造因。日本的物质文明是近代而又近代化了，但是他的政情包含着封建及军国元素甚多。军阀的跋扈、在乡军人会及黑龙会的活动、亚洲大陆帝国的野心，这些现象不加以研究，则远东问题绝不能了解。西人徒知近年与中国交涉的麻烦，不知我们与日本邻居的困苦。日本不但地理上多火山，政治上就是远东、全世界的一座大火山，时时可以爆发的。

因为调查团对日本的政情未加充分的研究，所以报告书论中国政情致有欠公允之处。报告书说国民党使中国近年仇外的空气浓厚了。不错，但此中有点大区别不可忽略的。国民党在野时代向带亲日色彩，孙中山先生看破了缔造新中国须得日本的好感，他一生所处的境遇也不容他不联络日本。联俄以后，北伐之初，国民党虽口倡打倒帝国主义，取消不平等条约，实际的对敌是英国。南京案件发生的时候，新兴的国民党与日本尚是感情融洽。近年国民党及一般民众对日本的恶感实起自济南案件，这是客观的史家所不能否认的。报告书摘要不提济案，我不知道调查团是否认清济案的真正意义及其所发生的影响。日本所派到济南的军队，不是来保护日侨，是来要过路钱的。派遣军队到济南就是明白地表示：除非中国给日本相当的报酬，日本不会让中国统一，所谓相当的报酬就是东三省。假使在1928年及1929年的前半，国民党当局把东三省送给日本，就是田中也不得派兵到济南。

纵使我们承认济案及九一八事变，国民党的过激主义有以招之，1915年的“二十一条”总不能归咎于国民党。1912年，日本一面与国民党联络，一面与清廷交涉，许清廷以协助，只要清廷愿意放弃东三省，调查团的团员倘若翻看其外部所藏之外交公文，就知道此中的内幕。宣统末年，第一个银行团准备大借外债与中国的时候，日俄两国竭力阻止，说明中国的现代化不利于日俄。

调查团只分析了中国近年的政情而不注意日本近年的政情，因此团员对远东问题的性质未得着根本的认识，又因此所提出的解决方案是日本军阀所不愿接收的。

调查团似乎不能不知道前段所说的。调查团或者想日本不乏开明的领袖，倘国联及美国给这般人相当的精神援助，他们或能挽回狂澜，所以调查团的方案与去冬民政党内阁所提出之基本五条若合符节，在利于日本方面，只有过而无不及。虽然，我们对于调查团的方案是佩服的。远东和平关系中日两国的前途和全世界的前途太大，调查团不能因为日本已疯狂地走上了死路，就不尽人事之可能而不指出一条活路。在我国方面呢，我主张不问日本接受与否，我们除一点应保留、一点待考虑外，应完全接受调查团所拟的方案。我这样的主张，并不是因为我不知道这方案含有若干矛盾及其有不利于我国者。调查团向我们指出一条新路，概而言之，这条路就是中日合作。调查团的理由有两个：

一、中日间此种经济之接近，固与日本有重大之利益，与中国亦有同等之利益，盖中国借此经济上及技术上与日本合作，可获得建设国家主要工作上之助力。

二、中国有识之士既已承认建设与近代化为该国之根本问题，亦即该国之真正国家问题，则彼时不能不确认此种业已开始且有如许成功希望之建设及近代化政策之完全，实有赖与一切国家培植友好之关系，而与彼在咫尺之大国维持良好之关系，尤属重要。在政治上及经济上，中国均需要列强之合作，而日本政府之友善态度及满洲方面之经济合作尤为可贵。中国政府应将基于新唤醒之民族主义之一切要求——即使正当而且急切——置于此种国家内部之最高需要之下。（all the other claims or her newlyawakened nationalism it legitimate and urgent though they may be—should be subordinated to this one dominating need for the effective internal reconstruction of the state.）我主张接受的理由就是调查团所举的，尤其是第二个。国人不可不再三细读调查团这段良药苦口的忠言，其中所含的意义是极深厚的。我国当前最急要的事业，无疑地，是国家整个的现代化。为完成这事业，无疑地，我们需要“日本政府之友善态度”。为获得这友善态度——万一尚有方法能获得一更“无疑地”，唯有承认日本在东三省的经济利益及中日经济合作这一条路。无论我们对国联调查团所指的路是如何悲观，我们不能不竭力竭诚一试。因为失败的责任，无论如何，不可落在我们的身上。

我所要保留的一点就是，东三省特别自治制度应有确定的年期限制。论这制度产生的方式，表面上是由中国政府以宣言行之，事实上是根据中日的协定，因为中国政府的宣言事先须得所谓顾问会议的通过，而这会议的代表实际是中日各半的，事后又须“转达国际联合会及九国公约之签字各国，国联会员国及九国公约之签字国对于此项宣言当表示知悉。此项宣言将被认为对于中国政府有国际协定之约束性质，此项宣言嗣后倘须修改，其条件当依照上述之程序彼此同意宣言本身中，预为规定”。论其内容，这制度对中央政府之权利加以极大限制，对地方政府强以聘请外国籍顾问，尤其是日本籍顾问，且取消中国在该地方驻兵权。方式同内容皆损害中国主权，而修改这制度必须得日本的同意，就国联的立场说，这个办法说不通，就是国联的委任统治制（mandatory system）尚以培植受委治者的完全自主为目的。东三省这种特殊制度，既危害中国的主权，可能也无年期的限制！调查团虽说过此制度之最后目的，“乃为造成一种纯粹中国人之吏治，使无雇用外人之需要”。但无年期明文的规定，则易引起纠纷。至于中央及地方政权之划分全无终止之日，更不适当。就中国的利益说，中国应能斟酌情形变更中央与地方权限之划分；且各省与中央之关系应该一致，即使不一致，也只应为短时的、过渡的。我以为不如把这制度分为三项，各别处理之。中央与地方权力划分的协定应限十年或十五年，此后则如他省一样同受中国宪法的约束，外国顾问应于特殊制度终止后五年或十年按年递减净尽。至于不驻军一层，不妨在宣言中不提，而搁于中日和解、仲裁及互不侵犯的条约中，而无年期的限制，这样国联盟约、中国的利益及远东和平均可顾到了。

我说待考虑的一点就是中日经济合作，尤其是中日新商约。我们平日也想中日经济合作是一个解决的方法，苦于想不出一种办法一方面能使日本满意，一方面又能不反门户开放主义。九国公约给此主义的界说是：外国不得在中国任何区域有任何优越权利。我不知道我们如何可以与日本合作，同时又不违反这界说。原来海约翰提议此主义的时候，并未咨询中国。到华府会议，中国确签订了九国公约，且现在的门户开放主义与中国领土及行政的完整是分不开的。为中国计，此主义应竭力拥护，不应由中国破坏。可惜报告书的摘要，于经济合作，及中日新商约，言之不详，我们只能留待考虑。

四　南京的机会

经过这二十年的革命和内战，我们政治的勇气和理想已丧失大半。在 1898 年、1912 年、1927 年，我们都曾有过短期的改革蜜月，好像新天新地已在目前。现在我们知道这些都是海市蜃楼。自由主义不讲了，约法宪法的争执也过去了，取消不平等条约的口号也不时髦了，任何新标语都不出色了。新出的杂志都没有劲，都唤不起任何运动和潮流。随便你讲什么主义，提什么方案，听者都不置可否。我们革命疲了，战争疲了，失望疲了。

几年前，我们对国家的统一抱无穷的希望。现在呢，我们也不谈统一了。因为谈有什么好处？我们倘表示对统一的渴望，军阀们又会利用统一的美名来行所谓武力统一。那些想以武力统一中国者，虽曾一时名震天下，一个一个都失败了，他们的遗迹就是遍地的军阀和饥寒交迫的民众，这样的求统一不如不求统一。我们有了这么多年的经验，再加上日本的侵略，于是对内的企图，由统一而转移到暂时的安宁。如果废止内战大同盟有民众的基础，这个基础就是民众求苟安的心理。

这种心理产生了一种思想。一般民情以为南京所代表的统一是无数代价换来的，绝不可使之动摇。没有人说南京好或国民党好，但是人人都怕南京倒了以后的不可收拾。就是极不满意南京的人——这种人并不少——也不愿且不敢冒天下之大不韪公开来破坏南京的基础，这种思想是中国当前政潮的一个大潜伏力。

上面所讲的民众心理和思想又产生一种方案。不少的人把中国的政治病看作肺痨，不能开刀，只能徐图补养。他们想中国的政治是中古式的，因为中国的社会是中古式的。倘若我们能得到妥协的割据，我们就能慢慢地养成近代式的社会。所谓妥协的割据，就是割据虽割据，但一方面不打仗，一方面让一个中央政府存在，使他能办外交，能维持最低限度的文化事业，和建设几件全国范围的事业如粤汉及陇海二路的完成。这样的割据虽不能免养军之费，但战费及战争的破坏可免，中央及地方政府均可因此做点建设事业，而人民因为时局的稳定也可以进行他们的私营事业。这样一来，元气能渐恢复，体内的抵抗力能渐提高，痨菌就可制止了。纵使将来这种割据的妥协不能永久维持——我们也不希望它永久存在——经过相当时期的休养，以后的战争或者不至于如以往的之无意义、无成绩了。不然，我们简直无希望了。如果内战还继续演下去，我们这个社会不但不能脱离中古式，恐怕简直要回到史前式。交通也要“复古”了，从火车交通回到大车，住宅也要从房室回到穴居。我们这个社会崩溃的趋势已经很明显，当局者绝不可大意了。

依我的观察，上文所说的是目前全国最普遍的政治意愿。这不是一个积极的运动，没有口号，没有主动，只能说是一种意态（mood）。少数青年或者因此不满意而恨生活的沉闷，多数革命专家或者也不满意，因为在这种空气之中，英雄无用武之地了。所谓英雄——用不着说——就是指他们自己。照我看来，中国今天有这种意态就是中国人的政治知识的大进步。因为实在说起来，一个民族生活的演化不能有突变的。民族的进步不能靠少数领袖的号召，也不能靠一个万能的药方。实际的进步还是靠无数人，不动声色地、努力于他们日常的工作。革命不过提出一种目标，其实现往往有待数十年的努力。就是最震动世界的苏俄革命，还须第一个第二个，将来必有第三第四个五年计划，然后能产生一个健全的共产国家。这种五年计划当然是很好的宣传资料，但在苏俄一般工人农夫的生活上，五年计划是什么呢？是多做工、多出汗。一个民族能看穿政治的浪漫而又继续努力不浪漫地工作，那个民族的前途就有很大的希望了。

这种意态是南京目前的大机会。第一，因为人民现在降价以求了。我还记得 1927 年西湖的一个老船夫和我的谈话。我对他说，现在革命军已经收复了浙江，老百姓总好过日子一点吧？起初他不愿意回答，后来他仅说什么好处都没有。过了许久他又说：“蒋介石没到杭州之先，人都说革命军一到，米价就可落到五块，现在米价反涨到八块，你看革命有什么好处？”老船夫的奢望是人人有过的，有些奢望是人人有过的，有些奢望革命给他们官做，有些奢望革命替他们免除苛捐杂税，有些奢望革命能赐给中国三民主义，有些奢望革命能取消不平等条约。这种奢望也难怪，一则因为这些事情是人民感觉的需要，一则因为国民党曾给过人民这些支票。革命军到了以后，他们当然要兑现。经过这几年的失望，人民知道这些支票是废纸，早已不要了，人民的奢望已经扫干净了。所以现在南京要得人心是比较容易多了，只要政府能实地去做，就是成绩慢一点，人民也就满意了。

第二，因为现在民情及局势似乎可防止内乱的发生，南京大可利用这个机会来做建设的事业。毕竟中央直辖的省份是全国最富的省份，中央在国内国外的活动能力比任何地方当局的要大。我们这个民族受过几千年的帝国训练，总觉得一统是国家的常态、是治世，割据是国家的变态、是乱世。所以我们虽不希望南京这时完全统一中国，我们确承认南京是法统所在，也是真正统一的基础，所以南京在物质上、精神上，均占优越的地位。

南京的前途要看南京如何利用这个机会。利用得好，南京的优越地位不但可维持，且可发展；不会利用，南京也可变为将来的“南平”。奢望当然不必提，几件事情是南京必须做的：

第一，直辖各省的地方行政必须比其他省份更加廉明，更加现代化。

第二，军民须分治。这是政治现代化的第一个条件，也是中央防止卵翼军阀的方法之一。

第三，党不可成为人民的负担。民间讨厌党的程度不在讨厌军阀程度之下，党部，中央的及地方的，衮衮诸公切不可执迷不悟。南京事实上不能无党，非南京直辖的省份可云有党而实无。这是这些省份的大便宜，这是南京的大困难，因为人民免不了把党的罪恶移到政府身上。一个党外的人当然无资格来谈党的改革，但他可以、他应该报告民间实在的议论。据我所知，一般人民见党就头疼。

总而言之，南京的地位不可单靠法律和军队来维持、来发展。中国现在固然是百端待举，但归根起来，还是一件事，就是国家的现代化，南京的政治设施必须表示它有领导中国近代化的本领。

五　热河失守以后

远东问题闹到如此田地，缘故固多，其中最要的莫过于中日两国国情之相左。在日本，武人主战，文人主和而不敢言和；在中国呢，文人主战，而首当其冲的武人则不主战，其是否主和无人知之，不幸两国都是武人当政。武人的日本只论势而不论理，文人的中国只论理而不论势。目前日本得着了意外的胜利，终久这种局面只能演到两败俱伤。

自明治维新以后，倘日本武人是时常主政的，则日本的战争尚不只中日、日俄及日德三役。明治五年（1872 年）的时候，因朝鲜王朝拒绝与日本往来，西乡隆盛、江藤新平及副岛种臣诸人主张与朝鲜王朝宣战。适是时岩仓、伊藤及大久保新自欧美归来，看见西洋文化的进步及日本的落后，力主日本的第一要务是在于速图西洋化的推展。那一次靠了岩仓诸政治家的远见及明治帝的果断，主战的运动总算压下去了。后江藤新平虽以武力反对政府，当局者不但不想借外战来平内争，反以叛逆处置江藤而加以讨伐。明治十年的时候，反文治的领袖西乡隆盛又想以武力来贯彻他的政策，文治派毫不姑息迁就，致双方鏖战七月之久，兵士加入者几及十万人。这役以后，直到近年，武人反文治者没有敢做到西乡隆盛那个地步的。明治十七八年之际，因中日在高丽驻兵的冲突，武人的领袖黑田清隆一方面愤日兵在汉城的被迫而退，一方面以为中国自中法战争以后将励精图治，就主张先发制人，对中国宣战。那时首相伊藤的议论极值得我们的回忆：

> 我国现当无事之时，每年国库尚短一千万元左右。若遽与中国朝鲜交战，款更不敷，此时万难冒昧。至云三年后，中国必强，此事直可不必虑。中国以时文取文，以弓矢取武，所取非所用。稍为变更，则言官肆口参之。虽此时外面于水陆各军俱似整顿，以我看来，皆是空言，缘现当法事（中法战争）甫定之后，似乎奋发有为，殊不知一二年后则又因循苟安，诚如西洋人形容中国所说，又睡觉矣。倘此时我与之战，是催其速强也。诸君不看中国自俄之役（光绪六年伊犁问题）始设电线，自法之役始设海军，若平静一二年，言官必多参更变之事，谋国者又不敢举行矣。即中国执权大官腹中经济只有前数千年之书据为治国要典，此时只宜与之和好。我国速节冗费，多建铁路，赶造海军。今年我国钞票已与银钱一样通行，三五年后我国官商皆可充裕，彼时看中国情形再行办理。至黑田云，我国非开辟新地实难自强，亦系确论，惟现时则不可妄动。

伊藤考虑中日两国内情以为不必即时宣战以后，井上馨外相又继续说明当时的国际形势如何不宜于战：

> 使我与中国构兵，俄人势必乘机占取朝地。彼时朝未取得，饷已花去，俄反增地，非特中国之忧，我日本与俄更近，东方更无日宁静矣。

黑田虽不服输，但明治帝裁夺以后，也就算了。

日本文治派并不是酷爱和平者，伊藤也承认“我国非开辟新地实难自强”。文治派与武人的不同不过是文治派主张战前应有充分的内政与外交的预备，战后应守分寸，所希望者不可超越局势所许可者。中日、日俄及日德三役均是如此布置的，此日本之所以成为世界大国之一，此日本政治家之所以能成大业。国人当能记得《马关条约》以后，中国已割让辽东半岛予日本，俄法德三国联合出而强迫日本放弃，三国的行动不为日本留余地十倍于国联的报告书。彼时明治帝、伊藤、陆奥诸人反能镇压舆情，接受三国的劝告，现在国联对日本可谓尽情尽理了，而日本不但不接收报告书，反而扩大事件的严重，加增自己的罪恶。

此无他，因日本近年的内政及世界近年的局势有以致之。我们若不把这两点看清楚，我们不能决定热河失守以后的步骤。近年日本经济的困难，政党政治的腐化，世界法西斯的潮流，加上日本民族离封建时代之近：这是在日本造成武人主政的根因。荒木也是时代所造的英雄，“九一八”以前，日本人心已离文治派而附于武人了。“九一八”以后，武人节节得胜，战争仅十日又得了热河。此时想要日人悔祸，要日人屈服于国联一纸决议之下，这是断不可能的。

自大战以后，欧美人民怕战过于怕虎。元气尚未恢复以前，又来了这三年的空前经济恐慌。共产主义与资本主义，战债，军缩，关税，法意、法德诸问题，使得西洋绝难有两国或三国联合对日的可能，而这种联合是制裁日本必需的条件。欧战以前，日本对中国的进攻已有余，所可虑者，日本对西洋的防守力不足；欧战以后，这一点的不足也就补上了。现在日本对中国的进攻有余，对西洋任何一国的防守也有余，日本因此就肆行无忌。在这种形势之下，日本原能占相当便宜。这是日本的一个好机会，但所能占的便宜也不能毫无止境。他不能全不知分寸，把华府会议所造的均势根本推翻。全世界受了这种压迫之后，难联合的亦必设法联合。在 19 世纪，英俄原为世仇，德国外交的一个基本前提就是英俄绝不能合作。等到英俄感觉德国的威迫太甚的时候，这个德国所逆料不能发生的联合居然于 1907 年发生了。日本之进占热河并没有减少、实大加增，日本对全世界的压迫，热河的失守，虽然在我们看来是可万分痛心的，并没有基本改变世界的形势。

不过热河的失守，尤其是这样可怜可耻的失守，当然是有其影响的，精神的损失比土地的损失还要大。自从九一八事变发生以后，欧美一般人民（政府当然别有打算）以为日本之侵略中国有如一个凶汉欺负一个老婆婆。他们旁观者很忍不住，要打抱不平，但是仔细一想，如出来干涉，这个老婆婆不但毫无能力，且须人负荷。旁观者认为一面要背着老婆婆，一面又要与那凶汉对抗，这是不可干的事。淞沪战争以后，旁观者知道了这个老婆婆并不是老婆婆，不过是一个无训练无器械的不幸人，而训练和器械都是可以设法得到的，淞沪之战的影响是全国上下都知道的。国联大会通过报告书以后，热河战争将起之际，我们都以为这又是一个好机会，颜顾郭三代表之所以力主抵抗、宋院长的北上、宋张汤三人的通电，以及全国人民对此通电的鼓掌，无非是要利用这个机会来促进世界对日本的制裁。原来事在人为，倘热河的战争能做到淞沪战争那种程度，我虽不敢说国联就会引用十六条，我敢说国联必须向十六条进一步。

经过这一次的大失望以后，我以为我们应须认清这个基本事实。第一，武力地收复失地是绝不可能的。第二，我们承认汤玉麟虽不足代表中国的军人，十九路军及第五军也不能代表中国的军人，我们以后未必能希望淞沪之战那样的精神胜利。这次热河之战，如我们无这种太乐观的奢侈，宋子文也不与张学良、汤玉麟联名发通电了。热河这样的失败，其精神上的损失远过于东北三省不抵抗而失败。我们要看清楚就是我们能在平津做淞沪的战争，其收获尚不能弥补热河这一战的损失，何况我们在平津绝不能做淞沪之战呢？第三，我们丧失热河这个机会以后，我们很难促进世界对日制裁的产生。原来我们绝无左右世界大势的能力，充其量不过促进已成的趋势，现在连这一点促进的能力都没有了。倘国联于某年月日决定制裁，那必不是因为我们做了什么事，必是因为国联自有其理由。

有了以上这些事实，我们不能不承认中日问题现在已到了一个很严重的新阶段。我们应该认清局势，决定我们的策略。我们至今还未认清中日问题的严重，因为如此，我们在以往的一年多内，还常常想找解决的捷径。这种野梦，我们现在必须放弃，而下决心来做长期的准备。第一，中国自今以后，无论因何缘故、假何名义，不可再有内战。第二，中俄复交我们应当看为一个外交的种子，要多费力气来培养它，使它将来能结好好的果子。我们外交的大毛病是在只图收获，不事培植。私人的交情尚须时日，何况邦交？第三，无论国联做何处置，即使有令我们失望的处置，我们绝不可放松它。黎顿报告书岂不是替我们做了无价的宣传？国联大会所通过的报告书岂不是为我们做了联合世界一致对日的预备工作？最低限度，国联不但是我们的代表宣传的好讲坛，且是最有效的宣传工具。倘两个报告书不是出自国联，是出自中国政府，或美国政府，或俄国政府，其效力能有如此之大吗？对国联，如同对苏俄，我们不可期望收获太早，我们尚须继续做培植的功夫。第四，我用不着说，我们应十分努力于内政的改良，急进者应拿牺牲于疆场的精神来与衙门中各种恶鬼去奋斗。就是我们暂时丧失了东北，我们的国永远是比伊藤博文的日本大好几倍，事全在人为。

自九一八事变发生以后，我常和外国朋友讲笑话，说：上帝造日本的时候，原只造了一个三等国，日本人擅改为一个一等国；上帝造中国的时候，原造了一个一等国，中国人自改为一个三等国，但是我还信上帝。

总之，目前论中国的内情及国际形势，我们都谈不到收复失地。目前我们的工作唯有在国内造成有收复失地的能力和资格，在国际上造成有收复失地的可能形势。

六　长期抵抗中如何运用国联及国际

中国近代的厄运之主要原因，无疑地，是现代化的迟缓。换言之，就是内政改革的失败，所以对于靠国联不如靠自己的主张，我是十分同情的。但是立国于现代的世界，不仅一般弱小国家，即少数所谓大强权，都不能一日忽略国际的关系。内政与外交好像左右两腿：左腿向前进一步，右腿必须跟上，不然，全体就不能有进步。内政办得有起色，外交因之容易办；外交应付得宜，内政的进步亦因之更加顺利。我们要记得：我们统一的迟早和程度、工商业发达的快慢、铁路干线完成的早晚，处处都受外国政府和人民态度的影响。我在这里要讨论长期抵抗中如何运用国联和国际，不是因为我想国联和国际，不问我们奋斗与否、牺牲与否，就会把东北四省（辽宁、吉林、黑龙江、热河）送回给我们；正是因为我深信现在唯一促进国联和国际帮助我们收复失地的方法在于图内政的改革——或国家的现代化。

《日内瓦日报》（*Journal de Geneve*）的前主笔马丁教授近在北平政治学会讲演的时候，说了一句很使我伤心的话。他说，中国与国联的关系可分为两个时期，第一时期是中国无所求于国联因而冷淡的时期，第二时期是中国有所求于国联因而热烈的时期。马丁教授说这话的时候一定也是很伤心的，因为他是国联的忠实信徒，会为国联的缘故而替我们在日内瓦奋斗的。他这句话最足以形容我们全班的外交，我们是精于打小算盘的！不见利就不为义。我们是天生的物质主义者：政治上的精神力量——政治的不能测量的元素是我们所看不起的。国联盟约这个东西我们平日——或者甚至于现在——不是把它当个“好好先生”看吗？国联在国际的重要及其所以然，我们看不清楚，因为我们想这根本不值得我们的注意。国联不是个理想的东西吗？有人这样疑问。它不是资本主义和帝国主义的工具和假面具吗？还有人这样判断。

国联在现今的国际上有两种重要。第一，它是世界的公安局。在欧战以前，各国是各自图安全的保障的。各国各自图安全好像各人各自图安全一样——一样的不经济，一样的危险。我带一支枪，你也带一支；我疑你的枪是对付我的，你疑我的枪是对付你的；为先发制人，战争就爆发了。我怕你的枪比我的厉害，你也怕我的比你的好，于是你我都节衣缩食以求枪杆——军备——的精良。有一天，我想我的努力得到了相当的成绩，我相信我的枪实在比你的好，我就趁早向你开放起来，上次世界大战就是这样打起来的。你我现在不带枪，不各自图安全，因为我们有公安局。上次大战只有战败者，没有战胜者，因为就是号称战胜的英法在战后的富庶和安乐不但不及战前，并且十五年的努力尚不足以复元。拿现在的军器来演第二次大战，其结果不是人类的末日，也会是文化的末日。所以战后有许多远见的人——在大国的不少于在小国的——一致地主张组织一个国联，一个世界的公安局。他是小国的必需品，这是很明显的、全无疑问的。同时因为以上所说的缘故，他也是大国所需的，不过大国的需要国联究竟不如小国那样迫切。我们拿英国来做个例子。现在在英国的国联同志会的会员有 300 万以上之多。哪一个英国政治家敢公开地藐视国联？尽管有些是口是心非，他们不敢不“口是”已经表现国联在英国的势力。这次为国联报告书的通过而奋斗的捷克、瑞士、瑞典、爱尔兰诸国的代表，我们要认清，与其说是为中国奋斗，不如说是为国联的前途而奋斗。他们觉得中日问题是国联的试金石，而国联又是他们国家的公安局。

第二，国联是现代世界的公益局。有许多事业是各国的公益而非一国所能单独举行的，如劳工待遇的改良、麻醉品的取缔。还有许多问题虽发生在一国而其影响则牵连许多国，如数年之前奥国的经济破产。实际上，现代一国的贫穷能使全世界均减富，所谓局部的问题都是全世界的问题。

第三，国际的形势大部分在国联之内表演。国联和国际已到了一个不可分离的状态，日本除外，其他列强均将假国联的名义以贯彻其政策。当然各国的外交都以维护自己的利益为第一目标，但其主要的活动场是日内瓦。

国联现在固然没有海陆军，固然无制裁能力，固然不是太上政府，固是幼稚的，但它的目标是对的，所走的路是对的。说它是资本主义的工具的人并不承认军备是不应该裁的，仗是应该打的，大国是应该并吞小国的，他们也不过说国联的毛病在于不能实行盟约的条款。就中国说，我们所患的不是国联盟约之不利于我们，而是国联的力量薄弱。那么，我们运用国联的第一个方法就是要培养国联的力量。别国不信任国联的时候，我们要特别信任它。别国事事处处要破坏国联威信的时候，我们一举一动都要尊崇，要提高国联的威信。别国的人如说国联盟约是废纸，我们就要说盟约是天经地义。别国的人如说国联只能管欧洲的事，我们就要说国联是全世界的仲裁者。别国的国联同志会会员如有 300 万，我们就应该有 3000 万。别国如把国联作为外交专门研究的题目，我们就应把国联的历史、组织、目的作为中小学的必须课。无论国联提倡什么，我们都竭力合作。无论国联召集什么会，我们必派代表出席，且派国内最有资望的人去。

日本退出国联了，我们在国联活动的机会也就到了。在会员国之中，中国最有代表亚洲的资格。国联为维持他的世界性起见，从此以后，再将欢迎中国的合作。

国联不但是我们联合世界一致对日的好工具，且是帮助我们实行现代化的一个好机关。我们如要找外国的专家来帮助我们，国联替我们去找比我们自己找的还要好些。我们如要利用外国的资本来开发我们的利源，国联能做有力的媒介。借用外资，大概现在没有人反对；中国以往的毛病不是聘任外国人太多，是所聘任者间或不得其人。比这更要紧的，是在外国专家指导下服务的人引以为耻而不虚心学习。甲午以前，北洋海军的留学生如刘步蟾、林泰曾诸人就犯了这个毛病，他们自己升官虽然快些，但国家的损失不知几何。

近来政府好几次请了，或托国联替我们请了一些外国专家来，不过做了调查报告书或计划书，他们就回国了，而政府就把他们的计划置之不理了。除军队里的外国顾问外，别的顾问只替我们造计划，并不得帮助我们来实行，这是不能收效的。我们奋发图强的日子——那就是说，切实现代化的日子——已经到了。我们如能在现代化的程序中竭力图欧美资本及技术的合作，我们的进步必可一日千里。

远东问题，归根起来，就是中国的无力，而无力的根由就是中国之欠缺现代化。国联及国际对日本不能施行制裁大部分可说是心有余而力不足，但是国联及国际如有机会来帮助中国改造，这是心有余而力亦有余的事情。一个强有力的中国是当今国际形势的一个必需品，这是我们千载一时的机会。近几十年来，与中国有邦交的列强可分两种：一种是以通商为目的的，如英美；一种是在远东有土地野心的，如日俄。通商的国家唯恐中国自己不富强，因为中国一富强，他们的商业就可以进步。有土地野心的则唯恐中国富强，当宣统末年英美德法组织四国银行团的时候，日俄即起而反对之。现在我们从法国外部所发表的秘密公文，我们知道日俄反对的理由。他们说如果中国能大借外债来修铁路，兴实业，中国就能自强起来，这是与他们的希望相反的。华府会议以后，在华只图通商的国家切望中国的自强更加热烈，有时比中国人只有过而无不及。

我们以往没有利用这种国际形势，以致有今日，一误不可再误了。一个富强的中国出世之日就是远东问题终止之日，此外别无出路。我们是这样想，国联及美国也是这样想。从这方面看，国联及国际的利益完全是与中国的利益相同的。

在长期抵抗中，利用国联和国际来图中国的富强，比利用国联和国际来制裁日本，是更容易举行的、更有实效的、更无流弊的。

中日两国的对抗不是我们所求的，直到现在，我还想是两国的大不幸，但我们是处于被动的地位，是迫不得已的。在甲午以前，日本是进步的，顺世界潮流的；中国是守旧的，在内政外交上，均是反动的。日本有了局部的改革，因而富强；富强了以后，就以为无须再改革了、再事西化了。我们的历史正相反：甲午以前，局部的物质改革不见效，于是有戊戌的局部政治改革；又不见效，于是有辛亥的整个革命；还不见效，于是有1915年以来的思想及社会革命。我们牺牲之大及上轨道的困难当然远过于日本，同时我们也有相当的代价，现在我们的思想解放亦远在日本之上。日本现在的全盘外交内政都到了反动时期，我们则处于前进及后退两可之间。日本现在无选择的可能，因为他的局面是已定的，我们则正在十字路上。在这个当儿，我们应该决然毅然放弃反动的路而走到欧战后改革家所提出的新路上。不但在外交上，因为日本是反国联及其精神的，我们应该全心地拥护国联及其所代表的新国际关系。就是在内政上，我们也应该如此做。日本军阀讨厌国会及政党，我们则应大行民治的宪政。日本严厉地取缔劳工运动，我们于劳资之间则应扶持劳工的利益。日本的工商业已归少数财阀把持，我们不妨贯彻资本与工业的社会化。

民治主义，政治的和经济的，是一个不可遏抑的潮流，反动只能得一时的成功。反之，天下是民众的天下。在长期抵抗中，我们的基本政策如能顺着世界的大潮，最后的胜利一定是我们的，正如日本甲午以前的努力得着甲午的收获一样。

七　这一次的华府会议

自九一八事变以来，国人屡有提议请美国根据1922年的《九国公约》召集第二次的华府会议者。现在世界各国的代表又将集于华府，在英美最有声望的宋子文氏也放洋了。究竟这一次的华府会议是会有利于我们如上一次的华府会议吗？

这个问题可分为三个问题回答。第一，1922年冬季的华府会议有利于我们者究竟是什么？第二，当时的国际形势及会议形势有什么特别使我们能得相当便宜呢？第三，现在的形势与当时的形势比较又如何？

第一次的华府会议赞助我们收复已失的权利是有限制的，我们代表团所提出的要求有二种：一种是对普遍国际的，一种是对日本的。对普遍国际的包括关税自主、法权自主（即领判权的取消）、外国驻华军队的撤退、外国在华所设邮局的取消，及租借地如旅大、威海、广州湾的退还等项。实际我国代表所要求的就是“取消不平等的条约”，不过他们没有用这个标语就是了。除邮局外，其他各项均是成败参有的。关税我们略可提高；领判权呢，会议以为时机过早；驻军的撤退，会议以为应斟酌时地办理；租借地除威海外别无具体的结果，单对日本的就是1915年条约的取消，我们所得到的是山东的收回及日本放弃了“二十一条”的第五组的正式声明。至于旅大问题，南满、安奉、吉长诸铁路问题，土地商租权的问题，及汉冶萍问题，日本在上一次的华府会议丝毫没有让步。总而言之，第一次的华府会议可说是我们收复失权的初步，离完成还差得远。这也是不足怪的：八十余年的失土及失权的历史哪能一笔勾销？

上次的华府会议虽然不能完全挽回已往，却曾努力于保障将来！至少是条约上的保障。《九国公约》一则曰，列强共同尊重中国政治的独立及领土与行政的完整；再则曰，列强须给中国充分的机会来完成他的统一和建设强有力的政府；三则曰，列强各国不得在中国任何指定区域有任何优越权利。这个条约西人都称为列强自制律令（Selfdenying ordinance），此约在远东问题历史上的重要简直不可言喻，它可以说是关于远东的国际大宪章。

所以把两方面合起来看——挽回以往及保障将来——上次的华府会议可说是有利于我们的：在保障将来方面远胜于挽回以往方面。

当时的形势有三点特别。第一是美国国际地位的优越。欧战期中，美国的富力和兵力有了一日千里的长进，战后美国实有左右世界大势的能力。上次的会议一方面讨论海军限制的问题，一方面讨论远东问题。是时美国并无限制海军的必要。美国人民的负担远在他国人民之下，而富力又在他国人民之上。如美国要与别国竞争，他很可以超过海上霸主的英国。别国如要与他竞争，必至破产。由美国提出海军限制，是他所牺牲者多，别国所牺牲者少，甚至谈不到牺牲，是以美国有所施于人。在外交上，有所施于人然后可以有所求于人，因此美国所提对于远东问题的处置能得着别国的赞同。去年史汀生曾说过：如《九国公约》不能维持，全华府会议的成绩，海军的限制在内，均将被推翻。海军的限制与《九国公约》可说是互为因果、互为条件的。

当时形势的第二点特别是欧洲各国都为欧洲的问题所困，无余力在中国发展，同时他们都以为中国是世界唯一的最容易受宰割的大肥肉。在这种状况之下，他们何乐不赞成大家不下手的政策呢？日本适得其反。日本除中国外别无问题，他的国力全集中于中国。并且日本的资本和工业远不及英美，不用政治的侵略，专靠经济的竞争，日本未见得能维持他在远东的地位。何况他的目的不仅在维持，而在发展。美国当时固有余力在中国发展，但美国只须通商的机会均等；政治的侵略是无须的，且是不经济的。在这种状况之下，美国一倡之，欧洲自然和之，这个“列强自制的律令”于是产生了。实在呢，《九国公约》与其说是列强的自制，不如说是欧美联合制裁日本。

第三点特别是大英帝国外交的改变。英国在中国有通商的机会均等也就够了，用不着政治的侵略，关于这一点英美的立场完全相同。门户开放主义是英国的素志，英国最讲帝国主义的内阁总理沙候（Lord Salisbury）尚以门户开放主义为上策，利益范围与瓜分为下策。在欧战以前，反对门户开放主义的就是日俄两国。战前两国都是英国的与国，那全是为防德。战后，德国败了，俄国革命了！短期内，这两国均不能危害英国。苏俄固尚能以世界革命来动摇英国，但这种危险不是联日所能防止的。所以在华府会议，英日同盟就宣告寿终正寝了。同时在欧战期内，日本的进步颇足使加拿大及澳大利亚寒心。美国禁止日本移民，英属自治领也禁止日本移民。在巴黎和会，日本提出民族平等的时候，美国、加拿大、澳大利亚都知道这个提议是指他们的移民禁律的，这两国自治领对日所处的地理地位又完全与美国相同。战后，自治领在大英帝国内的重要远过于战前；他们的意志，亲美反日的意志，英国政府不能不尊重。

因为有了以上三种战后的特殊情形，上次的华府会议才能得着成绩。现在国际形势与1922年的形势又怎样呢？

上文所举的三种形势基本上存在。美国的势力仍旧是列强中最雄厚的，欧洲各国仍旧为欧洲的问题所困而希望远东没有巨大的变化，希望美国出力维持门户开放主义。大英帝国仍旧对中国只图通商机会均等，对美国力图亲善。然而近十年来世界上发生了一个大变动：上次华府会议的时候正是世界经济上进的时候，这一次则是世界经济最黑暗的时候。会议快将开始，美国竟放弃金本位，美国现在失业的人民在千万以上，去年美国的国际贸易不过1929年国际贸易百分之三十。这类的数字我不必多提：全世界的经济恐慌是当代最重要的事实。

所以这次的华府会议是世界经济会议的预备会议，所讨论的问题分为三大项：战债、各国币制的整理及国际贸易的提倡，三种问题均严重、均复杂。欧洲各国所欠美国的战债的原本约计美金一百亿元：其中英国所欠的占四十六亿元，法国所欠的占三十亿元，意大利所欠的占十六亿元。原先欧洲各国希望能拿德国给他们的赔款来还他们欠美国的战债。去年德国赔款已由各国决定实际上取消，于是英法意诸国感觉无法还美国。而战债问题一日不解决，国际经济一日不能恢复常态。各国的币制均已放弃金本位，国际汇兑因之纷乱，国际贸易因之加添阻碍，并且各国均求本国货币的汇兑率的降低，以图推销货物于国外。国际贸易近年大为各国关税所阻，长此下去，各国均会回到我国闭关时代的经济，这是世界经济恐慌主要原因之一。

在这次的华府会议，美国所能施于人者是战债的减少或取消。美国大概会拿战债来交换币制的整理和关税的减少，如美国想更进一步，拿战债的减少或取消来交换英法关于远东问题的合作，这就要看合作的范围如何了。如果这种合作需要重大的牺牲，英法必以为要价太高，交易难成。同时我们要知道，美国如能拿战债换得各国金币的稳定及关税的减少，美国的经济恢复就有了希望。这是美国切身的问题，他绝不愿因远东问题而牺牲经济恢复的希望。这是与上次华府会议的大不同点，上次美国甘愿为远东问题而牺牲海军的充分发展，所以这次会议的形势不如上次会议的形势之有利于我们。

但是上次华府会议有利于我们的三种形势依然存在，不过因为经济恐慌的缘故不能成为动力。这次的会议如能得到关于经济问题的了解，远东问题的解决亦必能有进展。总之，这次的会议关于经济问题已经是预备会议，且其成败颇难逆料，关于远东问题充其量不过是预备之预备而已。

同时中国也为经济恐慌所困，中国的经济不振也是世界的经济不振原因之一。我们如在会议中提出具体的经济振兴计划，比较容易得到列强的协助。最后之最后，这远东问题解决之是否有利于我们还得看我们自己的力量如何，我们绝不可因远东问题而忽视这次会议的重要。

八　我们目前对于中央最要的希望

宋子文氏一到上海，国人对他的期望可说是与他所受的欢迎成正比例。第一，华北的政委主席黄郛氏及河北省政府主席于学忠氏都在南方等着他，望他能给华北相当财政的援助。这种期望是极自然的，并且也是极正当的。冀察二省现处兵多民困的境遇，非得中央的援助是不能度日的。何况这两省都是冲要的边省，内部的安宁及人民的富庶在在皆与国防有关。不过近数月来，华北的当局只能顾目前，不能顾将来。原有的军队，不问其战斗力如何、纪律如何、功罪如何，概给以保存，此外土匪、伪军、义勇军新收编者亦在不少。为权宜之计，势不得不出此，这是我们应该原谅的。同时此种局面若不整理，中央无源源接济的能力，也没有源源接济的道理。中央的接济，事实上、道理上，不能不递减。我们希望华北当局对华北的军队，不问其系统如何，专按其各部之战斗力、纪律及对国家的功罪，定一个缩编的方案，分步地但严厉地去执行。第二，黄河水灾的救济及水流的防治也是迫不及待的。所可幸的，中央对此已有相当的注意，宋氏归国之初亦已表示关怀，我们希望宋氏拿两年前防堵长江的精神来治理黄河。或者河北及察哈尔二省的裁军能与治河并行：一部分的治河费用就可同时作为编遣费用。

此外国人对于宋氏的期望甚多，我们不必列举，我们自己对于宋氏回国以后的中央也有一种期望，我们认为是最重要的。我们期望中央从此更加团结，汪蒋宋三人的合作更加密切。

中国问题之大，及其方面之多，无须我们赘述，国人早已知之。汪蒋宋三人各有其特殊经验和地位，合作以应付这严重的时局或能济事，分化则中央在国内及国际上的权威则必大遭减杀。

宋氏这次在欧美的活动引起许多无根的误会，这种误会不但在日本发生，连在国内也曾发生。日本的误会不值得多辩，因为宋氏实际所做到的不过两件事，促进国联技术合作及棉麦借款。国联与中国的合作限于技术，且起始在“九一八”以前。无论有无中日的冲突，中国借外资及外国技师以求建设是势在所必行的，是中国近百年历史趋势。至于棉麦借款，在美国方面，是一种农村救济政策，我恐怕此中没有丝毫帮助中国抗日的意思。美国政府全盘的政策，不分外交内政，都是以经济复兴为大前提，说美国别有作用者实际自己别有作用。在中国方面，虽汪蒋宋三人屡次宣言棉麦借款只用于建设，我想恐怕实际做不到。现在中央财源如此枯竭，用运又如此浩繁，事实上这批借款不得不部分地甚至于大部分地移作政费及救灾与救荒的费用，以国联技术合作及棉麦借款为中国政治之新转机者都是神经过敏。同时国人对宋氏在外国的活动也不免无中生有，过事夸大。有人以为宋氏在外国不必如此招摇，如此宣传，殊不知在此宣传的世界，不宣传则不能活动。宋氏的宣传亦有出于不得已者，同时宋氏的宣传大部分不是为自己宣传，是为国家及政府宣传。当宋氏在伦敦的时候，《泰晤士报》的社评，一则曰南京政府为中国唯一有希望之政府，二则曰蒋宋政府以往的成绩尚差强人意，于此可知宋氏并不是在外国出个人风头，为自己抬高身价。

误会除开，政府又怎样？现在汪蒋宋三人是否有政策的争执？先就外交言，据我们所知，中国目前所能有的外交政策就是汪先生近几次在国府纪念周所发表的。我们目前谈不到复仇，因为谈是空谈，空谈只能有害而无益。我们不但内部的充实刚在起始，就是外交的运用亦刚在起始。除非内部充实，及外交联络到相当程度，唱高调者都是误国者。在宋氏出国的时候，国内舆论尚未尽去掉客气；政界领袖尚不敢公开说目前的工作在充实内部，不在似战非战的抵抗。现在国内的空气大不同了，唱高调者也不唱了，以宋氏的精明不至落伍。就内政言，目前的急务，无疑地，在力求团结，在避免一切风波。宋氏归国之初，即以团结勉国人，这可以推知宋氏在外所受的刺激，和他自己的态度。现汪蒋宋三人近来的言行，似乎在内政上也没有什么政策的冲突。我们所希望的，是由汪蒋宋三人的合作，进而达到西南合作的结果。

政策如此，利害又怎样？关于这一点，局外的人不应有所猜测。不过我以为就三人各自的事业言，合作有百益而无一害，分化有百害而无一益。国人近二十年来饱尝了要人争执的苦头，现在一闻争执冲突，无暇来分别是非，总是一句判语：争执者都是自私的，都是不对的。三人以自己的政治生活为重自然不愿自绝于国人，但是讲合作，不能不行分工。管兵者，不能兼管财政；任财政者，不能兼握兵权；总其成者，务须尽调剂之责，理大纲而不问细则。同时若三人以国事的成败为目的，置个人成败于度外，则进一步的团结与合作不难实现了。

九 “九一八”——两年以后

一切严重的国难都是国家和民族的试金石。我们若要知道一国人民的知识程度、组织能力、习尚与人生观，最好的法子就是看这民族如何处置一个严重的国难。至于政府及军队，更用不着说，在国难之下，其强弱优劣都自然而然地暴露出来了。

“九一八”就是我们民族这样的一种试金石。

为计划民族的前途计，我们也应该知道我们自己的长短成败，应该知道在文化的过程之中，我们现在已经跑到什么地点，以我们的本质，我们能否跑到最高的目的地。我们现在看看这中华民族，在“九一八”的试金石之下，表现了什么样的民族性。

先论军队，因为军队所受的试验最深，又因为军队就是民族的缩影。

我们的军队，从器械、组织、训练、精神看起来，就全盘说，简直是一堆大混沌。飞机、汽车、洋车、大车、单轮的人力车，以及骆驼驴马；野炮、机关枪、手榴弹、大刀，以及高射炮；从上古人所用的器械到近代人所用的器械，无所不有，哪一样都不齐备。单就步枪一门说（步枪是兵士最基本的器械），我们军队里面有江南制造局的、汉阳兵工厂的、巩县兵工厂的、德州兵工厂的、太原兵工厂的、奉天兵工厂的，以及欧美日本各国来的。同是国产，有些采用德国的式样，有些采用日本的式样，有些采用捷克的式样。同采用一国的式样，有些用四十年以前的模型，有些用最新的模型。若把我们军队里的物质设备各种各样抽一个标本，堆在一处，我们就有个很好的博物院。甲午之役——将近四十年前敌人给我们第一次试金石的时候——我们的军器，就内部的参差不齐说，虽已够乱了，还不及现在的乱杂；就与敌人军器比较说，四十年前，我们与他们相差无几（这是就陆军说，若论海军，我们那时只有过而无不及），现在我们与他们相差太远了。我不是说，我们这四十年来全无进步，进步是有的，不过敌人的进步比我们更快，并且他们的进步是有组织、有计划的，我们的进步是全无次序的。实际近七十年来，日本政府对人民生活的方方面面，不仅军事，一贯地强行统制，而我们则一贯地敷衍迁就，听其自然；偶有提倡，亦是朝令夕改，漫无计划地提倡。

军队的器械如此，其组织和精神亦复如此。有些军队中央要调到前线去的，不受调动，有些又自告奋勇。在前线的兵士，有些见敌则退，甚至于未见敌人就退了的，同时有些军队是敌人的飞机、大炮、坦克所能打死而不能打退的。这两年之内，我们一方面有热河可怜可耻的崩溃，另一方面又有淞沪、喜峰口、冷口、南天门的可敬可悲大奋斗、大牺牲。在“九一八”的试金石之下，我们知道我们的军队，论组织和训练，虽差得很远，但论本质，论练军的人力原料，我们这个民族并非老大腐化，实在尚能大有作为。比这点还要紧的是这两年来军队意识的变迁，兵士现在知道凡为民族奋斗的，民族必拥护之，甚至崇拜之。在这两年之内，兵士们始知道勇敢和牺牲的无上光荣，始知道当兵的民族意义，因为社会的敬重，兵士从此将自敬自重了。

次论政府，最使我们痛心的是政府事先的毫无准备。我们的外交部，在“九一八”以前的半年，简直是在那里做梦。我不知道外交当局是为自己的标语所麻醉，还是因为忙于向民众鼓吹，向政府党部做报告而无暇看国际的风云呢？稍有外交常识的人都应该知道取消协定关税和领事裁判权不是中国的大难关，东北问题才是中国的难关。九一八事变发生以来，政府在对外上，大致还不错。诉诸国联，虽只得着道德的胜利，但我相信，这道德的胜利是有无上价值的，并且以中国现在的国势，要得着实体的胜利是万万做不到的。得着了道德的胜利，我们不能不归功于外交当局，尤其是我国历次出席国联的代表。倘若在十年之内，我们内政的成绩能赶上这两年来外交的成绩，那时候，我们一定看得出道德胜利的价值。

政府在内政的成绩上却又差些，除最近半年外，政府始终不肯负责任。锦州中立区之未能成立，虽大半由于所谓民众——实在是一般士大夫一的盲目，政府的不肯负责、不敢负责实亦是要紧的缘故。政府的要人，在过去这两年之内，明明知道不能不有局部的交涉和妥协，但无人敢说老实话、良心话，无人敢不逢迎民众。不过此中亦有可原者，在九一八事变爆发的时候，南京政府本身就在狂风暴雨之中，一不小心，大势就去了。世人常怪政府的不和不战，殊不知和则政府必被推倒于内，战则政府必被推倒于外。要政府宣布或和或战者，其志并不在和，更不在战，不过欲借和战问题以倒政府而已。一般人民，为感情所冲动，不知此中的作用，遂随声附和，在野领袖既以政客手段对政府，政府亦只好以政客手段回答。

中国政府，在“九一八”的试金石之下居然不但未被推倒，反而因之巩固，这是天下的大奇事。近百年来，世界各国倘对外有重大的损失如东北四省，其政府无有不被推倒者。大战后，战败各国的革命就是目前的例子。我国则不然，1933 年 9 月 18 日的政府反比 1931 年 9 月 18 日的政府要稳固，此中缘故颇难索讨。我想第一是民族意识的进步，我们究竟觉得在此严重国难当中反起内讧实在是不像样子，说不过去。第二是武人的明理。我们文人骂武人已经成了习惯，实在他们的爱国心并不在我们文人之下。并且他们的思想比较简单，大是大非反而容易判断，因之更容易受民族意识的熏染。第三，国民党究竟有充分的民众运动经验。党员既从民众运动出身，他们对付民众运动的手段总比旧官僚要胜一筹，所以历史家常说唯独出身革命者能制服革命。第四，恐怕要算汪精卫先生的处置，在1931年的冬天及1932年的春天，他肯在严重国难之中出来任事，这一点颇能使人心服。后来对攻击政府者，他回答总是：如有人愿来负责，他就可以走开。这样一来，反对者还能有什么立场？最近这半年来，他的言词更能负责了。人家批评《塘沽协定》，他居然说，《塘沽协定》完全由他负责。人家批评妥协，他就说我们现在不配谈报复。在全政界皆“聪明人”的时候，汪先生之不愿做“聪明人”给政府加添了不少的力量。

南京目前算是站住了，但离现代化的政府还甚远呢！政府在这两年之内所暴露的乱七杂八也就够了，行政的效能和廉明并未因国难而加增，步法不整齐，组织不紧密，处处皆可以看得出。前途如何，还要看现在人人所讲的团结和建设究竟能否实现。

至于民众呢？民众在“九一八”试金石之下所暴露的性质是与军队和政府一样的。论感情、知识、品格，民众也是包古今中外而兼有之，内容是极参差不齐的。在这两年之内，民众极悲哀的牺牲和极滑稽的虚伪，极纯粹爱国的行动而又参以小政客的手段，或极卑鄙之事业而加以爱国的粉饰，我们都一幕一幕地看见了。比之四十年前的甲午之役，今日中国的民众究竟进步多了。在甲午战争的时候，无民众慰劳军队的事情；这一次捐钱的捐东西的，为军队做东西的，各大城市都有了。上一次，学生只知“公车上书”，反对和议；这一次除到南京请愿外，尚有造烟幕弹、钢盔，及实际在后方修路，或到前方去作战者。总而言之，民众意识的进步是毫无疑问的。和这点同样要紧的，中国新的知识阶级，从这两年的经验，大大地感觉军事应该知识化、科学化，于是愿以其科学训练及特殊知识贡献于军队者亦日见其加多。

回顾这两年我们对这严重国难的处置，我们若说中国前途定有希望，我们却无把握；若说中国的前途绝无希望，事实又不尽合。我们有奋斗的天能，且有奋斗的机会。这天能是否会继续发展到充分的程度——非到充分的程度不能济事；这机会是否会被我们利用，到充分的程度，这些问题全在我们的手里。

十　国际现势的分析

去年七月中，我在本刊发表一篇时论，题目是“国际的风云和我们的准备”。我彼时说过，民国二十二年——1933年——是国际关系史上的一个大分水界。这一年之内，国际的三大事业都失败了：国联处置中日问题失败了；裁军会议失败了；伦敦世界经济会议也要告失败了。这三大事业的失败就是欧战以来国际主义的破产，和褊狭的、军备竞争的、商战的国家主义的胜利，人类的前途是不可乐观的。

过了半年以后，这种趋势更加显明了。我们现在看得很清楚：1933年的前半是国际主义最后的努力，后半是国家主义火速的膨胀。我们若具体地研究现今的国际形势，就更能了解其严重性。

战后的世界是以两个条约为其根本宪章的：一个是《凡尔赛条约》，一个是华府会议的《九国公约》。根据前一个条约，列强分派了西洋的权利；根据后一个，列强分派了东洋的权利。这种分派的方法大致是维持订约时候的实状，而彼时的实状利于战胜的国家，或列强中先进的国家。所谓先进的国家，就是近五百年，在欧洲瓜分他洲的过程中，占优势的国家，那就是英、俄、法、美四大帝国。上次大战的根本原因可说是一个后起的帝国——德意志——图谋强迫与这四个先进的帝国分肥。不幸，在上次的大战中，这个后起的帝国战败了，结果战后权利的新分派更不利于德国。他的海外殖民地全被剥夺，在欧洲，土地丧失也不少，并且因为波兰及捷克斯洛伐克诸国的成立，德国在欧洲的外交及军事地位远不如战前。换句话说，德国因谋一个世界的更优地位致其在欧洲的地位降低。于此我们尤应注意的是德国失败的缘故，这个缘故，无疑地，是与英国作敌。英德未成仇雠之先，德国外交是时常优胜的。倘若在上次大战中，英国不加入，德国无疑地可以战胜法俄。英德的冲突并不在欧洲大陆，全在海外，所以这冲突的结晶成为海军竞争，德国为维持在大陆的权利无须海军，他在战前竟与英国争海权，那就是因为他企图逞世界强权。在近代史上，所有海权的竞争都是世界强权的竞争：扩充海权的国家都是争世界强权的国家。此外还有一点我们应该注意：先进的帝国虽彼此之间利害冲突甚多，倘若后起的帝国野心太大，致先进的帝国都受危害，那么先进的帝国必彼此妥协，合纵以对付这后起者。战前英法俄的联络就出于这种动机，所以上次的大战根本是先进国与后起国的冲突。结果先进国胜了，于是他们战前优胜的地位更加优胜。他们当然是心满意足，组织一个国联，来给现状一种法律的、精神的、道德的保障。《国联盟约》《洛加诺公约》《非战公约》，及裁军运动都是在维持现状的大前提之下产生的，都是这些先进而胜利的国家维持现状最便宜、最经济的方法。所谓战后的国际主义就是这么一回事，所谓国际主义的破产，就是这些方法的不适用，先进而胜利的国家又须把战前的军备竞争及外交纵横那一套拿出来。

远东的问题，表面上看起来，似乎特别，实际是与欧洲的问题大同小异的。《九国公约》也是一个维持现状的条约，日本也是一个后起的帝国。所特异者，这个后起的帝国在上次的大战中是与先进国为伍的。在欧战期中及在战后分赃之际，他算是沾了光。赤道以北的德属太平洋的岛屿，国联委托了给他去统治——这是日本在太平洋海权的长进。日本在欧战期中在中国所得的权利，山东除外，列强也未追究——这是日本在大陆上的长进。但是《九国公约》此外则加了严厉的限制：对中国，日本必须尊重主权的独立、领土及行政的完整；对其他列强，日本必须尊重通商的和投资的均等机会。条约上虽分两方面，实际除非中国有领土及行政的完整，列强是得不到均等机会的。这个《九国公约》与华府的《海军条约》是连成一片的，《九国公约》订定了现状的维持，于是各国缩减海军以缩减维持现状的费用。列强在战后处置远东问题的精神与处置欧洲问题的精神如出一辙，在远东，这些先进国也是图谋一个最经济的方法来维持有利于己的现状。"九一八"以后，日本的行动也是使这方法不适用，迫着先进国利用战前的旧方法，于是有法俄的联欢、美俄的恢复邦交，及美国的新海军建设计划。

自"九一八"以来，我们所看见的、所痛恨的是东北的丧失。在世界先进帝国眼里，这个问题不是个东北问题，是个世界权利旧分派的推翻和新分派的成立问题。东北本身虽至关重要，但至少英美法意四国在东北既无大宗商业和投资，并且就是日本没有"九一八"的举动，他们也是没有经济发展的希望的。他们所以关心，一则因为远东的现状不能维持，欧洲的现状也是不能维持，因为维持现状的条约，如《国联盟约》及《非战公约》，是双方公用的；二则因为东北是日本向先进国进攻的一步，也是进攻第二步的好资料。中日问题的严重，全在乎这个世界性。

前途的发展全在日本是否要即时举行第二步，换句话说，日本外交家此后是否将取守势或攻势是第二次大战的主要关键。如果日本表明他是为东北本身而占领东北，他现在既得了东北所以就心满意足，那么，第二次大战未必爆发。如果日本自己要给东北问题更大的世界性，那么，大战是必会在短期内——一二年爆发的。日本的外交现在究竟是取守势呢，还是取攻势呢？

广田的真正政策，我们很难知道。我们如果设身处地，专凭理智来计日本的利害，我想他必采守势的外交，正如毕士麦得了亚罗二州以后，始终只守不攻，因为他一采守势，其他国家就无可如何了。第一，美国政府现在对任何方面都不能行攻势的外交。美国人民对东北本身没有多大兴趣，民间反战的空气一向是十分浓厚的。现在美国朝野正在那里图经济复兴，纵使政府要向日本进攻，美国的舆论和军备均不容许。美国现在虽扩充海军，但以条约为限度，而这条约的海军是守的海军，不是攻的海军。第二，苏俄与日本的关系极紧张，但苏俄目前所患者是日本的进攻，不是日本的保守已得权利。苏俄至今仍愿与日本订互不侵犯条约——苏俄最近又声明仍愿出售中东路。“满洲国”的成立虽不利于苏俄，但直到现在苏俄毫无以武力推翻“满洲国”的形势。为苏俄计，国内工业化的长进是当前的急务。美俄复交当然是针对远东问题的，但复交以外，美国政府不能有协助苏俄任何秘密条约或了解。美、俄两国既不愿进攻，他国更不必说了。在这种状况之下，广田若采守势的外交，那是很自然的。中东路出售的交涉，他力图进行。对英美的和缓，他简直不遗余力。他每次的正式表示都把日本皇帝退出国联的诏书抬出来，那篇诏书的主旨在于日本虽退出国联，日本为维持世界的和平，仍愿尽其责任。

但是日本近半年的外交是很矛盾的。第一，广田这次在国会的演辞，不但声明“满洲国”必须维持，并明言华北的治安与日本有关，华北的局面若有变动，日本必出面干涉，对于中国共产党之发展，他也预留干涉的权力。无形之中，这个干涉权的保留岂不是日本的门罗主义的宣布？这是攻势的外交——这表示日本不是单为东北本身而占领东北，是要拿东北来控制全中国，这种野心之大超过战前德国任何发展计划。这是国际形势所不许的，最可注意的不仅是这一篇演词，还是日本的基本形势。日本得了东北以后，国防问题、移民问题、原料问题算是解决了大部分，但是商场问题仍未解决。在现今世界经济竞争的形势之下，中国的商场是日本工业前途最可靠的商场。在未得到保障以前，日本的国策仍不能贯彻，所以对于关内的中国，日本是不能放手的。第二，倘若日本是采守势的外交，溥仪不应在这时候称帝。至于说溥仪称帝是表示

“满洲国”实在的独立，这只能骗小孩，不能骗明眼的外交家。高丽虽曾有一个几百年的王朝仍不免于亡国，何况这个日本一手造的“满洲国”的王位！溥仪称帝只能有一个作用，那就是吸收蒙古人的人心，这又是攻势的外交。第三，日本人似乎已把海军平等作为日本的国策，这个海权问题更直接与世界强权相关，日本竟欲一跃而跻与英美平等的地位。东北问题，英美或可通融，因为它还勉强可作为一个区域问题看。海军平等问题绝无区域性质，绝不是英美所可通融的。日本人因占领东北所引起的恐慌尚以为不足，反要在此以上，加海军平等企图更大的恐慌，这是先进国所能容忍的吗？与这海权有关系的，有赤道以北的海岛问题。到了 1935 年，日本与国联完全脱离关系的时候，如日本一面要求海军平等，一面又要求保留太平洋的任委统治的海岛，这问题就更加严重了。同时从日本立场看，这个海权竞争也是不能放弃的。没有充分的海权，亚洲的门罗主义是不能成立的，日本在南洋及印度的商业也是无保障的。

总而言之，日本现在所企图的是世界权利的新分派。他这个企图危害一切先进国的权利，战争因此是不能避免的，但是广田若在目前采取守势的外交，换句话说，把日本的企图分为几段落来实现，目前的战争是可避免的，因为目前这些先进国，除非不得已，皆不愿战。我们能得的安宁，不过是短期的苟安。但是我们如何利用这短期的苟安，那确与我民族的命运有莫大的关系。

十一　论“日本和平”

在上古的时候，罗马人创造了一个包括全西洋所认为文明世界的帝国。在此帝国之内的种族，赖帝国的威力和开明政治，享受了三百余年的和平及富庶，这个状况就是史家所谓“罗马和平”（Pax Romana）。内幕虽有不少的黑暗和残缺，外表总算是西洋上古的黄金时代。

自罗马帝国崩溃以后，西洋至今没有见过大一统的局面，因此也没有享受过长期的和平。所有的和平都是武装的和平，都是循环内战的暂时休战。像罗马那样包括全文明世界的帝国曾无第二次的出现，但是，自15世纪末年西洋各国向海外发展起，世界的局面产生了两种新现象。一种是东西的合化为一，成整个的世界政治舞台；另一种是数大帝国的并存，如英、俄、美。这两种政治现象都是人类史上未曾有过的，都是当代政治的基本事实。在这个局面之下，世界大和平虽是不少人士的理想和企图，直到现在仍只是理想和企图。不过在各个帝国之内、区域之间及民族之间曾得着和平，且因此和平及近代科学之赐，享受过空前的富庶。英国人对维多利亚时代的大英帝国也贡献过所谓“不列颠和平”（Pax Britannica），英人现在努力的目标就是这个伟业的维持和发扬。不列颠和平的内幕虽也有不少的黑暗和残缺，英人在人类史上占了这样光荣的一页，总算不愧为一个伟大的民族了。

美国也可说有他的“美利坚和平”（Pax Americana），但是其性质与“罗马和平”或“不列颠和平”的性质不同。美国在其和平范围之内并不施行统治权，如英国在印度那样；美国与中美南美的国家也没有宪法和民族的关联，如英国与其自治领那样。“美利坚和平”虽也建在政治势力之上，虽也有人称他为美利坚帝国，且其缔造虽也利用过不少的横暴，美国人对其和平范围内的国家所加之压力自起始就比较的有限，而且是逐渐减少的，但其对外力的侵略是始终一贯绝不容许的。最近美国竟许菲律宾群岛独立，足证美国人对于异族统治权是不留恋的。美国当局近年在增进与南美各国的友谊之工作，可说是不遗余力。现在门罗主义的性质几乎全变了，保障美洲安全及和平已从美国单独的责任变为全美洲各国的共同责任。从一方面看起来，“美利坚和平”好像一种未成熟的帝国主义，从另一方面看，“美利坚和平”实是一种超成熟的帝国主义，因为“美利坚和平”既能供给美国充分的经济机会——至少不在其他方式的和平之下——同时美国又能避免与近代的民族国家主义敌对。或者我们可以说，“美利坚和平”是适合于20世纪的帝国主义，是美国人对于近代政治的一种贡献。

现在苏俄也在那里建设一种“苏俄和平”（Pax Sovietica）。这个庞大的苏维埃联邦，论面积，仅小于大英帝国，而大于罗马帝国或美国；论所包括的民族之多，尚过于大英帝国。苏俄虽完全否认了帝俄的债务，但他没有放弃许多帝俄的土地遗产。“苏俄和平”也是建在政治势力之上，苏俄集团也是现今世界政治的主力之一。我们不要看错了，苏俄的宪法尽管替各入联的单位保留了退联的权利，实际这权利是不存在的。倘若外蒙古共和国或乌克兰（Ukraine）共和国明天要独立，苏俄绝对不会容许——为维持他的整体，虽诉诸武力，苏俄也是不会顾惜的。虽然，“苏俄和平”的制度也有其特色，在这和平范围以内的异族有充分的文化自决权。苏俄不但不要这些异族与俄罗斯族同化，反鼓励它们保存和发扬它们固有的文化。原无文学的，苏俄替它们造了固有的文学！苏俄革命的彻底莫过于放弃，完全放弃帝俄的俄罗斯化（Russification）政策。

此外，苏俄绝不许一区域或一民族榨取其集团之内的其他区域或民族，苏俄的经济政策是要其和平之内的各区域各民族各就其物产所宜而求均衡的发展。在这种制度之下，绝不能发生如英伦与印度那样贫富悬殊。因为有这两种特别，苏俄的团结一天坚固一天，苏俄和平也就成为当代基本事实，且是苏俄号召天下的好资料。

自“九一八”以来，日本早已说过，屡次说过，日本是东亚和平唯一的保障者。日本所做的事，无论是强占东北四省也罢，制造伪国也罢，淞沪之战也罢，长城以内的侵略也罢，退出国联也罢。日本自己说，都是以稳定东亚局面为目的。4 月 17 日外务省的声明就是这些发展的结晶，也就是“日本和平”（Pax Japonica）向全世界的公开宣布。那个声明清清楚楚地说过：

> 单独进行维持东亚之和平与秩序，乃日本之使命，日本对此使命有决行之决心。

毫无疑问地，这个“日本和平”的树立是当代日本的国策。如果现在还有人关于这一点尚有疑问，那真是有目不见、有耳不闻了。日本自 4 月 17 日以后对我们，对英国、美国、法国的言论，并没有否认这个国策，只加上了解释，以图避免日人所谓别人的误会。在另一方面，日人近来的言论，对于这国策本身，更加强调化了。

国人近来讨论 4 月 17 日的声明者好像还没有充分注意日人事后的解释，我们自然把这些当作外交官话看。胡適之先生在上一期的《独立》就是这样的断定，他说：

但这些话都是官话，都是外交官的口头禅。美国不会相信，英国也不会相信，我们中国人更不能相信。

他又问：“当日若槻内阁的许多正式声明，有何效力？”但是无论这些解释是真是假，无论我们相信不相信，这些解释是极重要的。第一，日本对各国的解释是一种备案，是将来外交出发点之一，日本固可自相矛盾，到了时候又可置这些解释于不顾，但别的国家可以不忘记，可以拿这些解释来难为日本、质问日本。别的国家有了这些解释，就更多了一层理由，添了一个把柄。从外交策略上说，我们或者要相信这些解释。第二，我们从这些解释可以知道这“日本和平”的性质，至少是日本官方所宣布的性质。在上文已经指出好几种的和平方式，“日本和平”到底是个什么东西，这是我国前途的大问题，我们岂可不研究？第三，这些解释已由英国认为满意，美国亦说4月17日声明之事已告结束，且望赫尔与广田换文的友好精神能继续存在，所以这些解释已得国际的承认或默认。

根据4月17日的声明及以后的解释，“日本和平”是个什么东西呢？第一，我们可以断定，“日本和平”不容西洋各国在中国“开设定势力范围、国际管理或瓜分之端”，这是17日声明的原文。换句话说，日本不许西洋在东亚树立政治势力，这点很像美国的门罗主义。第二，日本认这个东亚门罗主义不违反《九国公约》，日本且声明无意违反《九国公约》，在“满洲国”成立的时候，日本实已违反了《九国公约》，因为日本已破坏了中国领土的完整——日本这时还提那个条约，其意不外在关内的中国，日本愿尊重中国领土的完整、政治的独立，及列国在华均等的机会。第三，“中国之保全、统一，乃至国内秩序之恢复，自东亚和平见地观察，固日本最所切望者”。这是17日的原文。事后日本对我国的解释更加明显：日本希望我们能够统一，也希望我们与他共分维持东亚和平的责任。第四，中国不得利用他国以排斥日本。以上四点可说是日本和平的方案。在4月17日的声明书内，日本所注重的是第一与第四两点——在以后的解释中，日本又把第二与第四两点略加注意些，声明书与解释实在只有轻重之不同。声明书发表之后，因为它对第一及第四两点措词那么严重，世人就未注意第二及第三两点。现在国际风波似稍微平静，因为以后的解释稍为平衡。

这个方案能实行吗？在我们这方面，倘若日本关于第三点是出于至诚，那我们无反对之必要，因为我们现在的急需莫过于统一。统一，依我看来，是我们解决一切问题的初步。没有统一，不但谈不到收复失地，连关内的建设亦谈不到。有了统一，就是没有外助，我们的建设就能一日千里。我们试想倘若民国以来的内战经费都搁在建设上，其成绩岂不大可观么？虽然，日本关于这点的诚心是大有疑问的。以往他对于我们统一的破坏给了我们太深的印象，除非日本在三四年内能给我们无疑的证据，我们是不能相信的。同时在日本那方面，他又怎能相信我们是为中国自己的福利而求统一及建设，不是为排日呢？这个方案的实现须有极大的互信，而这互信正是双方所缺的。同时在日本与西洋各国之间，这方案也有不少的困难。日本虽说“准各国与中国自经济上贸易上进行交涉，事实上虽为对华援助，但在不妨碍东亚和平维持范围以内，日本亦无对此实行干涉之必要”，但什么是妨碍东亚和平？谁有权能决定这点？美国已声明他不能接受日本的决定，中国也已声明不能接受日本的决定，如接受了，中国就会变为日本的保护国，这是中国舆情及国际形势所不许的。

好在日本国策的实行有无困难，不久就可以揭晓。一方面有吉回华之后，我们就可以知道日本所希望我们的究竟是什么。同时，国联开会讨论技术合作的时候，我们就可以知道，日本将反对中国的建设到何等程度，列国将顾全日本的立场到什么程度。有了这些答案，然后我们可以明了“日本和平”的真正性质。在此以前，我们不能决定一个对策。

十二　经过“满洲国”

现在的旅行者谁不想到苏联去看个究竟？近十几年来关于苏俄的情形，我读了不少，也听了不少。誉之者说苏联是天堂的临世，毁之者说苏联是疯子造的活地狱。数月以前，我遇着一个新从苏俄来北京的美国教授。我告诉他，我准备到苏联去，他说：“好极了，现在只有苏俄值得一看，别国，连美国在内，都是束手无策，唯独苏俄一往直前，并且在苏俄旅行毫无困难。”不久，我偶与北平某使馆人员快要归国者谈话，我问他是否将取道西伯利亚。他说：“我不走过苏联，我不愿在途中饿死，或被蚊子臭虫咬死，我的行李，我也不要被小偷窃去了，我何不走海道舒舒服服地回家呢？”这个人，我以为是有成见。不过临行之前，我买到一部新出版的《旅俄须知》。著者的口气是袒苏联的，他著书的目的是要劝人到苏联去的，却是他的写法颇使旅行者为难。他说旅行者必须带蚊帐、臭虫药，必须谨防扒手，牙粉、胰子要多带些，纸笔也不可不带。这样说来，到苏联去简直比到中亚细亚还要难些。

我因为这次出国是要去找欧洲各国所藏有关中国的史料，不能不到苏俄去。无论怎样困难，去是要去的。这个大前提决定了，走哪条路颇费斟酌。中苏两国是邻邦，而且疆界相连的几及万里，但是两国之间的交通尚有困难。若乘船过苏伊士运河，不但费钱费时，而且须经过好几个第三国家。若走旱路，最直接的莫过于坐欧亚航空公司的飞机，经新疆、中亚细亚；可是新疆地方当局，抱定闭关割据主义，不许通航得以实现。许多的朋友劝我取道海参崴，不过这也有困难。第一，怎样到海参崴？从天津到海参崴，并没有直航的船。从上海到海参崴虽有船往来，但是航行无定期，且都是装货的船。只有先到日本，再从日本坐船到海参崴——这样，岂不是绕了一个大圈子？第二，从海参崴，坐乌苏里铁路及阿穆尔铁路也费时间。第三，人们所以不愿走东北的缘故之一是精神的不愉快，但是海参崴、乌苏里、阿穆尔（即黑龙江）岂不也是失地？想来想去，我终决定出山海关，取道哈尔滨、满洲里，这是无办法中的一个办法。决定虽是这样决定了，经过“满洲国”的困难哪能使我欣然就道呢？

我是8月16日晚间在北平动身的，因为无同伴，我更加感觉不高兴。17日清早车到了山海关，我的心跳上跳下，如临大敌一样，不知日本浪人军警要玩什么把戏。殊不知下了车以后，第一件事不是别的，而是在同一个站上等“奉山路”的特别快。直等了三个钟头，谁也没有来理会我，我只好看别人往往来来。山海关这个地方是最奇怪的，车站虽是北宁路的车站，站上的军警及海关职员，除非细加考察，很难分别他们的国籍。车刚到站的时候，站上有一排兵，我当初以为他们是“满洲国”兵。但是排长发号令的时候，用的是日文，我就把他们当作日本兵。后来我又想：或者由日本人用日文发号是“满洲国”的“国粹”，这些兵仍是“满洲国”的兵。至于旅客，那些坐三等车、背着包袱、牵着小孩、有老婆跟着、不敢左右顾视的，当然是我们贵国人。坐头二等的，有些很难分别，像我那样穿西洋衣服，说湖南话，一班脚夫总疑我是东洋老。

在站上，忍不住，与日本国际观光社的一个社员交谈起来。这人倒很聪明，一见面他就认定我是中国人，且是一个受过盎格鲁－撒克逊教育的中国人，因为他开口就向我说英文，其实他的北京话比我的还好。他很客气地领导我到一个小钱铺去换钱，这就是我的消遣。“满洲国”的副币轻便整齐极了，我做了一个点历史考据的工作，发现了两个极关紧要的事实：一个是“满洲国”居然自称为“大满洲国”，另一个是在“康德元年”以前居然有“大同三年”。

“大同”这两个字文又引起了许多的感想：戊戌变法家康有为好讲大同，孙中山先生有时候也讲大同，现在郑孝胥又这样的实行大同起来了！大同究竟是大同，还是大不同呢？

10点钟检查行李。检查者是哪一国人，我始终没法断定。检查倒很合理，不过严，也不过于随便。同时我看见一个三等旅客带着一个旧式皮箱，外加木架，架板是无数绳子缚住的，难怪检查者要疑心他。箱子打开以后，检查者要这位旅客把衣服一件一件拿出来，摇一摇，摆一摆，如北平前门外或天津估衣街卖旧衣的那样。检查的时候，旁边站着一个荷枪的兵士，威风凛凛，大有要吞人的样子。许多脚夫闲人围着看把戏，商女不知亡国恨——不知商女者又何其多也！

10点半，我上了“奉山路”的特别快。在上车以前，没有人问我要看护照。上了车以后，前面所讲的那位荷枪兵士不久也上来了，他问我到哪里去，我说到欧洲去。大概我的“欧洲”是十足湖南土音的，我说了三遍，他还没有懂，他很气，我也很气。于是我从口袋里拿出名片及北平日本使馆给我的介绍信给他看。他看了，不再问就下车去了。

这样的，我算出了关，进了“满洲国”。现在且谈这个“奉山路”的特别快，最后一辆是头等，头等以前是二等，二等以前是饭车，饭车以前是什么，我没有去看。饭车及头等二等的式样完全与“南满路”相同，而其精致反过之。尤其是那辆头等车，一半是坐车，一半是客厅，最后是观望台；其装饰之巧美，只有日本人能做得出。这辆车子之新，新过“满洲国”。日人好美而尚武，我们好美者尚雅，而雅者多半有痨病：这是什么缘故呢？车开不久，侍役在各客人前搁了双拖鞋。同车者仅4位日本客人，两文两武。文武同时脱下皮鞋，套上拖鞋，我也跟着他们在“奉山路”过日本生活了。

辽西没有特别风景，乡间的状况一如关内，各处都满布太平景象。我看不出什么“王道”，挑担者挑担，赶火车者赶火车，一概仍旧。沿途的站上，兵稍微多一点；沙袋、铁丝网、碉堡似乎也比往日多一点，不过这些只使人们想起霸道。车到锦州的时候，一位高级日本军官上车，站上排满了送行的人：军官居首，次是兵士，再次是成年平民，再后是儿童。车开的时候，行军礼的行军礼，弯腰的弯腰。我不知怎样忽然想起法国 1791 年的宪法，那个宪法把国民分为两种，积极的或动的国民（active citizen）及消极的或静的国民（passive citizen）。静的国民有人权而无民权，唯独动的国民有人权，亦有民权。当时法国革命的激烈分子批评这个宪法为反动，我倒觉得国民有动静之分是彰明昭著的事实，与是非毫无关系。锦州站上的送行列队表示日本人，不分男女老幼文武，都是动的国民。我们的人口虽六倍于日本，恐怕我们之中动的国民之总数还不及日本。

下午 7 点多钟，车到沈阳，日人叫“奉天驿”，这里我又须等 4 个钟头，我得想法子“杀时”。在“满铁”站的食堂里吃晚饭“杀”了一点钟，这里的菜单与“奉山路”车的菜单是一样的，第一行是日文，第二行是和化的汉文。我不懂日文的时候，看和化的汉文；不懂和化的汉文的时候，就看日文；把两种凑合起来，可以勉强定菜。譬如，车上有牛肉扒，日文字母说这就是 Beefsteak。蝴蝶蛋这个名词多么诱人，但是拿出来一看，不是别的，就是一面煎的两个鸡蛋。吃了饭，还有 3 个钟头，只好在候车室里观人。许多青年日人，身着洋服，兴高彩扬地，在室里谈话吸烟。仔细看看，我觉得他们并不快乐、不自然。快乐的、自然的，还是那些脚拖木屐、身着宽袖大领和服的人。最不自然的是日本军官，他们的长统皮靴子使旁观者看见不舒服！日本的西洋化虽比我们高些，日人的天性似乎不安于西洋文化。日本国内的不安及日本给国际的不安归根岂不是因为日人中了西洋文化病菌？

11点上“南满路”的特别快。上车以后就睡，醒来就到了“新京驿”。1929年的夏天曾游过长春，现在似乎热闹多了。上了“中东路”的车以后，一个着制服的人进我的房间，问我要名片。他看了，就问：“那边都好？”我答：“那边都好。”他又问：“您舒服吗？有什么事我可做吗？”我答了“没有”，他笑嘻嘻地下去了。不久又来一个着便服的，他道歉式地说：“您知道我不能不这样做。”于是他问我答，不外从哪里来，到哪里去，做什么去等，总共不过四五句，他也下去了。

“中东路”——或“北满路”，车子有点像汪精卫先生所说的破落户，宽大，而且曾有一个时代很讲究，现在不过装个体面而已。上午8点多钟开车，下午2点到哈尔滨，沿途的景象一如常态。我同房的皮箱上面写的P.Y.Wu，但他手里拿的是本日文杂志，我们始终没有交谈一句。

哈尔滨的“格兰得火大鲁”（Grand Hotel）几乎是专为西伯利亚旅行者而设的，事无大小，这旅馆没有不能代办的。旅客把事情委托了以后，可以安心乐意地到街上去玩。上次我在哈尔滨的时候，特区的长官是张焕相。他治哈埠的精神很像诸葛亮治蜀那样，抱定鞠躬尽瘁的目的，事无大小必亲自处理。那时我因为要知道外人对哈埠市政的感想去找了美国总领事汉森先生谈话，我问他美侨是否缴纳市税。他回答说：“美侨为什么不纳税呢？市中道路、警政、电话等都办得大有长进。我们的商人既然享受这许多的便宜，他们有何理由不纳税？”民国十八年可说是中国人在哈埠的黄金时代，造孔庙、建宫殿式的中学校舍，收回“中东路”的地亩和电话，开市民议会——论市政，那时哈埠是全国的模范市；论国际关系，那时特区长官勇往直前地收复失权。那时在哈埠的中国人真能扬眉吐气，不免太骄傲一点，目中太无人了（这种心理是以后中苏战争的根由）；白俄赶车，做叫化子，在街上替人刷鞋，做娼妓，开饭店；赤俄为主义所束，大势所迫，进退两难；至于日人，那时他们是看戏的，不是唱戏的。现在日人不但上了台，且唱的是主角，中国人少数上台的不过装小丑而已。

19 日早晨，搭中东路车往满洲里。车子过了松花江，四面一片汪洋。我很奇怪怎么哈埠以北来了一个大湖，打探才知道是涨大水，过了半个钟头始到旱地。下午路过一站名叫“成吉思汗”，可惜我不知道那个地方与成吉思汗有什么关系。大概说来，齐齐哈尔以东，土地肥沃；以西则只有草地，且带点沙漠气象。有几站有日人的军功碑：某年某月某日帝国军队某营某团以少敌众，杀退几千几万中国兵。有些地方有日本军官的土坟，简略的木牌说明这是大佐或中校某某以身殉国之处。

20 日（星期一）清早到满洲里，这是中东路的最西一站，过了这站就入苏俄境了。西伯利亚的特别快还没有到站，我们只好到市里去玩玩。我同两个美国人——一个是哥伦比亚大学的法文教员，一个是钟表商——进城。读者不要误会，满洲里与中国其他城市大不一样。第一，此城没有城墙。第二，市上的房子大多数是木建的。第三，街道宽则宽矣，全是自然的，雨后的状况可想而知。第四，店铺的招牌全是汉俄合璧，伙友全是能说俄国话的山东人。不到黑龙江及西伯利亚走走，我们不能知道山东人的殖民能力。走了半点钟，我们把满洲里的街道都走到了。所见的人，汉俄的各半，似乎很相安的。我看见少数日本兵，一个小小的日本旅馆，我没有看见日本商店或日本商人。

10 点，“满洲国”检查出“国”旅客的行李和护照。检查护照者是个说英文的日人，连办公室墙上的通告都是日文的。他读了我的介绍信，倒很客气，没有多问，并且祝我一路平安。检查完了，上西伯利亚特别快。11 点多钟车开了，我就算经过“满洲国”了。

十三　民族复兴的一个条件

凡抱有事业志愿而入政界者，十之八九在极短的时期内无不感叹地说："在中国做官可以，做官而要同时做事，很困难；做事而又认真，很危险；认真而且有计划，那简直不可能。"为做官而做官的，只要人人敷衍、事事通融，反得久于其位，步步高升。官场最不可缺的品格是圆滑，最宝贵的技术是应付。这种自然的淘汰是淘汰民族中之强者、有能力者，保留民族中之弱者、庸碌无能者。

这种风气的盛行已太久了，在前清宣统年间，全国所认为罪魁的是盛宣怀。其实当时的权贵，哪一个做的事之多且大可以比得盛宣怀？社会对其贪污之厌弃，固是公论，但对其所创造之事业曾无一词的赞许，这岂算得公道？在光绪年间，权臣最受御史的弹劾及清议的批评的就是李鸿章。其实在光绪一朝，集其他人物的一切事业还不及李鸿章的事业的一半。在中国几千年的历史中，有几个人敢于大规模地改造传统的制度？这几个人的名誉又如何？秦始皇创造了大一统的中国而论者只知其"暴"，那班假托为封建诸侯复仇的反得着了二千余年的士大夫的同情。王莽及王安石乃我民族仅有的社会经济改造家，而二人之为奸，在士大夫的眼光里，只有程度的差别。这种空气只能培养高官达爵，不能产生事业家。

政界如此，其他各界亦复如此。最可痛心的是这种病态心理已深入教育界，现在在这界服务的人大多数只愿担任教学，不敢担任行政；

担任教学的人大多数又只愿讲学，不愿督学。我国教育之宜改良，这是人人承认的。但是教育部部长、校长、院长、系主任一动手改革，那就满城风雨了。若以报纸所载的为根据，中国人的理想大学是这样的：对教职员无论如何不裁人；对学生不收学费，津贴愈多愈好，按期发文凭。其实在我国的学术早已化成资格的造就，科举虽废了，科举的心理尚存在。

世界上只有一个民族，其注重个人主义可以与我们相比，那就是盎格鲁－撒克逊人，但是他们以自食其力为荣，食人之力为耻；我们以自食其力为耻食人之力为荣。他们崇拜英雄、事业家，我们不崇拜。在他们的社会里，不做事而说便宜话的没有立身之地；在我们这社会里，不做事者的骂人就是清议。英美是民治制度最发达的国家，但英美人民并不惜以重权付诸其领袖；我们号称几千年专制的国家，但在我们中间，有一人操权，就有百人忌他、骂他、破坏他。英美的个人主义是为个人谋创造的自由及机会，同时鼓励别人的创造；我们只有地位欲，没有事业欲，我们不图创造，亦不容别人创造。

前几年，有位青年朋友来找我，要我替他在南京政府里谋一差事，我问他能做什么、希望什么薪金。他说他能抄写，希望六七十元一月。我就告诉他，这六七十块钱也是人民出的，应该替人民做六七十块钱的事情。他的回答很愤慨：“在南京拿六七百元一月而全不做事的太多了，你何必计较这六七十元呢？”三十几年以前，中俄合办中东铁路的时候，俄国要保存合办名而实行独办，于是把位高禄厚无事的督办位置给中国人做；我们以为占了便宜，于是心满意足。近代在所谓中外合办的事业上，外人利用我民族这种弱点者还不仅俄国。

我们不要以为我们几千年来一切的国难都敷衍过去，这一次也能敷衍过去，我们现在所处的局势是几千年来未有之变局。美国提高银价，我们的农工商业就受重大打击，只有国家积极的政策始能挽回万一。英国要联日以制俄，我们就成了英国送给日本的礼物，这也不是靠圆滑的无为所能阻止的。日本放弃金本位，我们的幼稚工业就受压迫，这不是各工厂各自努力所能抵抗的。日本要为大和民族谋万世安全，我们就发生存亡的问题，这不是我们“独善其身”的传统哲学所能补救的。这种外来的压力，如同黄河长江的洪水，非有强有力的政府、积极做事的政府，及全国的总动员，是无法抵御的，现在的世界是个积极的世界、事业的世界。

在这个当儿，我以为我们要首先改革我们的人生观。圆滑、通融、敷衍，以及什么消极、清高都应该被打倒。我们要做事，我们要修路、要治河、要立炼钢厂、要改良棉种麦种、要多立学校、立更好的学校。我们要做事，吃苦要做事，挨骂也要做事。官可不做事，要做，别的可牺牲，事业不可牺牲。做事的人，我们要拥护、要崇拜。说便宜话的人，纵使其话说得十分漂亮，我们要鄙视。对一切公私事业，只要大政方针不错，我们只有善意的批评，没有恶意的破坏。我们知道，我们现在所做的事业都是新事业，是我民族没有经历过的事业。做或者要做错，不做则永远做不好。做尚有一线之望，不做等于坐以待毙。

革除地位的人生观，抱定事业的人生观，这是我民族复兴的先决条件。